现代汉语
实用语法研究

XIANDAI HANYU
SHIYONG YUFA YANJIU

陈 俐 吴延枚 方 卫 ◎主编

长江出版传媒

湖北人民出版社

图书在版编目（CIP）数据

现代汉语实用语法研究 / 陈俐, 吴延枚, 方卫著. -- 武汉：湖北人民出版社, 2024. 9.

ISBN 978-7-216-10907-9

Ⅰ. H195.4

中国国家版本馆CIP数据核字第2024Y5H608号

责任编辑：程　敏
封面设计：刘舒扬
责任校对：范承勇
责任印制：蔡　琦

出版发行：湖北人民出版社	**地址**：武汉市雄楚大道268号
印刷：武汉邮科印务有限公司	**邮编**：430070
开本：787毫米×1092毫米　1/16	**印张**：20.5
字数：379千字	**插页**：2
版次：2024年9月第1版	**印次**：2024年9月第1次印刷
书号：ISBN 978-7-216-10907-9	**定价**：88.00元

本社网址：http://www.hbpp.com.cn
本社旗舰店：http://hbrmcbs.tmall.com
读者服务部电话：027-87679656
投诉举报电话：027-87679757
（图书如出现印装质量问题，由本社负责调换）

序

　　读了这本《现代汉语实用语法》，感触良多。诚如书名所示，此书最大特点就是"实用"。

　　首先，它紧密结合汉语实际。"意义内容为主，结构形式为辅"，这是异于西方结构主义语法模式而具有汉语特色的一条思路，全书由始至终，一以贯之。词的分类，据此而四分为"基础、附加、称代、结构"等大类，以下再沿袭传统称谓细分小类。其中附加词各小类，首推"方位、能愿、趋向、时态、语气……"既据其意义附加的特点，以区别于基础词各类，又克服了传统分法的"附类"称谓某些不合理之处，结构词中的"表述词"——"是"的处置，亦属此列，这一点不失为本书在词类划分上的一个创新性尝试。

　　句法部分紧扣词与词组合中产生的七种关系意义，推演出"主、谓、宾、补、定、状、独立"等七种句子成分及整个句法结构框架。此"陈述、支配、修饰、补充"等说法，在多本语法书中，虽亦有所述及，但鲜有将此提到决定句法格局的高度，更未将它纳入全书"意义内容为主"的统一系统中去。这也应是本书继承并创新的又一举措。

　　其次，此书的写作，采用从具体的语言实际入手全面分析中学语文教材，从教材中撷取了大量复杂和特殊的用例，然后从理论上加以分析、归类。这种从实践到理论的思路，也是我们语法研究者应遵循的路径之一。

　　另外，本书结合作者们的研究心得和成果，用充实而丰富的例证，对多方面的问题进行深入、细致的阐述，从而使本书更具实用价值。

　　当然，书中亦有少数问题的处理还有待进一步探讨、研究。比如，关于副词用在名词前应如何分析，表述词"是"的词性应如何确定等。

　　自《马氏文通》问世百余年来，汉语语法学界流派众多，学说纷纭，我们迫切希望能有更多的切合汉语实际的、能比较完善地反映汉语语法客观规律的语法书出现。可以说本书的问世不论是对汉语语法研究，还是对汉语语法教学，都是一件令人高兴的事情。

段业辉

2021 年 6 月 24 日于金陵

前　言

我们是普通的高校教师及资深出版编辑，在多年的工作实践中，深深体会到汉语知识的纷繁、复杂，尤其是语法部分，更有不同于其他语言语法的独特之处。因为记录汉语的是现今世上仅存的唯一的表意体系文字，每一个方块汉字，都有基本固定的音、形、义三方面的内涵；而且汉字数量众多，常用字有3500个以上，非常用字有数万个之多，这些都需要一个个掌握、记忆。它不像表音文字那样，可通过字母增减、变换的内部形态变化，来区别词性、标志语句结构以及词性和数量等。这些表意文字的特点必然会对汉语语法产生重大影响，使它更需重视意义内容而将结构形式置于辅助地位。然而自《马氏文通》以来的汉语语法研究，基本上都是沿袭西洋语法的结构主义模式，并以此为框架，容纳汉语的语言实际，这势必带来汉语语法的理论研究与语言实际相脱离的现象，致使众多的语法书只是抽象地讲几条规律，一碰到具体的语言实际问题，则无法解释，或难以自圆其说。故本书试图遵循一条思路，即"意义内容为主，结构形式为辅，内容决定形式，形式与内容一致"。

为了贯彻这个思路，本书的编写必须紧密结合语言实际，而师范专业的学生则需紧密结合中学语文教学实际。首先，我们逐词逐句地对当前通用的初、高中语文教材中的白话课文进行语言分析，摘录了数万条较典型的用例，并按照当前通行的《汉语语法教学暂拟系统》（简称《暂拟系统》）语法系统，分门别类进行归并。经过筛选，收入本书的例句达数千条，且都来自中学语文教材，从而使本书更具实用价值。

其次，本书所采用的语法体系，基本上脱胎于20世纪50年代制定的《暂拟系统》。但由于在意义内容与结构形式两方面孰轻孰重问题解决不妥，《暂拟系统》与其他一些影响颇大的语法书中的语法体系一样都存在一些前后矛盾、不能自圆其说的地方。对此我们都作不同的解说，在词法、句法上提出自己的主张，甚至对语法体例的安排作较大调整。

此外，在全面分析中学语文教材时，我们发现了大量复杂、特殊的用例，考虑到我们的学生将来在中学语文教学中会碰到这些难点，我们决定不回避它，把它收入书稿，并据统一的语法体系，给以较合理的解释。

我们还认为，在高校讲语法，不能只讲几条规律，而是不仅要讲"是什么"，还要讲"为什么"，要把语法研究的新成果引进课堂。作为高校教师，在教学同时，必须着力搞科研，要把自己的研究心得和学生交流。为此，我们在书稿中，对一些有争议的问题，进行了较详细的阐述，有些可能失之烦琐，但对青年学生不无益处。

由于水平有限，书中谬误之处一定很多，敬请读者批评指正。

编者

目录

Contents

第一部分　语法概说

一、什么是语法

语言是人类交流思想的工具，终极目的是达意传情。语言的形式是语音（书面语再加上字形），内容则是语义。语言的基本单位是词，在用于交流思想时，需将一个个的词组合起来。词与词的组合，还必须遵循约定俗成的结构规则，这就是语言的法则，简称语法。至此，语音、语义、语法则成为缺一不可的语言"三要素"。

语言是音义结合的，作为语言单位，也必须是音义结合体。词是语言的基本单位，而记录汉语的是表意体系的方块字，除了少量的联绵词、叠音词以及音译词外，每个汉字都有字音、固定的字形及一定的字义。且汉语的绝大多数词是由不止一个方块汉字构成。因此汉语的词又常常可分解出不止一个音义结合体，这就是比词小的语言单位——语素（或曰词素），其不同于词之处则是不能独立自由地组合成短语、句子。汉语语言单位中，由词再向上延伸，就是短语（或曰词组）、句子。1984年发表的《中学教学语法系统提要》，从中学语文教学的需要出发，将语言单位又上延到句群（句群中，句与句的组合，也含有一定的语法因素）。这样，汉语的语言单位（是从语法角度划分出来的，所以也叫语法单位）共有语素、词、短语、句子、句群五级。

现在我们可以回答一个问题：什么是语法？语法就是语言的结构规则，即各级语言单位的组合规则。

以上是从成因的角度来认识语法这个概念的。由此我们是否会觉得，语法主要是谈结构形式的，意义则是词汇部分要讲的问题。西方结构主义语法正是如此，我国自《马氏文通》以来直至今日的国内语法界受此影响，亦多谈结构形式，少谈意义。

其实，表意是言语活动的最终目的和落脚点。分析语言片段的结构形式正是为了揭示其内容的深奥细微之处；反之，亦可从意义内容的深刻生动，而反视结构形式的准确精当。这也就是内容决定形式，形式亦可反作用于内容。这是一条普遍规律，世界各国语言概莫能外。

对于汉语语法，意义内容尤应重视。因为记录汉语用的是表意文字，方块汉字为数众多，汉语就是靠一个个字意连缀组合起来传情达意的，字意的组合必然会影响到语句结构形式的合理、通顺，甚至能决定此结构形式之能否成立。汉语不像使用表音文字的语言那样，靠几十个音位字母拼写组合成词和句，并依靠少数字母在词句中的增减变换，表示性、数、格等语法意义。这就是所谓内部形态变化。表音文字是由字形到字音，再到字义；表意文字是由字形到字义，再到字音。一个是"形→音→义"，一个是"形→义→音"。所以，在汉语语法中就不能不更重视语义，看到语句形式，就应想到其意义，由意义再反窥其结构形式的精当与否。

当然，汉语在重视意义的同时，也不能忽视结构形式。汉语的形式问题主要表现为语序和少数结构词，以及极少数的词缀，这也就是所谓外部形态变化。对这些形式的分析，必须和语意（即说话人的意思）相一致，而且某些形式上的现象，还可以从语意上找到理据。因此，本书提出了一条汉语语法研究的思路，就是"意义内容为主，结构形式为辅，内容决定形式，形式与内容一致"。

下面简述各级语言单位的组合情形。

语素构成词时，同样的两个（或多个）语素（词根），排列顺序不同，它们的结构关系就不同，表达的意义也不同。例如，"队列"和"列队"，前者是联合结构的名词，指排列整齐的队伍，后者是动宾结构的动词（或称短语），表示排列成队的意思；"嘴快"和"快嘴"，前者是主谓结构的性状词，形容人有话藏不住，要马上说出来，表示人的性格，后者是偏正结构的名词，指有话就要说或好传闲话的人。再如，"金黄"和"黄金"，"弟子"和"子弟"，"人生"和"生人"等各组词中，语素相同，排列顺序不同，就成了不同的词。更多词中的两个语素，必须按一定顺序排列，例如"人民""怀念""幸福"，如果颠倒一下，说成"民人""念怀""福幸"，就不成为词了。某些词根带上词缀（虚语素），其词性和意义就会有变化。例如"夹"是动词，表示从两边钳住的意思，它作为词根，后加词缀"子"，"夹子"就成为名词，指夹东西的器具；"胖"是性状词，表示人体的形状，"胖子"就成为名词，指身体胖的人。再如，"念""甜""火"分别是动词、性状词、名词，后加词缀，变为"念头""甜头""火辣辣"，前两个成为名词，后一个则成为性状词。

词构成短语时，同样的两个（或多个）词，排列顺序不同，其结构关系就不同，意义也不同。例如，"伟大理想"是偏正结构，说明是什么样的理想，"理想伟大"是主谓结构，说明理想怎么样；"大鸡蛋"是名词性偏正短语，是说什么样的鸡蛋，"鸡蛋大"是性状词性偏正短语，说明"像鸡蛋那样大"的意思。再如，"激动人心"和"人心激动"，"看出来"和"出来看"，"丰富词汇"和"词汇丰富"等短语中，用词相同，排列顺序不同，就成了不同的短语。更多短语中的词必须按一定顺序排列。如，"各国人民""最艰难""大哭""去火车站"，如果颠倒一下，说成"人民各国""艰难最""哭大""火车站去"，就不通了。同样的两个词，用不用虚词，或用了不同的虚词，其结构关系、表达的意思就有不同。例如，"爸爸和妈妈"是并列关系，指父母两个人；"爸爸或妈妈"是选择关系，指其中的任何一个人；"爸爸的妈妈"是偏正关系，所指的既不是爸爸，也不是妈妈，而是奶奶。"雷锋学习"是主谓结构，意思是雷锋在干什么，"向雷锋学习"是偏正结构，意思是学习谁。

词、短语构成句子时，也是如此，语序和虚词起决定性作用。例如：

（1）汽车快开了。

（2）汽车开快了。

（3）快开汽车了。

（1）句说汽车怎么样了——"快开了"，（2）句说汽车开得怎么样——"开快了"，（3）句可以理解为某人经济条件好了，"快开汽车了"，也可以理解为"快到开车的时间了"。

再如，"汽车把鸡压死了""鸡被汽车压死了"，前句是"把"字句，主动句，主语"汽车"是施事；后句是"被"字句，被动句，主语"鸡"是受事。如将两句中的虚词"把"和"被"调换一下，"汽车被鸡压死了""鸡把汽车压死了"，意思就不符合事实，话就不通了。

上述情况表明，各级语言单位的组合，不是任意的凑合，是有一定的规律的，这个规律就是语言的结构规则。

在从语素到句群的组合过程中，词是基础，是这部语言机器上最小的零件。

要掌握词的组合规则，必须了解不同词的性质，而语言中词的数量庞大，我们不能一个一个地去研究它。根据词所表达的不同意义和在构造、组合功能上的不同特点，可以将它分类，这样，我们就可以一类一类地去研究它、掌握它。因此，在语法体系中，除了各级语言单位的组合规则外，还要包括词的分类这个重要的基础部分。

语素构成词这一部分内容，跨词汇和语法两个范畴，一般语法书都把它放在词汇部分中讲，这里就不重复了。我们的这部现代汉语语法讲稿，主要讲词的分类和词的组合（包括词构成短语，词和短语构成句子）两部分内容。

二、语法的性质

(一)概括性

语法说的是语言中的普遍现象，不是指某一个具体的词、短语和句子，它是从许多具体的语言现象中归纳出来的，这就是语法概括性的表现。

"嘴快"和"快嘴"两词中，语素的排列顺序不同，结构关系、表述的意思就不同，这条规律也存在于其他同类型的词中，如"心好"和"好心"，"头尖"和"尖头"，"皮厚"和"厚皮"等。"端正态度"和"态度端正"两短语中，所用的词相同，由于语序不同，其内部结构关系和表达的意思也不同，与此同类型的短语还有"方便群众"和"群众方便"，"纯洁队伍"和"队伍纯洁"，"严格考试"和"考试严格"，"丰富词汇"和"词汇丰富"等。可以说"雨把我浇迷糊了"，不可以说"雨被我浇迷糊了"，这条规则也存在于许多同类型的句子结构中，例如，可以说"狗把我咬了"，不可以说"狗被我咬了"；可以说"汽车把鸡压死了"，不可以说"汽车被鸡压死了"；"他把我害苦了"和"他被我害苦了"虽然都说得通，但意思完全相反。同样的句子结构形式，用了不同的虚词，表达的意思就不同。

语言中的词、短语、句子的数量几乎是无限的，而从中归纳出的语法规则是有限的。人们只要掌握了这为数不多的语法规则，就可以据此来认识各种具体语言现象的结构形式，了解其意义内容；对于语言中的一些不健康、不纯洁的因素，也可据此来认识其语病之所在，并加以纠正、克服。

语法既然是概括性的普遍规律，那么，对于具体的语言现象，语法都应给予理论上的说明。现在有一些语法论著，对于某些语言现象，在自己的语法体系中无法解释，便统称之为"特殊现象"。当然，任何规律都不可能无所不包，真理都是相对的，不可能是绝对的。但是，"特殊现象"也只能是极少数的，如果多了，就不应再特殊了，而应将它纳入某种规律中去。而且许多所谓"特殊现象"，往往正是一条尚未被人们发现的普遍规律的"崭露头角"。如果在我们的语法体系中，对比较多的语言现象，无法加以解释、说明，那么，语法也就失去了作为普遍规律的意义了。因此，我们在学习和研究语法时，必须特别注意那些所谓"特殊现象"，从中发现新的规律，使语法具有更大的概括性。

(二)稳固性

语言的结构规律，是经过长期的演变，在历史上逐渐形成的，一经形成则很少改变，和语音、词汇比较起来，语法的变化最为缓慢，多数结构形式是历千古而不变的，这就是语法稳固性的表现。

在我国最古老的文字——商代的卜辞中，有这样的话：

王出。

今日雨，其自西来雨？其自东来雨？其自北来雨？其自南来雨？

前句中主语和谓语的位置，后句中状语和中心语、动词（述语）和宾语的位置，都跟现代汉语相同。

中学语文课本中《郑人买履》《刻舟求剑》两文，都是两千年前战国时期的作品，其中大多数语句的结构形式跟现代汉语相同。例如：

吾忘持度。

其剑自舟中坠于水。

这两句中，现代汉语的六种主要句子成分——主语、谓语、宾语、补语、定语、状语都有，且排列顺序也和现代汉语相同。

古代书籍中的大量语言材料说明，现代汉语的主要语法规律，在古代就已形成，是从古代汉语中继承来的。

从上述两篇短文中也可以看出，古代汉语和现代汉语不尽相同。例如：

何不试之以足？

宁信度，无自信也。

前句中，"以足"是介词短语作补语，这是古汉语中的常式；在现代汉语中，介词短语作状语是常式。此句译为白话，则应说"……用脚检验它"。后句中的"自信"就是"相信自己"的意思，这种宾语前置的形式也是与现代汉语不同的。这两例说明，从古代到现代，语法规律也不是一成不变的，只不过它的变化极为缓慢。

了解了语法的稳固性特点，我们在语言实践中就应坚决遵守汉语的法则，反对生造词和文理不通的现象，为汉语的纯洁和健康而斗争。

(三)民族性

语法规律和语音、词汇一样，是由社会约定俗成的。在不同的民族、不同的社会环境中，人们有不同的生活方式、不同的爱好、不同的气质，在言语活动中也会有不同的习惯，用什么语法形式表达什么语法意义，也就会进行不同的约定俗成，从而形成各种语言语法构造的各自特点。这就是语法民族性的表现。

汉语的词法，主要通过词与词组合中表现出的特点来表示语法意义和显示词性。例如，名词的单复数主要通过在名词前加数量短语来表示（"三本书"）；动词的时态可以通过在动词后加时态词来表示（"走着"——现代时，"走了"——完成时，"走过"——过去时），也可以在动词前加时间副词、时间名词或动词后加趋向词"起来、下去"表示（"正在走""今天走""走起来"）。汉语名词的特点是可以受表示物量的数量短语的修饰，不受副词修饰（可以说"三个青年"，不可以说"不青年""很青年"）；动词、性状词则可以受副词修饰（"不走""不好"），但性状词可以受程度副词修饰，动词一般不受程度副词修饰（可以说"很好"，不可以说"很走"）。上述情况在其他语言中则有不同的表示方法。英语在名词后加"s"表示复数（books），通过动词词尾的变化表示时态。日语的动词、性状词词尾有形态标志，动词词尾用"う"段假名（步く——走，追う——追赶），性状词词尾用"い"（美しい——美丽的，漂亮的；良い——好）。

汉语的句法，主要是通过语序和虚词来表示句子的结构形式和句子成分。一般是，主语在谓语前（"老王走了"），宾语在动词后（"看电视"），定语、状语在中心语前（"好人""很好"），补语在中心语后（"打得好"）。而日语则习惯于将宾语放在动词前（テレビを見ます——电视看）。

认识了语法民族性的特点，我们一方面要坚决维护本民族语言语法构造的基本形式，同时也可适当吸收其他语言的语法形式。但如果不加选择地吸收，甚至为追求时髦，而随意使用外语中的词语和句式，形成所谓"欧化"的倾向，也是要防止的。

（四）实践性

语言实践是检验语法分析的标准，语法分析的结果必须和言语活动的实践一致，这就是语法实践性的表现。

语言是交流思想的工具。语言实践，就是人类用语言来表达思想的过程。我们分析语言的结构形式，是为了认识语言，总结其内部规律，从而便于人们更好地掌握和使用语言。如果语法分析的结果，与说话人的意思不符，甚至完全改变了说话人的原意，那么，这样总结出来的语法规律，又如何能指导语言更好地为人类交流思想服务呢？人类的语言实践是不以研究语法的人的意志为转移的。我们决不能将自己对句子意思的理解强加于说话人，否则，这样的语法分析是毫无意义的。

例如，有人认为，"他头疼"和"他的头疼"意思一样，都是"头"做主语，只是一个用了"的"字，一个没有用。我们认为，在有些句子里，用"的"、不用"的"，意思基本相同，而在这里，"的"字用与不用，大不一样。从说话人的意思来看，"他头疼"中的陈述对象是"他"，"他"怎么样，"头疼"，是主谓短语作谓语；"他的头疼"中陈述对象是"他的头"，以"头"为中心，"头"怎么样，"疼"，"他"是"头"的定语。所以，这两句的不同，不仅在于用没用"的"字，更主要的是说话人的话题不同、主旨不同。

再如，许多语法书中都有宾语前置的说法，"一切都安排好了"，认为"一切"在意念上是"安排"的涉及对象，所以它是宾语前置。其实，从说话人的意思来看，"一切"放在"安排"的前面和后面是不同的，放在后面，是说"安排好了什么"，放在前面，是说"什么安排好了"，后面的"一切"是支配对象，作宾语，前面的"一切"是陈述对象，作主语。

语法的实践性要求我们的语法分析必须与说话人的意思一致，是语法分析服从说话人的意思，而不是说话人的意思迁就语法分析，说话人意思的任何一点变化，在结构分析上都要有相应的说明，我们总结出来的语法规律应该符合这个要求。

根据语法实践性的特点，我们主张，无论是给词归类，还是分析语句的结构形式，都必须按照"意义内容为主，结构形式为辅"的原则进行。

当然，语法是语言的结构规律，主要表现在形式上，但形式是由内容决定并为内容服务的，达意传情才是言语活动的目的，所以，语言的结构形式和意义内容密切相关，是一体的两面，意义是根据，结构是表现形式，形式跟着内容走，又可反作用于内容。对于不同的语言材料，我们的语法分析有时侧重于意义内容，有时又需侧重于结构形式，但二者必须一致，不能相互矛盾。

汉语的词有两个明显特点：（1）很少形态变化；（2）方块汉字是表意文字，字义常常就是词义，词的意义和语法功能主要不是由词的内部形态变化来表示。词的这个特点必然影响到语句的内部结构，所以我们研究汉语语法时，更应从语词意义和结构形式两方面来考虑。

词的分类，不仅要根据结构形式的特点，还要根据词的意义。例如：

（1）让他们写些材料，报告家乡的情况。（《毛主席关怀警卫战士学文化》）

（2）此份报告写得不错。（《毛主席关怀警卫战士学文化》）

（3）秘密地用米汤给党中央写信。（《同志的信任》）

（4）这两间正屋里藏不了什么秘密。（《第比利斯的地下印刷所》）

（1）句中的"报告"表示行动，后带"情况"作宾语；（3）句中的"秘密"表示行动的状态，作"写"的状语，这两个词，一个是动词，一个是性状词。而（2）句中的"报告"指一种书面材料，在句中作主语，前加"此份"作定语；（4）句中的"秘密"表示某种秘密的情况，充当宾语中心，前加"什么"作定语，这两个词从意义到组合形式都失去了动词、性状词的特点而具有名词的特点，此现象在《暂拟系统》称之为动词、形容词名物化。

今天的《中学教学语法系统提要（试用）》（简称《提要》）及许多语法书为维护汉语词性的稳定，都取消了"名物化"的说法，承认动词、形容词可以作主语和宾语，也可以带定语。我们认为，既然把意义和结构形式作为划分词类的标准，那么，（2）（4）句中的动词、性状词从意义到结构形式都不符合动词、性状词的特点，不能说它是动词、形容词作主语、宾语。我们认为，不管用不用"名物化"这个术语，都得承认这里的动词、性状词已具有"事物性"即"名物化"的语言事实，否则，汉语词的分类还有什么标准可依循呢？而且，承认这个"名物化"的事实，基本上不影响动词、性状词词性的稳定。动词、性状词的基本功能是充当谓语，作主语、宾语的情况只占其使用频率的2％左右（见江苏省语言学会第二届年会论文选刘丹青、莫彭岑文），将其作为动词、性状词的活用现象，是不会导致"词无定类"的。

"贵宾们所到之处，受到群众的热烈欢迎"，从语意看，这样的句子是有毛病的。"贵宾们所到之处"是以"处"为中心的偏正短语，整个短语表示的不是人或事物，而是一个处所，让处所"受到……欢迎"，意思就不通了。应该是让"贵宾们"作主语，改成"贵宾们每到一处，都受到群众的热烈欢迎"，或者让"群众"也作主语，改成"贵宾们每到一处，群众都热烈欢迎"。

"打得敌人抱头鼠窜"，有人说这是带"得"兼语句，理由是："敌人"是"打"的对象，又是"抱头鼠窜"的主动者。这种意见就是只考虑语意，忽略了结构形式。结构词"得"是补语的标志，在此是不能视而不见的，既然用了它，就应对句子结构作别种分析。我们认为，"得"后面的部分可看作一个主谓短语作"打"的补语，表示行动的结果。这样分析，不仅在结构形式上讲得通，而且在语意上也更符合语言事实。

三、关于汉语语法体系分歧的问题

所谓语法体系，有两个含义：一是指客观存在的全部语法规则所构成的系统，这种语法体系在一种语言中只有一个；另一个含义则是指语法学家对客观存在的全部语言现象所作的系统论述，这种语法体系带有语法学家的主观色彩。由于掌握材料的多少不同，看问题的角度不同，分析问题的方法不同，不同的语法学家对同一种语言现象，会作出不同的论述，得出不同的结论，所以对同一种语言的研究，会出现不同的语法体系。所谓汉语语法体系分歧，指的就是后一种含义的语法体系。

关于汉语语法，古代未出现系统的专著，只是在《公羊传》等书中，零星地涉及一些语法问题。直到1898年，马建忠先生才模仿西洋语法，写了我国的第一部语法著作——《马氏文通》。这本书主要以文言文作为研究对象。黎锦熙先生在1924年出版了《新著国语文法》，是以白话文为研究对象的语法书的最初代表。吕叔湘先生和王力先生先后在1941年和1943年出版了《中国文法要略》《中国现代语法》，这两本书注重汉语的特点，结合了汉语的实际，而不是一味模仿西洋语法。

新中国成立后，党和政府十分重视语言工作。《人民日报》在1951年6月6日发表了题为《正确地使用祖国语言，为语言的纯洁和健康而斗争》的社论，并连载了吕叔湘、朱德熙两位先生合写的《语法修辞讲话》，以后几年中陆续出版了上百种语法专著，如张志公的《汉语语法常识》、曹伯韩的《语法初步》、吕叔湘的《语法学习》等。此外还发行了《中国语文》《语文学习》《语文知识》《语言研究》等期刊，先后开展了汉语词类问题、主语宾语问题的大讨论。1954年到1955年，为适应中学汉语教学的需要，人民教育出版社汉语编辑室综合了各家语法体系，草拟了一个教学系统，经过广泛征求意见，在部分中学试教，作了多次修改，最后定稿为《暂拟汉语教学语法系统》（简称《暂拟系统》）。以后，这个体系在中学和大学（特别是师范院校）广泛使用。

1957年以后，语法研究进入低谷。1977年后，随着政治思想的解放，语法研究也趋向活跃。各高校之间，多次开展校际学术活动，对汉语语法中的许多问题展开讨论，对《暂拟系统》提出了许多不同看法。1978年以来，出版了几部有影响的高校现代汉语教材，如胡裕树主编的《现代汉语》，黄伯荣、廖序东主编的《现代汉语》，张静主编的《新编现代汉语》，张志公主编的《现代汉语》等。这些著作中的语法体系与《暂拟系统》有不同程度的差异。

1981年7月2日，在哈尔滨召开了全国语法和语法教学讨论会，讨论对《暂拟系统》的修改。会后发表了《〈暂拟系统〉修订说明和修订要点》，随即在此基础上着手拟订教学语法试行方案，先后六易其稿，于1984年2月正式发表了《中学教学语法系统提要（试用）》。1988年暑假后中学语文教材知识短文中的语法部分，即据《提要》编写。

从以上简述的汉语语法研究的发展情况可见：（1）系统的研究汉语语法，至今约100多年，这门学科还是比较年轻的；（2）最初的汉语语法体系是模仿西洋语法建立的，后虽逐渐注意结合汉语实际，但仍未完全摆脱西方语法的拘囿。由于这两个原因，今天的汉语语法学与客观存在的汉语语法规则之间，还有一段距离，不可避免地引起了各家语法体系的分歧，今后，这种分歧、争论还会长期持续下去。由于社会不断进步，汉语语法规律也会有所变化，因而专家们的语法体系与客观存在的汉语语法规律之间的分歧也会长期存在。在这些矛盾的逐步解决过程中，汉语语法学也在不断发展。

至于中学语法教学，只能完全按照编入教材的语法体系——即《提要》来讲。作为教师，可以熟悉一下过去的《暂拟系统》，以及现行的几本高校现代汉语教材，以便和《提要》相比较，从而加深对中学教材中语法部分的理解。

本书的语法体系与《暂拟系统》《提要》均有较多不同。我们更注重意义，同时也不忽视形式。我们的原则是：意义内容为主，结构形式为辅，内容和形式一致。

第二部分　词的分类

给汉语词分类，是以结构形式为依据，还是以词的意义为依据，这个问题历来有争议。《暂拟系统》给词分类的标准是"词汇·语法范畴"，即指词的意义和语法特点（主要指构词形态和组合能力）两方面。《提要》给词分类的标准是"主要依据词的语法功能，兼顾词汇意义"。这两个体系的分类标准都包括意义和语法功能两方面，前者将意义放在首位，后者则更强调语法功能。目前语法界谈到汉语词分类的标准，都十分强调词的语法功能，甚至避讳谈意义。

汉语是非形态语言，基本没有词形（内部形态）的变化。然而每个词都有一定的意义（词汇意义和语法意义）。特别是几类实词，由词的意义，大体上可以看出其类别，如"小王"指一个人，所以是名词；"报告一个消息"中的"报告"表示一个行动，所以是动词；"写了一份报告"中的"报告"指一种书面材料，所以是名词。在汉语语法研究中，历来是重视意义的。关于词的分类，自古就有虚实之说。由《马氏文通》至今，许多语法书都是从意义角度给几类实词下定义的。但汉语语法研究进展较慢，到19世纪末才有了我国第一本系统的语法著作。许多学者都是在研习西洋语法的基础上，模仿西洋语法的格局来建立汉语语法体系，因而在许多方面就不能不受西洋语法的影响。20世纪50年代，高名凯先生正是由于仿照有丰富形态变化的西洋语法，认为汉语词"没有足以分别词类的形态变化"，而得出"汉语的实词没有名、动、形、副等词类的分别"的结论。（《关于汉语的词类分别》，见《汉语的词类问题》，中华书局1955年版）

近几年来，也有些语法书在给词分类时，回避"名称""形态变化""性状"等概括意义的说明，结果就会碰到一些说不清的问题，使学习语法的人不能获得关于某一类词的完整认识。如胡裕树主编的《现代汉语》，在谈到形容词时，不提它是表示性状的词，只是列了几条语法特点，其中有特征性的只有一条，就是"一般能用'不'和'很'修饰"，接着又说，"少数形容词，如'雪白''冰凉'

'绿油油'之类，不能用'不'和'很'修饰"。既然"雪白"等不符合形容词的语法特点，又依据什么说它们是形容词？而且这些词并不是"少数"，它们都是一种类型的代表，将这些为数颇多的一部分词，统归于"特殊"之列，是不能叫人信服的。还有些语法书，有碍于"语法只谈结构形式不谈意义"的大势，在给词分类时，也不得不偏于词的语法功能，把意义放在供"参考"的地位。然而在给一些实词下定义时，却又完全从意义出发，如"名词是表示人或事物的词"。（见黄伯荣、廖序东两位先生主编的《现代汉语》）

上述情况表明，给汉语词分类，语义因素是回避不了的，否则，对词类中的一些现象将无法解释清楚。正如吕叔湘先生说的，"语言是形式（语音形式和语法形式）和意义的结合，没有法子撇开意义，专讲形式"。（引自《关于汉语词类的一些原则性问题》，载《汉语的词类问题》）

可不可以依据词的意义（概括意义）给汉语词分类呢？陆宗达先生曾说过："词是代表或反映客观存在的事物跟这些事物间的关系的。反映的对象能不能分类？能。那么反映他们的词也必然能分类。"（转引自吕叔湘《关于汉语词类的一些原则性问题》）陆先生这段话实际上说明了可以依据词的意义给词分类。

依据意义标准给汉语词分类，也不是说可以完全不看语法形式。汉语虽很少有词形的变化，但词的组合能力、句法功能都是很重要的语法形式（即"外部形态"）。这些也是我们给汉语词分类的重要依据。还是如吕叔湘先生说的，凭意义划分词类，"还是免不了要利用结构关系来帮忙""遇到态度暧昧的词，那就得赶快拿出标尺（按：结构形式）来量一下"。但这些形式上的表现必须和意义联系起来，要从语义找到根据，或是说，是词的意义决定了这类词可以具有某种语法形式。譬如，为什么名词可以受表示物量的数量短语修饰？因为名词是表示人、物、事的词，而人、物、事都是可以计数的，名词的意义特点决定了这类词可以具有这种组合能力。再如，名词为什么常在句子中做主语？因为主语是谓语的陈述对象，陈述对象一般是一个表示人、物、事的实体概念，而名词正是表示人、物、事的，名词的意义特点决定了它常具有这种句法功能。

按上述认识，我们姑且把现代汉语词的分类标准确定为"意义为主，功能为辅"，试着依据这个标准划分词类。

词的意义是客观现象的反映，客观世界（包括人类社会和自然界）的种种现象都是以人、物体、事件为中心而形成的。绝大部分词都是客观世界的种种实体（有形的和无形的）及其现象的反映，少数词是在这些实体及现象相互联系时起结构上的作用。据此，我们将现代汉语的词分为四大类，即基础词、附加词、称代词、结构词。其中各小类的名称，考虑到与传统称谓接近，易于为人们所接受，大都沿用习惯的说法。

第一章 基础词

基础词是反映人、物体、事件及其各种表现的词。意义很实在，所反映的对象都在人类社会和自然界中能直接感觉到的。这类词可以充当短语和句子的各种结构成分，是语句结构的基础。

根据所反映的对象不同，基础词又可分为六小类，即名词、动词、性状词、声响词、数词、量词。

第一节 名词

一、名词的意义

名词表示人、物体、事件的名称，即人、物体、事件本身。例如：

钱学森、华罗庚、肖邦、亚洲、俄罗斯、中国、北京

——以上是个别人和地的专名

工程师、科学家、诗人、学生、空姐、导游、妈妈、外甥、老人、婴儿、军阀、匪徒、骗子

——以上是一类人的名称

国家、民族、社会、共产党、部队、军人、家庭、学校、单位、公司、集团、学会

——以上是集体、单位的名称

包袱、扫帚、绷带、皮包、电话、喇叭、窗户、渔网、香烟、干粮、武器、书籍、作品、民歌、录像、执照、档案、鲜花、狂风、旭日、霞光、笑容、笔迹、影子、立交桥、高速公路

——以上是物体（有形的和无形的）名称

故事、情景、线索、奇迹、过程、责任、任务、条件、惯例、范例、差别、权利、程度、难处、用处、过失、事故、成绩、罪行、刑罚、疾病、快餐、亏空

——以上是事件的名称

立场、理想、愿望、心声、意志、目的、意见、理由、主意、诡计、动机、志气、骨气、毅力、规律、问题、办法、手段、道理、风格、趣味、兴致、感情、情意、情趣、威信、誓言

——以上是思想观点的名称

拂晓、夜晚、上午、工夫、春节、当儿、去年、将来、后来、现在、起初、如今、临时、从前、家乡、驻地、坐位、下落、去处、环境、现场、隔壁、旅途、耳旁、天边、井底、背后

——以上是时间、处所的名称

二、名词的语法形式

(一)名词的词形特点

1.后带"子、头、儿"等虚语素,例如:

椅子、珠子、坛子、榔头、势头、年头、个儿、碟儿、棍儿

——以上是名词性语素加"子、头、儿"

钳子、垫子、瞎子、来头、念头、奔头、卷儿、摊儿、画儿

——以上是动词性语素加"子、头、儿"

胖子、矮子、乱子、甜头、巧头、尖儿、弯儿

——以上是性状词性语素加"子、头、儿"

上列词中的"子、头、儿"都没有实在意义,读轻声,它们是名词重要的形态标志。

"瓜子、莲子、墙头、镜头、娇儿、女儿"等词中的"子、头、儿",都有实在意义,不读轻声,不是虚语素,不属于词的形态特点,它们和前面的语素构成偏正结构的名词。

"式、性、士、度、热、率、感、员、手、师"等也可作为名词的形态标志,但不像"子、头、儿"那样意义虚化,仍有实在意义,不读轻声,它们和前面的语素仍构成偏正结构的名词。例如:

形式、仪式、方程式、开幕式、阅兵式

男性、女性、烈性、弹性、阶级性

壮士、女士、志士、男士、烈士

高度、亮度、透明度、知名度、灵敏度

中国热、文凭热、旅游热、经商热、出国热

出勤率、成功率、利用率、成活率、升学率

快感、优越感、失落感、美感、手感

教员、采购员、推销员、指挥员、驾驶员

旗手、能手、老手、狙击手、突击手

教师、律师、厨师、工程师、麻醉师

2. 名量结构。前一个语素由名词充当，后一个语素由能作为此名词计数单位的量词充当。这是名词独特的结构方式，也可作为名词的形态标志。例如：

车辆、灯盏、布匹、纸张、花朵、信件、人口、诗篇、事件

这样构成的名词，表示一个集合概念，它前面一般不能再加上别的词来计算其具体的数量，我们不能说"两卷纸张""三封信件"。

周围又种了蒲葵和许多花朵。（《故乡的榕树》）

此句中的"许多"表示整体概数，可以修饰名量结构的名词"花朵"。

3. 表示一类人的名词后面可以加"们"指多数。例如：

工人们、老乡们、孩子们、姐妹们、哥儿们（或"哥们儿"）

后面加"们"，前面就不能再用数量词来表示具体数量了，"两位工人们""三个孩子们"这样的说法是没有的。但我们有时也会看到"诸位代表先生们""这群孩子们"的说法，这是因为"诸位""这群"都不表示具体的数，只表示一个整体概数，与"们"的意思不矛盾，用它来表示指称，还是可以的。

表示个别人的名词，后面不能加"们"。但也有特殊情形，如"刘洋们""马云们"。这里的"刘洋""马云"已不指刘、马个人，而是指与他们行为相似的一类人，这是一种借代的修辞方式。

表示动物、植物等非人的名词，后面不能加"们"，但也有"蟋蟀们""牡丹们""木莲们"的说法，这是为了表示对这些动植物的亲切感，是拟人的修辞方式。

4. 名词没有重叠变化形式。有人认为"家家户户、人人、事事"是单音名词"家、户、人、事"的重叠变化。其实，这些名词重叠后，与原意有很大不同，基本上不表示人、物、事的名称，而是表示"每一家、每一户……"的意思，属于数量范畴，这和量词重叠后附加的意义相同，所以这些重叠后的名词已具有量

词的性质。至于"哥哥、姐姐、爸爸、妈妈","盆盆、桌桌、饼饼、果果"等，都属于构词的叠音形式，这是不同地区、不同年龄的人的不同习惯使然，和词的变化的形式不同。"瓶瓶罐罐、山山水水、男男女女、风风雨雨"等是单音名词的反复使用，即"瓶子罐子、山啊水啊、男的女的、风啊雨啊"等的意思，或泛指琐碎的日用品，或泛指自然景物，或概指有男有女，或喻社会政治形势，这些都是两个意义相关的单音名词分别反复连用以后所产生的概括意义，是一种修辞方式，也与词的重叠变化形式不同。

(二)名词的组合能力和句法功能。

1.受表示物量的数量短语的修饰。因为名词是表示人、物、事的，而人、物、事都是可以计数的，所以绝大多数名词都可以前加数量短语，表示人、物、事的数量，这是名词特有的组合方式之一。例如：

一位客人、四只苹果、五把扫帚、一架飞机、两首民歌、一片霞光、一笔遗产、一股香气、一嘴胡子、两个脚印、一种思潮

在古汉语中，大都是数词直接和名词组合，中间不用量词，如"三男邺城戍""一屠晚归"。在现代汉语中，数词和名词之间一般要用量词，我们不能说"一客人、两桌子、三小伙子"。今天还可以看到"一针一线、一草一木"的说法，再如"孔乙己……伸开五指将碟子罩住"，这些都是古汉语结构形式的沿用。

2.不受副词修饰。我们不能说"非常花、不思想、都人、索性祖国"，因为人或事物本身无所谓程度、范围、肯定、否定等，只有人、事物的性状或行动才能表现出这些方面的概念。所以名词和副词之间必须有性状词或动词来沟通。例如："非常红的花""不正确的思想""会场内外都有人""索性回到了祖国"。但今天也有"不人不鬼、不男不女、没老没小"的说法，这是在口语中为了组成紧凑简练的固定短语，省去了动词，原意应该是"不像人也不像鬼""不像男也不像女""不分老小，行为随便"。下列句中的现象也与普通规律有别：

(1) 真是又林又牧，好不繁茂兴旺。(《猎户》)

(2) 包扎所就包扎所吧。(《百合花》)

(3) 四面又明明是严冬，正给我非常的寒威和冷气。(《风筝》)

(4) 人又不是石头，哪有不思想的道理。(《要造成一种民主风气》)

(1)(2)句中的"又、就"直接用在名词前，和上述的"不人不鬼"等用法相类似，实际上在副词和名词之间省去了动词"搞、去"等，这里的"又、就"

已包含并代替了其后所省去的动词的意思，在下面的副词一节我们称之为副词的动词用法。(3) 句中的"非常"是性状词，表示"不同寻常"的意思。(4) 句中的"思想"是动词，表示"思考"的意思。

3. 作主语。因为名词是表示人、物、事的，所以它可以用在动词或性状词前，作为行动、性状的陈述对象。这是名词主要的句法功能之一。例如：

拂晓过去、问题解决、任务完成、成绩提高、愿望实现、科技发达、语调平稳、笔迹清楚、意志坚强、手段卑鄙

4. 作宾语。因为名词是表示人、物、事的，所以它可以用在动词后，作为行动涉及的对象。这是名词又一个主要的句法功能。例如：

接受任务、教育学生、发展经济、提高水准、离开家乡、爱护书籍、整理房间、核对账目、失去兴致、丧失理智

第二节　动词

一、动词的意义

动词表示人、物体、事件的行动变化。例如：

摇、撬、捏、端、递、踢、笑、吞、咽、吆喝、呼吸、尝、消化、听、钻、哆嗦、飘、射

——以上表示具体动作

毕业、出差、突破、告别、耽搁、犯罪、追认、辞退、拼命、消毒、选择、履行、摘引

——以上表示笼统行为

希望、相信、佩服、操劳、开窍、赞叹、放心、警惕、烦恼、惊慌、关心、担心、喜欢

——以上表示心理活动

消逝、浮现、布满、弥漫、剩下、具有、成长、增加、发展、恢复、改变、缩小、绿化

——以上表示存现、消失、变化

二、动词的语法形式

(一)动词的词形特点

1.后带"化"和"得"表示变化和可能。

带"化"是动词的形态标志,不仅某些动词可以带"化",一些名词、性状词也可以带"化"而成为动词,表示向某个方面变化。例如:

自动化、革命化、合作化、腐化

——动词加"化"

数字化、网络化、现代化、大众化

——名词加"化"

美化、绿化、硬化、恶化、庸俗化

——性状词加"化"

表示具体动作的动词(多为单音节)后面可以带"得(dé)",表示动作进行的可能,"舍得、吃得、打得、说得、想得、看得"等。表示否定的意思,中间加"不",如"舍不得、吃不得",这样则可看作动补结构的短语。

2.动补结构是动词特有的结构方式,以前一个动词性语素为中心,后一个动词或性状词性的语素补充说明前一个语素。例如:

打倒、说明、征服、集中、充满、扩大、加强、完成、瞄准、抓住

有的书中认为,"跳高、治安"是动补结构的名词,"镇静、漂亮"是动补结构的性状词。我们认为,"跳高"应为动宾结构,"高"是"高度"之意,参加跳高的人不一定都"跳得很高";"治安"应为并列结构,"治"即"安"也;"镇静"亦为同义并列结构,"镇"安定貌;"漂亮"也是并列结构,"漂(piào)"为"美好"的意思,"亮"是"出色"的意思。

3.重叠变化。

词的重叠是汉语词形变化的一种形式。汉语虽少内部曲折的形态变化,但词的重叠变化这种综合性的语法手段却用得较普遍,对于形态变化较少的汉语来说,这是一种很重要的语法现象。但在研究这个问题时,应避免将词的重叠变化与别的非形态变化的叠音现象混淆。

词的重叠变化有两个明显特点。(1)作为词的形态变化,其变化之前(在此指重叠之前)必须是一个词,如果回复为原来的单音节(或双音节),在当时的民族共同语中,仍可自由运用,这也就是俞敏先生在《名词、动词、形容词》一

书（上海教育出版社《汉语知识讲话》）中所强调的，必须是"独立的词"，如"走走""漂漂亮亮"的原形"走""漂亮"都是独立的词。（2）词的重叠变化，其重叠之后较之重叠之前，必须在原词义的基础上，增添明显的附加意义，如"走走"比之"走"，附加"时间不长"的意思；"漂漂亮亮"比之"漂亮"，表示性状程度加深、语意加强，相当于加上一个程度副词"很"。这也如俞敏先生说的，"形态变化是一个词的声音可以有不止一种说的""这种声音的改变是有意义的，改变的目的是要表达语法范畴，那就是说，多加一些附加意义"。作为词的重叠变化，以上两个特点必须同时具备，缺一不可。依据这两个特点，我们可以将词的重叠变化和构词的叠音形式及修辞的反复现象（同一词语连用）区别开来。

不同类的词可以采用不同的重叠形式（如"AABB、ABAB"等），也可以采用相同的重叠形式，但在同一类词中，重叠后的附加意义基本相同，如性状词"AABB"式、"ABAB"式、"A里AB"式都是附加"程度加深、语意加强"的意思。由此可见，决定一种重叠词语词性的，主要不是重叠形式，而是重叠后附加的意义。

动词的重叠变化，无论是单音节动词还是双音节动词，无论用哪种形式重叠，重叠后的附加意义都是"行动时间不长，次数不多"，语气比较轻快、缓和。如"拿起热水瓶摇摇"，表示摇的次数不多；"吃过晚饭出去走走"，表示走的时间不长，语气轻松，心情舒缓。

单音动词重叠，有"AA"式，如"摇摇、看看、算算、想想、猜猜、避避"等；"A一A"式，如"摇一摇、看一看、算一算、闻一闻"等，一般说，"AA"式都可以改变为"A一A"式；"A了A"式，如"摇了摇、看了看、算了算、闻了闻"等，一般地说，"AA"式也都可以改变为"A了A"式；"A了一A"式，如"摇了一摇、看了一看"等，这是上述三种形式的综合，一般说"AA"式都可以改变为"A了一A"式，这种形式也可看作是一个动补结构的短语，"一A"看作补语，表示动量。以上四种形式中，第一音节后面的各音节都读轻声，"AA""A一A"可以表示已然和未然时态，"A了A""A了一A"只表示已然时态。

老栓接了，抖抖的装入衣袋。（《药》）

这句话中的"抖抖"不是单音动词的重叠，它重叠后不表示"时间不长"或"次数不多"的意思，而是对"抖"的强调，表示一种状态，具有性状词性质。

双音动词重叠，主要用"ABAB（A代表前一个语素，B代表后一个语素）"式，后面三个音节读轻声，如"修改修改、帮助帮助、考验考验、活动活动、打听打听、考虑考虑"等。能用"ABAB"式重叠的双音动词，大都是联合结构的，但联合结构的动词也不是都能这样重叠。有的动词表示的行动，本身就包含一次完成的意思，无所谓时间长短、次数多少，这样的动词一般不能重叠，如"消灭、牵连、联合、经历、消逝、忘记"等。还有的动词由于语言习惯的原因，或由于某些语素不够口语化，也不能重叠，如"教诲、营造、治疗、参与"等，而与这些词意义相近的"教育、经营、医治、参加"却可以重叠为"教育教育、经营经营、医治医治、参加参加"。"ABAB"式，经常用于双音动词的重叠，有些性状词用这种形式重叠后，表示性状或情况的变化，也具有动词的性质。例如："他请你吃饭，你也应该客气客气嘛""大家安静安静""我们一起热闹热闹"，再如"亲热亲热、凉快凉快"等。

和单音动词重叠比较起来，双音动词用"ABAB"式重叠，两个"AB"之间不能加"了""一"，我们一般不说"修改了修改、修改一修改""收拾一收拾"。常敬宇同志的《谈动词的叠用》一文（载《语言教学与研究》1981年2期，收入《语言学资料选编》，中央广播电视大学出版社出版）认为，双音动词重叠有"AB了AB"式，其实，这种形式在近代汉语（古代白话）中是有的，在现代汉语中则没有。常文所举的唯一的例子（"将贾蔷打量了打量"）也是《红楼梦》中的。

在现代汉语中，无论是单音节动词还是双音节动词，重叠后不能带"儿"化韵尾，我们一般不说"管管儿、尝了尝儿、迎接迎接儿"，重叠动词之间一般不夹有宾语，我们可以说"看看他、欢迎欢迎他"，不说"看他看、欢迎他欢迎"。而这些现象在近代汉语中则是常见的。

双音动词的重叠，还有"AAB"式，后一个"A"读轻声，如"办办公、放放风、出出面、消消毒、争争气、散散步、串串门"等。能用这种形式重叠的双音动词，大都是动宾结构的，但也有很多动宾结构的动词，由于所表示的意思比较严肃、庄重，不宜用随便、轻松的语调，或由于语言习惯的原因，不能用这种形式重叠。如"毕业、犯罪、同意、出身、贫血、记事、负责、享乐"等。有少数动补结构的动词，也可以用"AAB"式重叠，如"抓抓紧、瞄瞄准、站站稳"等。这样重叠以后，就可以看作是动补结构的短语，前一个单音动词重叠，后一个单音性状词作补语。用"AAB"式重叠的动词，如果表示已然的时态，在

"AA"之间可以加"了"，说成"放了放风、出了出面、散了散步、瞄了瞄准"。

（1）爬爬歇歇直到冰湖洞口。（《记金华的两个岩洞》）

（2）这一夜，她们长久难以入眠，哭哭想想，想想哭哭。（《壮士横戈》）

（3）我们歇歇走走，走走歇歇。（《雨中登泰山》）

句中的加点部分不是双音动词重叠，而是"爬、歇、哭、想、走"等单音动词重叠。

（二）动词的组合能力和句法功能

1. 后面可以带宾语。因为动词表示行动变化，而行动变化常常涉及具体的对象，所以后带名词或名词性短语作宾语，这是动词特有的组合方式和句法功能。例如"解放思想、团结同学、接受意见、挖掘潜力、召开会议"。

有些动词所表示的行动不涉及某个人或事物，如"冲突、分歧、决裂、悲哀、成长、死亡、消逝"等；有些动词本身就包含动作对象在内，如"消毒、请假、服务、失望"等，这些动词后面一般都不带宾语。能带宾语的动词叫他动词，或叫及物动词；不能带宾语的动词，叫自动词，或叫不及物动词。

动词的及物、不及物，这个界限很难划清，许多不及物动词有时候也可以带宾语。例如：

（1）母亲和我都叹息他的景况。（《故乡》）

（2）老的小的都还空着肚子。（《新手表》）

（3）夜走灵官峡（《夜走灵官峡》）

有些名词后带宾语，就活用作动词了。例如：

（4）坚持四项基本原则绝不会障碍思想解放。（《鸟飞鱼跃的联想》）

2. 可以受表示动量的数量短语的修饰和补充。例如：

"三天完成任务""三年见成效""一把抱住他""一头栽下去""一眼看到底""一口气说出来""一辈子忘不了""走一趟""吃两口""瞪一眼""讨论了一整天""奋斗了三年"

有的名词后带数量短语作补充成分，就活用作动词了。例如：

（1）处理人民内部矛盾，还是要从团结的愿望出发，"和为贵"，要"费厄"一点。（《论"费厄泼赖"应该实行》）

（2）在公共汽车上，相互"温、良、恭、俭、让"一些，将可以减少粗野低级的争吵。（《论"费厄泼赖"应该实行》）

3.可以受副词修饰。例如：

（1）刚擦完汽车，突然下起雨来。（《人民的勤务员》）

（2）一星期只上一次文化课。（《毛主席关怀警卫战士学文化》）

（3）现在居然有了一条牦牛。（《草地晚餐》）

（4）再三挽留他避避雨再走。（《人民的勤务员》）

（5）我们的目的一定要达到。（《给青少年的一封信》）

（1）—（5）句中的加点副词分别表示行动变化的时间、范围、语气、频率、肯定。

一般动词不受程度副词修饰，我们一般不说"非常走""很笑"。只有表心理活动的动词及"有、像"等少数意义抽象的动词可以受程度副词修饰。例如：

（1）于是我非常生气。（《渔夫的故事》）

（2）其时台下已经不很有人。（《社戏》）

（3）松鼠最不像四足兽了。（《松鼠》）

在一些早期现代白话中，特别在一些老作家笔下，由于语言习惯不同，也有用程度副词"很"修饰一般动词的。例如：

（1）似乎多日不很看见他了。（《风筝》）

（2）告诉他明天要离开鲁镇……他也不很留。（《祝福》）

（3）祭器很讲究，拜的人也很多，祭器也很要防偷去。（《故乡》）

有时动宾短语作为一个整体，表示某种性状，也可受程度副词修饰。例如：

（1）马克思是当代最遭嫉恨和最受污蔑的人。（《在马克思墓前的讲话》）

（2）我拿来打开看时，很吃了一惊。（《藤野先生》）

4.后带"着、了、过"表示行动的时态。例如：

（1）周总理正亲切地注视着我，目光中充满了关切，充满了爱护。（《一件珍贵的衬衫》）

（2）晋察冀边区的军民，凡亲身受过白求恩医生的治疗和亲眼看过白求恩医生工作的，无不为之感动。（《纪念白求恩》）

（3）马克思不仅参加和领导了当时国际工人阶级的革命运动，还以毕生的精力进行了顽强的学习，重新探讨、批判和检验了人类丰富的文化遗产。（《马克思的好学精神》）

（1）句中的"注视"带"着"，表示"动作正在进行"，"充满"带"了"，表示"动作已经完成"。（2）句中"受"和"看"带"过"，表示"动作已成过去"。

（3）句中"参加"和"领导"共带一个"了"，"探讨、批判、检验"三个词共带一个"了"，表示这些动作都已完成。

（4）正是这千百万人创造了和创造着中国的历史。（《回忆我的母亲》）

（5）伟大的胜利的中国人民解放战争和人民大革命，已经复兴了并正在复兴着伟大的中国人民的文化。（毛选四卷1405页）

（4）（5）句中的"创造""复兴"分别连用"了"和"着"，"了"表示此行动已取得阶段性成果，"着"强调这行动在继续下去。

有些动词受它本身意义和形式的限制，不能带"着、了、过"，"死"只能说"他死了"，不能说"他正在死着""他曾经死过"，因为这个具体动作，对于一切生物来说，没有正在进行和已成过去的时态，但"死"作为一种现象，泛指一般人时，则可以说"这里曾经死过两个人"。"辞退"可以说"辞退了""辞退过"，不能说"正在辞退着"；"剩下"只能说"剩下了""剩下过"，不能说"剩下着"，因为"辞退""剩下"本身就表示动作已经完成，不存在正在进行的时态。"弥漫"只能说"弥漫着"，不能说"弥漫了""弥漫过"，因"弥漫"本身就表示动作正在进行，不存在"已经完成"和"已成过去"的时态。这些都是受词的意义的影响。"具有"可以带"了"和"着"，但不宜说"具有过"，而"有"则可以说"有过"；"着急"可以带"了"和"过"，但不宜说"着急着"；可以说"他过了这座桥"，一般不说"他过过这座桥"。这些都是受词的形式（音）的影响。

第三节　性状词

一、性状词的意义

性状词表示人、物体、事件的性质、形状和动作、行为的状态。例如：

好、错、难、暖、忠诚、清贫、朴素、复杂、精良、倒霉、高明、苦涩、有益、渊博

——以上表示人和事物的性质

亮、多、长、清、窄、厚、强壮、光亮、险恶、灿烂、平坦、庞大、晴朗、丰盛、美丽

——以上表示人和事物的形状

痛快、激动、心痛、慌张、快活、愉快、小心、镇静、惭愧、悲愤、忿怒、

急躁、惊奇

——以上表示人的心理状态

精心、辛苦、飞快、努力、疯狂、牢牢、纷纷、默默、狠狠、奋勇、尽快、广泛、分明

——以上表示行动的状态

稳健、轻松、庄严、急促、平静、幸福、英勇、机智、狡猾、光荣、神秘、生硬、整齐

——以上既可表示人和事的性状，又可表示行动的状态

有的词既可以表示心理活动，又可以表示心理状态。例如：

失望、惊慌、烦恼、着急、难过、惭愧、怀疑、信任、激动、留神、佩服、警惕

这些词，有的书中把它都归入动词，更多的书中则态度暧昧，模棱两可。我们觉得应根据实际情况，让其兼属两类，它们表示心理活动时是动词，表示心理状态时是性状词。在语法形式上可以从以下五个方面来划清界限：

（1）修饰名词时是性状词。如"失望的神情""惊慌的样子""怀疑的神色""激动的心情"。

（2）修饰动词时是性状词。如"失望地走了""惊慌地跑来""怀疑地说""激动地站起来"。

（3）后带时态词、趋向词时是动词。"失望了""惊慌过""怀疑着""激动起来"。

（4）受时间副词修饰时是动词。如"已经失望""正在惊慌""曾经怀疑""经常激动"。

（5）后带宾语时是动词。如"怀疑他""警惕敌人的破坏""留神这件事""佩服你"。

"好意思、有意思、卖力气、在行、有名、不得了"等都由两个词组成（多为动宾结构），它们结合很紧，形式固定，整个词组的意思不是两词意思的相加，而是融合起来表示一个特定的意思，如果拆开来，意思就变了。因此，这些词组可看作一个词，从它们表示的意义和在句中的作用来看，应归入性状词。例如：

（1）我不好意思地笑一下。（《一面》）

（2）它比起那缥缈的幻景，还要有意思得多呢。（《海市》）

（3）人们都很兴奋，劳动得特别卖力气。（《挥手之间》）

（4）他……编秧歌很在行。（《〈东方红〉的故事》）

（5）本市有名的音乐界人士都到了。（《第二次考试》）

（6）这是一件不得了的事情。（《孟姜女》）

（1）句中的"好意思"受副词"不"的修饰，表示"笑"的状态。（2）句中的"有意思"表示"它"的性状，后带"多"作补语，说明性状的程度。（3）句中的"卖力气"作补语，说明"劳动"的状态，受程度副词"特别"的修饰。（4）句中的"在行"表示性状，受程度副词"很"修饰。（5）（6）句中的"有名""不得了"都修饰名词，表示人和事的性状。

有一些描摹状态的词，也属于性状词。例如：

（1）那映照在浪峰上的霞光，又红又亮，简直就像一片霍霍燃烧着的火焰。（《海滨仲夏夜》）

（2）有时候风过云开，在底下望见南天门，影影绰绰，耸立山头。（《雨中登泰山》）

（3）一个小朋友握着这种枪，瞄准游艺台上徐徐开过的坦克。（《奇特的激光》）

（1）—（3）句中的加点词语，都属于性状词，但它们和一般性状词不同的是，不能受程度副词修饰，因为它们的叠音形式本身就含有程度加深的意思。

二、性状词的语法形式

(一)性状词的词形特点

1.前加"可"。例如：

可怕、可怜、可疑、可靠、可恨、可恶、可恼

——以上是"可＋动"

可贵、可巧、可帅、可美

——以上是"可＋性状"

前一组中的"可"尚有"可以"之意，和后面的动词性语素融合；后一组中的"可"已经失去实在意义，只起对后面的性状加深程度的作用。

2.后加"型"。例如：

开拓型、开放型、封闭型、普及型、进攻型

——以上是"动＋型"

温饱型、小康型、外向型、松散型、博学型

——以上是"性状＋型"

生活型、事业性、感情型、政治型、技术型

——以上是"名＋型"

多功能型、单纯娱乐型、单纯说教型、民办公助型

——以上是"短语＋型"

3.后带叠音辅助成分，描述某种状态。例如：

兴冲冲、血淋淋、火辣辣、金灿灿

——以上是"名＋叠音成分"

静悄悄、白花花、酸溜溜、香喷喷、直勾勾

——以上是"性状＋叠音成分"

4.重叠变化。

性状词的重叠变化，无论是单音节的还是双音节的，无论用哪种形式重叠，重叠后的附加意义基本上都是"性状程度加深，语意加强"，相当于原词前加一个程度副词"很"，如"好好学习"就是"很好地学习"的意思，"冷冷清清、古里古怪"就是"很冷清、很古怪"的意思。"雪白"一词，对"白"的程度已用"雪"作比，加以强调了，所以不能再用"很"修饰，说成"很雪白"，但把它重叠一下，说成"雪白雪白"，其白的程度，则有比"雪白"还白之意，语意之加强几乎无以复加。

单音性状词大都可以用"AA"式重叠。例如：

(1) 墙壁上发出轻轻的敲击声。(《挺进报》)

(2) 小小年纪好嘴硬。(《生的伟大，死的光荣》)

(3) 我微笑淡淡地说。(《清贫》)

(4) 把牦牛杀了，美美地吃一顿。(《草地晚餐》)

(5) 高高耸立在渔夫面前。(《渔夫的故事》)

有的词像是单音性状词重叠，其实不是。例如：

(1) 悄悄地站在母亲身边。(《生的伟大，死的光荣》)

(2) 大家纷纷议论。(《草地晚餐》)

(3) 朝上望望，只见云雾蒙蒙。(《红军鞋》)

(1)—(3)句中的"悄、纷、蒙"本身都不是词，所以此三句中的叠音形

式不是单音性状词的重叠变化，而是构词的重叠式，只表示对某种形状的描绘，并不表示"程度加深，语意加强"，我们不能说"很悄、很纷、很蒙。"这种叠音形式前面加一个单音词，就成为带叠音辅助成分的性状词了，如"静悄悄、乱纷纷、雾蒙蒙"。

单音性状词重叠后，除了主要表示"性状程度加深、语意加强"的附加意义之外，当其作定语或谓语时，有时可以表示性状程度"适中"，含有某种爱抚、夸赞的意思，此时，重叠部分习惯上读轻声，阴平调，并后带"儿"化韵尾，如"长长（儿）的眉毛，大大（儿）的眼睛，高高（儿）的鼻子，小小（儿）的嘴巴，红红（儿）的脸蛋"。但并不是所有单音节性状词作定语、谓语时都表"适中"的意思，在很多情况下，仍表"程度加深"的意思，如"白白的墙壁，小小的年纪"。正如季高先生在《用叠字组成的形容词》一文（《语文学习》1952年2期）中所说："'轻轻的'比'轻'的程度要深一些，'红红的'比'红'的分量差一些。"这正说明了单音节性状词重叠后的附加意义具有两种情况，这也就是黎锦熙先生在《汉语语法教材》中说的："或表很而重，或表少而轻。"

双音性状词重叠，主要用"AABB"形式，如"冷冷清清、零零碎碎、扎扎实实、普普通通、规规矩矩、干干净净、清清白白、认认真真"等。能用"AABB"式重叠的性状词，大都是联合结构的，其他结构的一般不能，我们不说"崭崭新新、满满意意、可可怕怕、胆胆怯怯"。也有少数例外的，例如：

（1）把她养大来，像像样样成个人。（《夜》）

（2）我能讲许许多多的故事，我能唱许许多多支歌。（《我骄傲，我是一棵树》）

（1）（2）句中的"像样、许多"一个是动宾结构，一个是偏正结构的性状词，用"AABB"式重叠。

就是联合结构的性状词也不是都能重叠，"宁静、美丽、艰辛"不能说成"宁宁静静、美美丽丽、艰艰辛辛"，而与之意义相近的"安静、漂亮、辛苦"却可说成"安安静静、漂漂亮亮、辛辛苦苦"，可能是由于后者更为口语化吧。

一部分动词如果采用"AABB"式重叠，就表示行动的状态，具有性状词性质，如"摇晃、高兴"是动词，而"摇摇晃晃、高高兴兴"则成了性状词；而有的联合结构的性状词，采用"ABAB"式重叠，则表示行动变化，具有动词性质，如"凉快、亲热"是性状词，而"凉快凉快、亲热亲热"则成了动词。

有的文章中将"来来往往、说说笑笑、打打闹闹、挑挑拣拣、吃吃喝喝、摇摇摆摆、蹦蹦跳跳"等，都当作双音动词重叠（《语言教学与研究》1981年2期常敬宇文），我们认为这些重叠词语中，大多数应是两个单音动词重叠的连用，如"来来往往、说说笑笑、打打闹闹"，有少数则成了性状词，如"摇摇摆摆、蹦蹦跳跳"。而从整体意义来看，这些词语都表示一种行动的状态，其性质近于性状词。"AABB"式几乎是形容词所专有的一种重叠方式。

少数偏正结构的性状词还能用"ABAB"式重叠，表示性状程度加深。这种性状词都是前一语素对后一语素进行描述或比喻，如"雪白雪白、笔直笔直、冰冷冰冷、乌黑乌黑、滚烫滚烫、棒硬棒硬、苦咸苦咸、通红通红、金亮金亮、漆黑漆黑、碧蓝碧蓝、红紫红紫（哥哥满身冻得红紫红紫《两棵奇树》）"。一部分以性状词为中心的偏正短语（双音节的），也可以用"ABAB"式重叠，如"很远很远、极热极热、太久太久、老长老长、最少最少"等，这和"雪白雪白、通红通红"很像，不同的就在于一个是词组的重叠，一个是双音词的重叠，也可以这样说，这种偏正短语重叠后，其性质和功能基本上相当于一个用"ABAB"式重叠了的性状词。

下句中的情形与此不同：

他这贱骨头打不怕，还要说可怜可怜哩。（《药》）

这句中的"可怜可怜"不是性状词的重叠形式，而是"可怜"的反复运用，属于修辞现象。

还有一部分带有憎恶感情的双音节性状词，能用"A里AB"式重叠，这种性状词大都是偏正结构的，或是双声叠韵的单纯词，如"古里古怪、罗里罗嗦、糊里糊涂、邋里邋遢、小里小气、娇里娇气、傻里傻气"等。带有憎恶感情的性状词也不是都能用这种方式重叠的，如"讨厌、调皮、恶劣、顽固"就不能说成"讨里讨厌、调里调皮、恶里恶劣、顽里顽固"。

（二）性状词的组合能力和句法功能

1. 能受程度副词修饰，表示性状的程度。例如：

（1）白大夫太辛苦了。（《截肢与输血》）

（2）刘胡兰决心迎接那最严重的考验。（《生的伟大，死的光荣》）

能否受程度副词修饰，这是性状词和动词的重要区别之一。动词和性状词都能受一般副词修饰，但除了心理活动的动词及"有、像"等少数意义抽象的动词外，其他动词一般都不能受程度副词修饰。（见动词部分）

带叠音辅助成分的以及重叠变化后的性状词不能受程度副词修饰，"雪白、漆黑"一类能用"ABAB"式重叠的性状词也不能受程度副词修饰，因为这些词所表示的性状已经加深了程度。

2.不能带名词性词语作为支配对象，这是性状词和动词的又一重要区别。我们只能说"鲜血染红了铡刀"，不能说"鲜血红了铡刀"；只能说"洪水吞没了良田"，不能说"洪水汹涌了良田"；只能说"敌人残害百姓"，不能说"敌人残暴百姓"。

下列句中的情形不同：

(1) 清清的溪水齐着两岸的草丛在漫流（《天山景物记》）

(2) 那个胖孩子可还红着脸。（《不动脑筋的故事》）

(3) 熏风会媚妩你。（《银杏》）

(1) —（3）句中的"齐、红、媚妩"本是性状词，在此分别后带"草丛、脸、你"作为支配对象，已转变为动词了。

3.修饰名词，表示人或事物的性质、形状，修饰动词，表示行动变化的状态，这是性状词常用的组合方式。例如：

(1) 四周没有发现可疑的人。（《挺进报》）

(2) 鲁迅先生……会见了一个陌生的女青年。（《同志的信任》）

(3) 周总理正亲切地注视着我。（《一件珍贵的衬衫》）

(三)非谓性状词

许多语法书中都讲到非谓性状词的问题，语言实际也告诉我们，在按一般公认的标准划分出来的词类之外，确实存在着所谓非谓性状词这一类词。例如：

(1) 玲珑的小面孔，衬上一条帽缨形的美丽的尾巴，显得格外漂亮。（《松鼠》）

(2) 如果海底上升，则成为实心的珊瑚岛。（《珊瑚岛》）

(1)(2) 句中的"玲珑、帽缨形、实心"分别表示"面孔、尾巴、珊瑚岛"的性状，并充当这些名词的定语。从这两点看，很像是性状词，但它们和一般的性状词又有不同。试和(1)句中的性状词"漂亮"相比。首先，性状词可以受副词（特别是程度副词）修饰，可以说"很漂亮"，却不可以说"很帽缨形、很玲珑、很实心"；其次，性状词可以单独作谓语，可以说"她漂亮，你不漂亮"，却不可以说"小面孔玲珑""这条尾巴帽缨形""这个珊瑚岛实心"，它们要作谓语，须在其后加"的"（或"是……的"），构成"的"字短语，说成"小面孔是玲珑的""尾巴是帽缨形的""珊瑚岛是实心的"。此外，在充当主语、宾语、补语等成分上，这些词和一般性状词也有所不同。正因为如此，在1991年版的黄伯荣、廖序东主编的《现代汉语》中，将这类词单列为"区别词"。不过，我们觉得，"区别词"这个名称的实际内涵很难把握，而且，这类词在表示性状和能作定语这两点上，毕竟和一般性状词相同，因此，我们还是赞成将它作为性状词中特殊的一部分，姑称之为"非谓性状词"。

下面试对非谓性状词的语法功能、构词形态及与之相似词类的区别，作一些探讨。

1.非谓性状词的语法功能

（1）作定语，表示人或事物的性状，这是非谓性状词的主要句法功能。例如："台式电扇、花样滑冰、无限趣味、专门人才、大量意见、零星小雨"。

（2）一部分非谓性状词除作定语外，还可作状语，表示行动的状态，例如："大力推广、大肆宣扬、故意冲撞、专门研究、大量积压、常年积雪、零星散落、大幅度涨价"。

（3）不作谓语。它虽然表示人和事物的性状，但不能对人和事物进行直接陈述，必须加"的"（或"是……的"）成为"的"字短语后，才能作谓语。例如："损失是大量的""电视机是彩色的""趣味是无限的""小雨是零星的""产品是军用的""酒是烈性的""橄榄是椭圆形的"。

有时我们也可以说"趣味无限、大雨倾盆"，这样说都带有较浓的文言色彩，一部分由古沿用至今的非谓性状词，在古汉语中是可以单独作谓语的。

（4）不作主语、宾语、补语。后加"的"成为"的"字短语，则可以充当主语、宾语。例如："电扇我不喜欢台式的""台式的我不喜欢"。

"重男轻女、穿金戴银"，这是古汉语形式的沿用，且构成比较固定的格式，用现代汉语来说，即"重视男孩，轻视女孩""穿戴金银的服饰"。

2.非谓性状词的构成

非谓性状词所表示的性状常常有相对的一面，或是同类的几个方面，因此，由一个词可以引出一对词或一组词。例如：

男—女　　单—双　　真—假　　　正—副　　　雄—雌

军用—民用　　大号—中号—小号

粉红—杏黄—雪白—瓦蓝

金质—铜质—银质—木质

糖炒—水磨—油炸—红烧—清炖—粉蒸

在一对或一组复合式非谓性状词中，由于它们在意义上有某种相关之处，因而常常含有一个相同的构词成分，并采用相同的结构形式。例如：

长期—短期　　大量—少量　　重量—轻量

条状—块状　　花样—弼样　　帽缨形—椭圆形

——以上为偏正结构

有限—无限　　有名—无名　　有意—无意　　有机—无机

有线—无线　　有轨—无轨　　有形—无形

——以上为动宾结构

军用—民用　　国营—私营—民营

——以上为主谓结构

在同一组非谓性状词中，某个相同的构词成分涉及方面较多，使用频率较高，意义渐趋虚化，近于一个虚语素。例如：

性：阴性、阳性、烈性、活性、硬性、慢性、急性

式：西式、中式、新式、老式、台式、手提式、落地式、正式

型：大型、中型、小型、微型、开拓型、保守型、外向型

3.非谓性状词与相似词类的区别

（1）和一般性状词的区别

非谓性状词是性状词中的一个特殊部分，它和一般性状词的主要区别就在于，一般性状词除了可以作定语、状语外，还可以作谓语、补语，也可以作主语、宾语，而非谓性状词的主要功能就是作定语，一部分可以作状语，不能作谓、补、主、宾等成分。

另外，一般性状词可以受副词修饰，非谓性状词则不受副词修饰。

（2）和名词的区别

从意义看，名词表示人、事物，非谓性状词则表示人或事物的性状，而不表示具体的人或事物。如"男、女"只表示人的性别，而不表示具体的人。在古汉语中，"男、女"是名词（"一男半女"），在现代汉语中则要说成"男的、女的"或"男人、女人"。"金、银"在现代汉语中则要说成"金子、银子"或"黄金、白银"，而与之同类的"铜、铁"等，在现代汉语中则是名词，可以说"生产铜和铁""铜和铁都是金属"。

从功能看，名词可以作主语、宾语，非谓性状词不能作主语、宾语。可以说"金子值钱""男孩子我喜欢"，也可以说"买一两金子""生了个男孩子"，但不能说"金值钱""男我喜欢"，也不能说"买一两金""生了个男"。再如"正式"和"开幕式"前者是非谓性状词，后者是名词，可以说"开幕式今天举行""举行开幕式"，而"正式"只可以作定语、状语（"正式工作人员""正式宣布"），不可以作主语、谓语。

4. 和副词的区别

副词可以修饰动词，一部分非谓性状词也可以修饰动词，其区别就是副词不能作定语，而非谓性状词则可以作定语，如可以说"专门研究、大量积压、故意冲撞、硬性规定"，也可以说"专门人才、大量产品、故意行为、硬性手段"。

第四节 声响词

一、声响词的意义

声响词表示人、物体发出的声响，例如：

啊、哎、哎呀、呸、喂、嗯、哈哈、嘻、嗤、哟、嘿、嗖、唉、哇

——以上表示感叹、呼唤应答的声音

汪汪汪、唧唧喳喳、哞哞、喔喔喔、咕咕咕、呱呱呱、咪咪咪

——以上摹拟动物（非人）发出的叫喊声

咯吱、喀嚓、哗啦、咚、轰隆、劈啪、乒乓、窸窸嗦嗦、淅淅沥沥、嗖嗖、唑、唰

——以上摹拟各种物体、自然现象发出的声响

前一组带有人的惊喜哀怒等感情，一般语法书中叫叹词；后两组不带人的感情，一般语法书中叫拟声词（或象声词）。

声响词表示关于声音的概念，和名词、动词、性状词、数量词所表示的人和事物、行动变化、性质状态、数量等概念同样意义实在。

二、声响词的语法形式

（一）声响词的词形特点

因为声响词是拟声的，用字只是取其音，所以词形常常不固定，可以用

"啊"，也可以用"呵"，可以用"吱吱嚓嚓"，也可以用"喞喞喳喳"，而且在表音成分的字符旁常加"口"，以示其拟声的特点。

声响词常见叠音现象，如"哈哈哈、哗哗哗、嗯嗯"，这是根据发声的实际情况和人们说话的习惯，而连用声响词，并不附加新的意义，不能算是声响词的重叠变化，这是声响词词形的一种独特形式——音节不固定的表现。

（二）声响词的组合能力和句法功能

1. 充当独词句和句中的独立成分。这样用时，声响词独立于句子结构之外，不和别的词发生结构上的组合关系。例如：

（1）一下子四面都是我们的火力，通通通，嘟嘟嘟。（《大渡河畔英雄多》）

（2）那雷声就像有一万个铁球在洋铁板上滚动，轰隆……（《暴风雨之夜》）

（3）乒！敌人听说是红军，慌乱地开枪了。（《大渡河畔英雄多》）

（4）霍！霍！霍！巨人的刀光在上空飞舞。（《雷雨前》）

（5）唉，种田人吃不到自己种出来的米！（《多收了三五斗》）

（6）喂，欧也妮，喂，这是给你们的。（《守财奴》）

（7）"嗯，我们听了非常高兴。"两个骗子齐声说。（《皇帝的新装》）

（8）啊！好一派迷人的秋色！（《秋色赋》）

（9）荷荷！阿Q忽然大叫起来。（《阿Q正传》）

（10）喂！一手交钱，一手交货！（《药》）

（11）"唔。"老栓一面听，一面应，一面扣上衣服。（《药》）

（1）（2）句中拟声词作独立成分。（3）（4）句中拟声词充当独词句。（5）—（7）句中叹词作独立成分。（8）—（11）句中叹词充当独词句。在这里，独立成分和独词句在形式上的主要区别就是使用标点符号不同，独立成分后面用的是逗号，独词句后面用的是叹号、句号或问号。

2. 在句中充当定语、状语、谓语、宾语、主语、补语等成分。这样用时，它们相当于一个动词、性状词、名词。例如：

（1）我躺着，听船底潺潺的水声。（《故乡》）

（2）忽听得背后"哑——"的一声大叫。（《药》）

（3）屋顶上的鸽子咕咕咕地低声叫着。（《最后一课》）

（4）她的心怦怦跳了两下。（《党员登记表》）

(5) 那蜜蜂满野嘤嘤嗡嗡，忙得忘记早晚。（《荔枝蜜》）

(6) 她……把嘴附在她女伴的耳边，嘀咕了两句什么话。（《葛梅》）

(7) 水在两旁大声地哗哗，哗哗，哗哗。（《荷花淀》）

(8) 不一会雨声就由沙沙沙而刷刷刷。（《云赋》）

(9) 只有铜铁铺里发出使人焦躁的一些单调的丁丁当当。（《在烈日和暴雨下》）

(10) 耳朵里只听见它的轰轰。（《记金华的两个岩洞》）

(11) 突然哇的一声，一个战士从队伍里冲了出来。（《大渡河畔英雄多》）

(12) 我只是一个劲儿地眨动眼皮子，张着嘴巴，哦哦啊啊地回答不出一个字。（《葛梅》）

(13) 总司令听了，呵呵地笑起来。（《草地晚餐》）

(14)"嗨！"我这么叫了一声。"用不着'嗨'，明天我就去收购！"她笑着说。（《葛梅》）

(15) 先生又来了一个"嗤"。（《多收了三五斗》）

(16) 她带着梦中的欢喜喃喃着。（《坚强的战士》）

(17) 哇哇哇，是孩子的哭声，呼呼呼，是狂风在吼叫。

(18) 孩子哭得哇哇的，风刮得呼呼的。

(1)(2)句是拟声词作定语。(3)(4)句是拟声词作状语。(5) —(7)句是拟声词作谓语。(8)句是拟声词和介词"由"、连词"而"组成"由……而……"的结构（相当于"从……到……"结构）作谓语。(9)(10)句是拟声词作宾语。(11)句是叹词作定语。(12)(13)句是叹词作状语。(14)句是叹词作谓语。(15)句是叹词作宾语。(16)句中的"喃喃"像是拟声词，在此作为人的有感情的说话声，则成为叹词作谓语。(17)(18)句中叹词、拟声词分别作主语、补语。

由上述情况看，声响词和名词、动词、性状词一样，意义实在，而且句法功能齐全，在句中的独立性比其他几类基础词表现得更为突出。

第五节　数词和量词

一、数词和量词的意义

数词表示人、事物、行动的数目、次数和排列顺序。量词表示人、事物、行动的计数单位。

（一）数词包括基数和序数两类

基数表示数目的多少。例如：

零、半、一、二、四、十、十五、二十、百、千、万、亿

数目在"二十"以上时，由个位数向十位数（按十进位）、由左向右逐步说下来。例如：

二十一、四百三十二、六千七百五十八、九万九千五百一十六

下面举几个运用多位数词的例子：

（1）全县一百四十九个大队，他已经跑完了一百二十多个。（《鞠躬尽瘁》）

（2）许多红色的星星很大很大，可以装得下八十万万个太阳。（《宇宙里有些什么》）

（3）就拿一九三四年来说，滨湖一带溃决垸子一千三百多个，活活淹死了三万七千五百多人。（《珍珠赋》）

"零"也写作"0"，表示无数。它经常用在多位数中间的空位上，空一位用一个"零"，空两位以上也用一个"零"。如：

二百零二、三千零八十五、一万零二十六

在多位数的尾部如有空位，不论空几位，都不用"零"。如：

三千二百、一万三千、二十万、六亿

如果用阿拉伯数字来书写时，不论是中间或尾部的空位，都必须用"0"补上，空几位补几个"0"。例如：

202、3085、3200、10026、13000、200000

"零"有时不表示具体数目，如"八百挂点零""他的计划等于零"，前一个"零"相当于"零头"，表示约数，后一个"零"表示"空"的意思，已经没有数的意味了。

"半"表示二分之一的数。例如：

（1）半里外白大夫就下了马。（《截肢与输血》）

（2）直到半夜才把五个手术做完。（《截肢与输血》）

（1）句中的"半"指一里的二分之一。（2）句中的"半"约指一夜的二分之一。

"半"经常不表示具体数目。例如：

（3）华大妈在枕头底下掏了半天，掏出一包洋钱。（《药》）

（4）她男人是半个鞋匠。（《筑路》）

（5）周围是半人高的木栅栏。（《第比利斯的地下印刷所》）

（6）资本主义国家的无产阶级要拥护殖民地半殖民地人民的解放斗争。（《纪念白求恩》）

（3）句中的"半天"形容时间较长。（4）句中的"半个鞋匠"，指稍通修补鞋子的技术。（5）句中的"半"指"人"的高度的二分之一，而"人"的高度是没有一定的，所以"半人高"也只是大约的高度。（6）句中的"半"指殖民地化的程度，更是没有计数的意思了。

（7）几何还有一半没有学完。（《毛主席关怀警卫战士学文化》）

（8）一个钱要掰成两半花。（《梁生宝买稻种》）

"一半""两半"，从意义上来看，就是"一个的半个""两个半个"，"半"应该是数词。但从形式上看，"半"直接用在数词"一"和"两"后面，相当于一个计量单位，则应是量词，将意义和形式结合起来考虑，这里的"半"还应算作量词。

"半"的前面还可以用别的词来修饰限制，表示比较具体确定的数。例如：

（9）过了一会儿，在那里就出现了太阳的一小半。（《海上的日出》）

（10）隧道凿好了，就用厚木板把地穴的下半截封住。（《第比利斯的地下印刷所》）

（9）句中用性状词"小"修饰"半"，指比"半"还要少的数。（10）句用"下"修饰"半"，确指整体中的那一半。

如果"半"前面有表示整数的数词，"半"就不是紧连在整数的后头，而是放在整数后面的量词之后。我们说"一个半""三碗半"，不说"一半个""三半碗"。"三碗半"是"三碗"加"半碗"；"三半碗"是三个半碗，合起来是一碗半。

"一"除了表示确定的数目外，还表示其他的意思。例如：

（1）我经历的这件事，在敬爱的周总理一生的伟大革命实践中，不过是微乎其微的一件小事。（《一件珍贵的衬衫》）

（2）一路上，热热火火，歌声不断。（《〈东方红〉的故事》）

（3）火车一停，雷锋就冒雨下了车。（《人民的勤务员》）

（4）我走到厂子门口，一打听，才一点多钟。（《新手表》）

（5）一个有学问的人，就应该积极地参加社会活动。（《马克思的好学精神》）

（6）一个人做点好事并不难，难的是一辈子做好事。

（1）（2）（6）句中"一生""一路上""一辈子"的"一"是"全、整个"的意思。（3）（4）句中"一停……就……""一打听，才……"里的"一"和"就""才"配合使用，表示时间上的紧紧衔接，"一"相当于一个时间副词。（5）（6）句中的"一个人"，泛指每一个人。

"一"还可以表示强调，如"打他一个冷不防""玩一个痛快""吃一个精光"。再如：

（7）一个不小心，就许让街上的"倒卧"绊个跟头。（《新手表》）

（8）把老大一座山，上上下下，裹了一个严实。（《雨中登泰山》）

（9）从今年开春起，他们都只吃个半饱。（《春蚕》）

（7）—（9）句中的"一个、个（与'一个'意同）"不表示具体数量，只表示对后面行动结果的强调，相当于一个语气词。

在"一切、一定、一概、一律、一样、一齐"中的"一"不表示数目，已成为合成词中的语素。

"二"和"两"意义相同，但用法不完全相同。

1.在度量衡单位前用"二"或用"两"都可以，如"二尺、二斤"也可以说成"两尺、两斤"。

中间隔着一层两米厚的泥土。（《第比利斯的地下印刷所》）

这里的"两米"也可以说成"二米"。不过在大位数和小位数连用时，前一个可以自由使用"二"和"两"，后一个只能用"二"，不用"两"，"二丈二尺"可以说成"两丈二尺"，不能说成"两丈两尺"。

度量衡单位"两"的前头，只能用"二"。例如：

每餐只有二两左右炒面泡水充饥。（《草地晚餐》）

这里的"二两"不能说成"两两"。

2.在两位以上的整数中，个位和十位用"二"不用"两"，"百、千、万、亿"前头用"二"和"两"都可以。例如：

（1）其间有一个十一二岁的少年。（《故乡》）

（2）国民党专政二十一年，一年只搞到几万吨。（《建设一个伟大的社会主义国家》）

（3）全年持续有一百二十多天没有下雨。（《珍珠赋》）

（4）毛主席率领工农红军胜利完成二万五千里长征。（《〈东方红〉的故事》）

（5）经过两万五千里长征的战士，在讲述着爬雪山过草地的故事。（《奠基礼》）

（6）总共用了二百多块钱。（《母亲的回忆》）

（7）你六亿人口不能搞它两万万吨、三万万吨钢呀？（《建设一个伟大的社会主义国家》）

（8）回到相隔二千余里，别了二十余年的故乡去。（《故乡》）

（1）—（3）句中的"二"都不能换成"两"，（4）—（7）句中的"二"和"两"可以任意互换。（8）句中前一个"二"可以换成"两"，后一个"二"不能换成"两"。

当"百、千、万、亿"位连用时，后面的用"二"不用"两"，"两亿二千万""两万二千"不能说成"两亿两千万""两万两千"。"零"后面的个位数，一般用"二"不用"两"，"一百零二"一般不说"一百零两"。

3.序数只能用"二"，不能用"两"。例如：

（1）这是斜对门的杨二嫂。（《故乡》）

（2）一套衣服老大穿过了，老二、老三接着穿还穿不烂。（《母亲的回忆》）

（3）更难忘啊，一九七二年……（《周总理办公室的灯光》）

只有计算时间例外，说"两点钟"，不能说"二点钟"。例如：

（4）半夜两点钟又得往外走。（《新手表》）

4.分数小数用"二"不用"两"，"二分之一""千分之二""零点二"不能说成"两分之一""千分之两""零点两"。而用"成""股""停""份"表示份数时，用"两"不用"二"，"两成""两股""两停""两份"不能说成"二成""二股""二停""二份"。

5.量词前只有一位数时，用"两"不用"二"，例如：

（1）用勺子盛了两三口粥倒在总司令碗中。（《草地晚餐》）

（2）两样货色齐备，各有各的用处。（《反对自由主义》）

（3）两壶热茶喝下去，他心里静了些。（《在烈日和暴雨下》）

（4）世界上的知识只有两门。（《什么是知识》）

（5）解剖学是两个教授分任的。（《藤野先生》）

6. 数词直接用在名词前，用"两"不用"二"。这是古汉语形式的沿用。例如：

（1）大拱的两肩各有两个小拱。（《中国石拱桥》）

（2）没有系裙，张着两脚。（《故乡》）

（3）穿一件破夹袄，盘着两腿。（《孔乙己》）

7. 成语和熟语中的"二"和"两"是固定的，不能替换。例如：

（1）警卫员知道总司令是说一不二的。（《草地晚餐》）

（2）说它"是世界上独一无二的"。（《中国石拱桥》）

这两句中的"说一不二""独一无二"都是固定短语，其中的"二"不能改成"两"。再如"三言两语""三三两两""一玩二耍""知其一不知其二"等，这里的"二"和"两"都不能变换。

8. "两"有时不表示确定数目，如"你去说两句""下乡过两天"，这里的"两"表示概数，相当于"几"，"二"没有这个用法。

以上列举的"二"和"两"用法上的相同点和不同点，是指普通话中的情形，方言中则不是这样。上海人说话，用"两"很普遍，如"两年级""两块两角""两楼""两分之一""零点两"等，这些说法与普通话的用法不一样。

基数中除了上述的整数外，还包括小数、分数、倍数、概数。

不足一的是小数。如果以元为单位，"四角八分"就写为"零点四八元"；以"亿"为单位，"四千八百万元"就写为"零点四八亿元"。下面举两个运用小数的例子：

（1）赵州桥非常雄伟，全长五十点八二米，两端宽约九点六米。（《中国石拱桥》）

（2）从这颗星星到那颗星星的距离，每秒钟能飞十六点六公里的火箭船得走几万年。（《宇宙里有些什么》）

将一个数目分成几份，取其中的一份或几份，可以写为"几分之几"，分母在前，分子在后，这就是分数。"三分之二"是将全数分为三份，取其中的两份；

"十分之一"是将全数分为十份，取其中的一份。下面举几个运用分数的例子：

（1）桌上放着那张三十万分之一的旧地图。（《奠基礼》）

（2）最稀薄的，密度只有地球上空气的几万分之一。（《宇宙里有些什么》）

（3）用白金造成同样大小的一个球，重量才抵得上它的二千分之一。（《宇宙里有些什么》）

分母是十的时候，可以不说出来，只说"几分""几成"即可。例如：

（1）我们一定要实事求是，八分成绩就说八分，不夸大为九分、十分，也不缩小为七分、六分。

（2）麦子有八九成熟就可以收了。

至于"十二分成绩""一百二十分干劲""万分感激"，那是夸张的说法。

口语中也有用"停"来代替"分"和"成"的。例如：

（3）将士们十停有六七停染了时疫。（《虎吼雷鸣马萧萧》）

"十"等于"五加五"，那么"十"就是"五"的两倍，或者说"十"比"五"多一倍，这就是倍数的计算方法。例如：

（1）他身材增加了一倍。（《故乡》）

（2）他的人死伤的比我们多几倍。（《虎吼雷鸣马萧萧》）

"是某数的多少倍"包括某数在内，"比某数多多少倍"或"增加了多少倍"，不包括某数在内。因为小数是大数中的一部分，所以计算倍数只能拿大数和小数相比，不能拿小数和大数相比。可以说"是它的几倍""比它多多少倍"或"增加了多少倍"，不能说"小多少倍"或"减少多少倍"。下面两句的说法是错误的：

（3）哥哥二十四岁，我才八岁，我比哥哥小两倍。

（4）中等学校从一九三五年至一九三九年缩减了一倍。

（3）句应该说"哥哥的年龄是我的三倍"或"哥哥的年龄比我大两倍"，也可以说"我的年龄是哥哥的三分之一"。（4）句应将"一倍"改为"一半"。

拿大数和小数比，多的数不足一倍时，也可用小数。例如：

（5）太阳的密度是水的一点四倍。（《宇宙里有些什么》）

倍数还有一种通俗形象的说法。例如：

（6）许多红色的星星很大很大，有的可以装得下八十万万个太阳。（《宇宙里有些什么》）

（7）恒星都很大，差不多每一颗都能装下几百万个地球。（《宇宙里有些

什么》)

“装得下八十万万个太阳”，就是说“是太阳的八十万万倍”，“能装下几百万个地球”，就是说“是地球的几百万倍”。

概数就是大概的数目，或叫“约数”。表示概数的方法有以下几种：

1. 两个邻近数字连用，表示实数在这两数的中间或上下。例如：

(1) 每天我卖完十二三个钟头的票，回到家就是点灯的时候了。(《新手表》)

(2) 上面有四五个朝鲜少年正在滑冰。(《罗盛教》)

(3) 总须积雪盖了地面一两天，鸟雀们久已无处觅食的时候才好。(《从百草园到三味书屋》)

也可以将“百、千、万”连用表示概数。例如：

(4) 千百年来，人类在一小撮蹂躏千百万劳动人民的剥削者压迫下受尽了苦难。(《在马克思恩格斯纪念碑揭幕典礼上的讲话》)

(5) 春风杨柳万千条。(《送瘟神》)

口语中还有“千儿八百”“百儿八十”的说法，它表示的实数一般在“千”和“八百”之间、“百”和“八十”之间，也可能是“一千”多一点，“一百”多一点。例如：

(6) 满山峰都是奇形怪状的老松，年纪怕不有个千儿八百年。(《泰山极顶》)

2. 数词或数量短语后带“多、余、来、把、左右、上下、以上、以下”等。例如：

(1) 我从事革命斗争，已经十余年了。(《清贫》)

(2) 草地上野菜并不多，寻了个把钟头，每人才弄到一小把。(《草地晚餐》)

(3) 黄显声……已经被捕十来年了。(《挺进报》)

(4) 却见一个凸颧骨，薄嘴唇，五十上下的女人站在我面前。(《故乡》)

(5) 大约一千万万颗以上的恒星组成一个铁饼形状的东西，我们把它叫银河系。(《宇宙里有些什么》)

“余”是沿用的文言词，用在“十、百、千、万”等数词后面，表示超过此数。“百余元”则指“百元”至“一百五十元”之间的约数，如超过半数，接近下一个同位数时，就可以说成“近二百元”。

"多"用在数词或数量短语后，表示的意义和"余"相同，用法稍有不同。我们可以说"十多斤花生"，也可以说"十余斤花生"，但我们可以说"十斤多花生"，则不能说"十斤余花生"；我们可以说"百余元""千余人"，却不能说"百多元""千多人"，必须说成"一百多元""一千多人"，用"多"，前面的具体数词不可少。"余"常用于书面，"多"常用于口语，要注意它们语气、色彩上的不同。

"来"和数词或数量短语组合的情形和"多"相同，但表示的意义不同。"十来里路"指"十里上下"；"一千来块钱"指"一千元左右"；"三亩来地"指"三亩地上下"；"多"是向超过原数方面活动，"来"是向原数的两头活动。下句中"来"的用法更为特殊：

字有斗来大。（《雨中登泰山》）

此句中，"来"用在打比方的名词后面，表示大约的程度。与此类似的还可说"二指来宽""半人来高"等。

"把"用在"百、千、万"以及"个、斤"等量词后面，表示向原数两头活动的概数。"千把斤"指"一千斤左右"；"斤把"指"一斤上下"。而"间把（房子）""张把（椅子）"，只能是"一间或两间""一张或两张"，因为"间"和"张"没有小数，大间分成小间，也还是"间"。

"左右""上下"表示向原数两头活动的概数，活动范围一般不超过原位数的一半。

"以上""以下"（"以前""以后"表示时间）表示"多于"和"少于"原数的概数，而且多和少的距离不限。"一百元以上"可以是"一百多元"，也可以是"二百多元"，"五百多元""一千多元"等。"一百元以下"可以是"五十元""十元"，甚至更少。无论"以上"或"以下"都包括原数在内，"五十元以上"指从五十元开始向上去，"五十元以下"指从五十元开始向下去。下面这句话的说法是错误的：

（1）本处工作人员因事请假在十天以下者，须经所在科室批准，请假在十天以上者，须经本处批准。

可将"在十天以上"改为"超过十天"，或将"在十天以下"改为"不满十天"。在"以上""以下"共同列举时，可以将"不足、不到、不满、不够、小于、少于"等和"以上"连用，将"足、够、满、到、超过、大于、多于"等和"以下"连用，以便划清界限。例如：

(2) 考试成绩在六十分以上的为及格，不满六十分的为不及格。

(3) 那时职工月薪在五十元以下的，每人缴互助储金五角，超过五十元的，缴一元。

有时可以直接说出界限两边的具体数字。例如：

(4) 学生在八月三十一日以前来校，到报到处报到，在九月一日以后来校，到班主任处报到。

3.数词或数量短语前加"成、上、约、近"等。例如：

(1) ……是延安上千上万辆纺车中的一辆。(《记一辆纺车》)

(2) 吴吉昌受到了近百次的批斗。(《为了周总理的嘱托》)

(3) 桥宽约八米。(《中国石拱桥》)

(4) 人数成千成万。(《孟姜女》)

(5) 花下成千成百的蜜蜂嗡嗡地闹着。(《春》)

"上千"是"够得上一千"的意思，"近百"是"接近一百"的意思，"约八米"是"八米左右"的意思，"成千成万""成千成百"是"以百、千、万为单位计算"的意思。

4.借用"几、数、多少、若干"等词来表示概数。例如：

(1) 远近横着几个萧索的荒村。(《故乡》)

(2) 我们这个民族有数千年的历史。(《学习》)

(3) 经手的款项，总在数百万元。(《清贫》)

(4) 人们亲眼看见他做出多少奇迹。(《二六七号牢房》)

(5) 这项工作……若干年以后可以达到新的水平。(《现代自然科学中的基础学科》)

"几"用于口语，"数"多用于书面，表示的数在"三"以上，"九"以下。"多少""若干"表示的数目灵活性很大，一般都往多说，相当于"许多"。

5.用"百、千、万"等表示多数，用"一、半"等表示少数。例如：

(1) 百倍增强他们为解放而斗争的力量。(《在马克思恩格斯纪念碑揭幕典礼上的讲话》)

(2) 忽然眼前跃出了万点灯火。(《夜明珠》)

(3) 只要活着一分钟，就要为人类放出一分钟的光和热。(《鞠躬尽瘁》)

(4) 几年来的文治武力，在我早如幼小时候所读过的"子曰诗云"一般，背不上半句了。(《一件小事》)

序数表示顺序先后，通常的表示方法是在整数前加"第"。例如：

(1) 挺进报第一期，白公馆出版。(《挺进报》)

(2) 她是第一次去抚顺。(《人民的勤务员》)

(3) 从第二学年开始，他还能帮助程度较低的出差回来的同志补习代数、几何、化学。(《毛主席关怀警卫战士学文化》)

口语中有时用"头"代替"第"表示序数。例如：

(4) 这是头一次，材料写得还不坏嘛。(《毛主席关怀警卫战士学文化》)

还可以用"元、正、大、小"等表示"年""月"和排行的第一和末尾，用"初"表示阴历各月一至十日的次序。如"公元元年""元月二日""正月初一""三月初十""大哥""大嫂""小弟"。

表示排行，口语中有"老大""老二""老三"的称呼，不仅表示序数，还带有亲切的感情。

除了上述方式外，还可以用整数直接加在名词前，表示序数。如"二哥""三嫂"就是"第二个哥哥""第三个嫂嫂"；再如"二楼三室""三十五中学一年级二班""二六七号牢房""五连长"，就是"第二层楼第三室""第三十五中学第一年级第二班""第二六七号牢房""第五连连长"。

这样用的数词为什么不会误以为基数呢？这是因为在古代汉语中，数词可以直接加在名词前表示基数，而在现代汉语中表示基数，在数词和名词之间一般要有一个量词。如果数词和名词之间不用量词，在现代汉语中则表示序数。"三个嫂嫂"的"三"是基数，"三嫂"的"三"是序数；"三十五所中学"中的"三十五"是基数，"三十五中学"中的"三十五"是序数。这是不会产生歧义的。

计算十位以上的数目，大位数在左，小位数在右，顺序说下来，如"三万六千五百八十一"。表示年月日，也是这样从左到右说下来，如"一九七八年十月一日"，这些都不需要特别的形式来表示序数。

在列举几个项目或几点意思时，也可以直接用整数来表示顺序。例如：

(1) 我研究棉花，一不图名，二不图利。(《为了周总理的嘱托》)

(2) 这次我拜访贵宅，一是向齐先生问候，二是为了谈谈本市长对齐先生的一点不成熟的看法。(《陈毅市长》)

(3) 文中的四个小标题也已拟好：一、设想不等于现实；二、一个落后地区的改变，首先是领导思想的改变；三、榜样的力量是无穷的；四、精神变物质。(《鞠躬尽瘁》)

也有时用"一来""二来"表示列举的顺序。例如：

（4）说它普通，一来是它的车架、轮子、锭子跟一般农村用的手摇纺车没有什么两样；二来它是延安上千上万辆纺车中的一辆。（《记一辆纺车》）

（二）量词可分为物量词和动量词两类

物量词表示人、物、事的计数单位。从它计数对象来看，可分以下三部分：

1. 度量衡、货币单位。这是社会或政府规定的，它表示长度、重量、容量、币值的单位。例如：

寸、尺、丈、米（公尺）、立方米

里、公里、浬、吨公里、吨浬

分、亩、顷、公顷

两、斤、磅、吨

升、斗、石

角、元、打

"米"是音译的外来词，原为"米突"，即"公尺"，一米实合我国三市尺。

"吨公里"指一吨货物运输一公里的量。

"浬"是海里，一浬合1852公尺。

"两"是斤以下的单位，旧制十六两为一斤，现定十两为一斤。

"磅"是英美制重量单位，一磅合我国市秤0.9072市斤。

"石"是旧制容量单位，一石等于十斗，一斗等于十升。"石"旧制亦可用作重量单位，"三十斤为钧，四钧为石"。（《汉书·律历志上》）一石约合120市斤。

"角"在口语中也说作"毛"。例如：

派车员喊你没应声，那今天就没有你那五毛四了。（《新手表》）

"打"音"dá"，外来的音译词。"一打"是十二个。

古今度量衡单位实际的量是有差异的。如长度单位"尺"，商代一尺约合今0.169米，西汉一尺约合今0.231米，明代一尺约合今0.32米。《汉书》载，项羽身高"八尺二寸"，一尺合今七寸，约为1.89米。古代成年男子身高平均约为1.65—1.67米，成年女子身高平均约为1.54—1.56米，今人男子平均身高约为1.70米，女子约为1.59米。男女相差11厘米上下。

2. 个体单位。这一类量词数目繁多，不同的名词常需用不同的量词与之配搭。下面仅举一些常用的作简要说明。

个、位、只、种、支、块、片、根、张、幅、层、件、股、缕、条、朵、颗、粒、棵、株、所、座、间、架、匹、盏、辆、艘、句、段、篇、首、本

"个"应用范围很广。可以指人，如"一个人""两个学生"；也可以指一些单体的能够计数的东西，如"一个篮球""一个热水瓶""一个房间""一个衣架"。无法计算个体的东西不用"个"，我们不说"一个水""两个土""三个粮食""四个空气"。有些东西有特定的量词，也不用"个"，如"一根电线""一件衣服"，我们不说"一个电线""一个衣服"。也有些已经有特定量词的东西，有时也可以用"个"，如"一条狗""一把刀"，也可以说"一个狗""一个小刀"。"个"还可以用于抽象的事件、思想观点，如"一个故事""一个会议""一个观点"。"个"还有些特殊用法，如"一个冷不防""一个不小心""吃个精光""玩个痛快"。再举两个实例：

（1）只见灰蒙蒙一片，把老大一座高山，上上下下，裹了一个严实。（《雨中登泰山》）

（2）我们不提防，几乎和它撞个正着。（《雨中登泰山》）

这里的"个"，像是计算行动和性状的量，其实在这里，"个"主要表示语气上的强调和意义上的夸张，近于一个语气词。

"位"专用于人，含有敬意，如"一位客人""一位专家""一位老人""一位代表"。带有憎恨、厌恶感情时，不用"位"，我们不能说"放走一位小偷""抓到两位反动军官""将一位搞间谍活动的苏联外交官驱逐出境"。

"只"多用于动物，如"一只猫""一只鸡""一只东北虎"。也可用来指成对东西中的一个，如"一只眼睛""一只耳朵""一只鞋"。在普通话中，"只"的运用范围在扩大，有些地方已代替了"个"，如"一只苹果""一只篮球""一只墨水瓶"等。在一些方言中，"只"用得更普遍，上海人说话，用"只"的地方很多，如"一只凳子""一只面包""一只西瓜""一只碗"。

"种"用于计算事物的种类，如"一种树""两种花""一种方法""两种思想"。

"支"用于计算形体较小的杆状的东西，如"一支笔""一支香烟""一支枪"。"根"也可用于杆状的东西，而且形体可大可小，可以说"一根香烟""一根步枪"，也可以说"一根电线杆""一根金箍棒"。"根"还可以用于绳状的东西，形体也是可大可小，如"一根缆绳""一根线""一根头发"。

"条"用于长形的东西，但不像"支""根"那样的细长，如"一条毛巾""一条黄瓜""一条裤子""一条伤痕"。它也用于身体长形的动物，如"一条蛇""一条鱼""一条狗""一条牛"，而"甲鱼""猫"身体近于团形，则不用"条"而用"个"或"只"。

"股、缕"也用于细长的绳状的东西，不过适用的东西不多，如"一股绳""一股线""一缕血痕""一缕炊烟"。

"块"用于成疙瘩成团的东西，形体可大可小，如"一块土地""一块乌云""一块肥皂"。它有时也用于块状的成片的东西，如"一块木板""一块布"。

"片"多用于平薄而体积不大的东西，如"一片糕""一片树叶"。它也引申用于平坦的面积或抽象的情意，如"一片草地""一片庄稼""一片好心"。

"张"作量词本用于为弓计量，如"一张弓"；后引申用于其他家具，如"一张床""一张桌子"；再进而引申于纸类的东西，如"一张报纸""一张卷子""一张名片"。

"幅"也用于片状的东西，运用范围较窄，如"一幅画""一幅被里子"。

"层"用于重叠的片状、平面的东西，而且单指其中的一片，如"千层糕""一层楼"。

"件"用于衣物、事件，如"一件衣服""一件家具""一件事""一件新闻"。

"朵"用于花或成团的东西，运用范围窄，如"一朵花""一朵云彩"。

"颗""粒"用于不大的圆形东西，"粒"比"颗"形体要更小些，如"一颗纽扣""一颗珠子""一粒米""一粒药丸"。

"棵"用于植物，如"一棵树""一棵草""一棵苗"。"株"是沿用的古汉语的量词，用法和"棵"相同，今天口语中很少用。

"所"用于房屋，如"一所房子""一所学校"。

"座"用于较大的房屋或其他建筑物，如"一座大楼""一座桥梁""一座纪念碑"。小房子不用"座"，我们不说"一座小厨房""一座鸡圈"。

"间"也用于房屋，指其中的一个个体单位，如"一间卧室""一间厨房""一间教室"。

"架"现多用于飞机，如"一架客机"。过去有"一架机器"的说法，现在则说"一部机器"或"一台机器"。

"匹"专指马，"盏"专指灯，"辆"专指车子，"艘"专指船，"句"是语言的单位，"段"指文章的部分，"篇"则指文章的整体，"首"专指诗歌，"本"专指书。

3. 集体单位。这一类量词为数不多，它所指的对象中包含不止一个个体。例如：

双、对、副、套、批、群、帮、伙、班、些、点

"双、对、副"表示固定数目的量，专指两两成对。"鞋子""袜子""筷子""手""脚"用"双"；"夫妇""兔子"等男女、雌雄配对的用"对"；"眼睛""耳朵"可以用"对"，也可以用"双"；"门""对联""手套"则用"副"。"副"有时不表示集体单位。例如：

(1) 敌人堆出一副狡猾的笑脸。(《生的伟大，死的光荣》)

(2) 中国劳动人民还有过去那一副奴隶相么？(《介绍一个合作社》)

(3) 炼就了一副比石头还硬的性格。(《太行青松》)

这里的"副"用于人的表情和品性，相当于个体量词"种"。

"批、群、帮、伙、班"表示不固定数目的量，大多用于人。

"班"指军队编制的单位时，表示固定的数目，而在"这班败类"的用法中，则表示不固定数目的量。

"批"也可用于货物，如"一批货""一批木柴"。

"点"表示不固定的小量。例如：

(1) 后背蹭破一点皮。(《一件珍贵的衬衫》)

(2) 出了一点力就觉得了不起。(《反对自由主义》)

"些"表示不固定的小量，也可以表示稍大的量。例如：

(1) 要多让他们学一点文化科学知识，学一些地理、历史、数学、物理、化学。(《毛主席关怀警卫战士学文化》)

(2) 真想把主席这些宝贵的教导一字不漏地记下来。(《毛主席关怀警卫战士学文化》)

(3) 一中队有些战士探家回来了。(《毛主席关怀警卫战士学文化》)

"套"可以表示两两成对的量，也可以表示两个以上的量。例如：

(1) 去年暑天我穿的几套旧的汗褂裤，与几双缝的线袜，已交给我的妻放在深山坞里保藏着。(《清贫》)

(2) 把人民解放军政治工作的一整套传统和经验，具体运用到工业建设中来。

(1) 句中的"套"指两个，(2) 句中的"套"指两个以上。

在语言实践中，人们还常借用跟所指物件有关的另一物件、具体部位或具体动作、性状来表示物量。例如：

(1) 只要还有一口气，就要为人民干到底。(《生的伟大，死的光荣》)

(2) 他的书籍文件却是一箱又一箱。(《毛主席关怀警卫战士学文化》)

(3) 这是一碗大米粥。(《草地晚餐》)

(4) 心里就多了一杆秤，添了一面镜子。(《新手表》)

(5) 头戴一顶小毡帽。(《故乡》)

(1) —(5) 句中都是借用有关物件或具体部位表示物量。

(6) (烟) 逐渐凝成一团。(《渔夫的故事》)

(7) 他点着了一卷纸。(《第比利斯的地下印刷所》)

(8) 特务们连忙搬来一大叠报纸。(《挺进报》)

(9) 山上一挂细泉垂下。(《晋祠》)

(6) —(9) 句中都是借用有关动作表示物量。

(10) 雷锋出差一千里，好事做了一火车。(《人民的勤务员》)

(11) 幸而写得一笔好字。(《孔乙己》)

(12) 人类在一小撮踩躏千百万劳动人民的剥削者的压迫下受尽了苦难。(《在马克思恩格斯纪念碑揭幕典礼上的讲话》)

(13) 托卡列夫从城里回来，窝着一肚子火。(《筑路》)

(14) 每咽一口，您都要流一头汗啊。(《一封终于发出的信》)

(15) 殿外有一周围廊。(《晋祠》)

(16) 一弯新月升起了。(《驿路梨花》)

(17) 只能隐隐约约地望见一抹如烟似雾的淡影。(《雄关赋》)

(10) —(17) 句中的"火车""笔""小撮""肚子""头""周""弯""抹"和上面的"口""箱""碗""团""卷""叠""挂"等不同。"口"等可以和"一"以上的数词连用，还可以重叠，表示"每一"的意思，具有量词的语法特点；而"火车""笔"等只能和"一"连用，不能说"两火车""两笔""两肚子""两头"，也不能重叠，这些只能作为临时借用的物量词。

另外，专用物量词主要是作为计数单位，某些物量词也带有表意因素，如"条"有表示物体为长形的意思，"块"则有"块状"或"片状"的意思，"位"用于人，含有敬意。而借用量词的表意因素更多，尤其是临时借用的量词，则更多侧重于表意，使语言更形象，具有一定的修辞意义。

动量词表示行动变化的单位，常用的有：

次、回、趟、遍、顿、阵、场、番、遭、下、交

"次"表示行动从开始到结束的量，它的使用范围最广，一般的行动变化都可用它来计量，如"吃了一次、见了两次、谈了几次、参加了三次"。

"回"和"次"意义相似，"次"常用于书面，"回"则多用于口头。如"头一回""举办了一次"，从语气自然考虑，一般不说"头一次""举办了一回"。

"趟"多用于行走往来等具体行动。其他行动一般不用"趟"，如"去一趟""上一趟街"，也可以说"去一次、上一次街"，而"吃一次""谈一次话"一般不说"吃一趟、谈一趟话"，和"回"类似的是"趟"多用于口头，"次"则用于书面。

"遍"主要表示从头到尾进行阅读、观看、计算等行动的量，如"读了一遍、看了一遍、算了一遍"。"读了一次"不一定是"读了一遍"，前者只表示一个行动过程，这个过程可以将一篇文章读完，也可不读完；而后者则是将文章读完了。我们可以说"这篇文章我读了几次才读完"，这里的"次"是不能改用"遍"的。

"顿"多用于吃饭、打骂等行动，表示一个完整过程的量，如"吃一顿、打一顿、骂一顿"。

"阵"多用于风雨、声响等过程，一般说持续时间较短，如"风刮了一阵、雨下了一阵、掌声响了一阵"。

"场"多用于下雨、演出等行为变化，表示一个完整过程的量，如"雨下了一场、戏演了三场"。用于风雨，"场"持续时间比"阵"相对要长，而且"阵"常常是"场"中的组成部分，如可以说"这场雨下了三阵"，不能说"这阵雨下了三场"。

"番"作动量词相当于"次"，本为古语词在现代沿用，今多见于书面，如"三番五次、陈述一番"。

"遭"作动量词相当于"次、周"，多用于口头，如"走一遭""绕两遭"。

"下"作动量词表示敲打等具体动作的量，如"敲两下、打一下、摇一下"。用"下"的动作，一般持续时间很短。

"交"作动量词，专用于"跌、摔"身体动作，如"跌一跤、摔一跤"。

下面举几个动量词的用例：

(1) 材料一连写了六次，还没有写好。(《毛主席关怀警卫战士学文化》)

（2）他回班交代了一下。（《人民的勤务员》）

（3）把牦牛杀了，美美地吃一顿。（《草地晚餐》）

（4）这样来回几趟，弄得警卫员不知听谁的好。（《草地晚餐》）

（5）他们又把这个滑稽剧重演了一遍。（《二六七号牢房》）

（6）如果我们只把过去的一些文件逐字逐句照抄一通，那就不能解决任何问题。（《讲讲实事求是》）

我们也经常借用跟动作有关的事物、时间来表示动量。例如：

（1）我不由得看了总司令几眼。（《草地晚餐》）

（2）她两眼狠狠瞪着匪军，大喝一声……（《生的伟大，死的光荣》）

（3）这一锤没敲在钟上，却敲在俺的心上。（《太行青松》）

（4）这一辈子也忘不了你的情意啊。（《人民的勤务员》）

（1）—（4）句中的"眼、声、锤、辈子"都借来分别表示"看、喝、敲、忘"的动量。

借用的动量词也有些特殊情形。例如：

（1）赶快将钱拿出来，不然就是一炸弹，把你炸死去。（《清贫》）

（2）读过书……我们考你一考。（《孔乙己》）

（3）过滤嘴一屁股坐在地上。（《卖蟹》）

（4）套印错了，师傅一嘴巴就打过来了。（《"面人郎"访问记》）

（5）他一小差就开到泥坑里去了。（《青年运动的方向》）

（1）—（5）句中的"炸弹""考""屁股""嘴巴""小差"都与一般动量词不同，它们只能和"一"组合，不能和"二"以上的数词组合，都不能重叠，不具备一般量词的语法特点，所以只作为临时借用的量词。（3）（4）句中的"一屁股""一嘴巴"增强了语言的形象性。（5）句中的"一小差"使语言富有幽默感，具有讽刺意味。这些都起修辞作用。

量词分为物量词和动量词，这也不是绝对的，有的量词只能表物量不能表动量（如"个、只"），有的量词只能表动量不能表物量（如"遍、下"），也有许多量词既可以表示物量，也可以表示动量。例如：

口：一口井、一口饭（物量），吃一口、咬一口（动量）

阵：一阵雨、一阵风（物量），刮一阵、闹一阵（动量）

面：一面镜子、一面旗子（物量），见一面（动量）

把：一把伞、一把米（物量），拉一把、推一把（动量）

刀：一刀纸（物量），砍一刀、切一刀（动量）

眼：一眼井（物量），看一眼（动量）

番：一番话（物量），说一番（动量）

场：一场戏、一场雨（物量），演一场、下一场（动量）

一个量词是表示物量还是表示动量，就要看它在具体语境中起的作用，即表示的实际意义而定。例如：

（1）不敢松一下心。（《新手表》）

（2）卖完十二三个钟头的票。（《新手表》）

（3）把右上角用墨笔点了两点的一张毛边纸捡出来。（《同志的信任》）

（4）把秦寨盐碱地上的麦穗拿一把来，让我看看！（《鞠躬尽瘁》）

（5）飞机盘旋几周。（《一次难忘的航行》）

（1）句中的"下"只能表示动量，不能表示物量，所以"一下"是"松"的补充成分，不是"心"的修饰成分。（2）句中的"十二三个钟头"一般用来表示行动的时量，在此像是"卖"的补充成分，但它和"票"之间有一个表示修饰关系的结构词"的"，这是重要的语法标志，另外，我们可以说"十二三个钟头的票卖完了"，这也说明"十二三个钟头"和"票"之间联系紧密，它是用时间来说明所卖的票数量之多，所以，"十二三个钟头"在此是"票"的修饰成分，表示物量，不是"卖"的补充成分，不表示动量。（3）句中的"两点"后面虽有"的"字，但它不表示"毛边纸"的数量，而是表示动词"点"的动量，作它的补充成分，"毛边纸"前面另有一个表示物量的数量词"一张"，"右上角用墨笔点了两点"是一个偏正短语作"毛边纸"的修饰成分。（4）句中的"一把"表示"麦穗"的数量，作"拿"的涉及对象，不表示"拿"的动量。（5）句中的"几周"表示"盘旋"的动量，作补充成分。

据上所述，可对物量和动量的区分，作如下概括说明：表动量可以在动词前面（作状语）或后面（作补语）；表物量可以在名词前（作定语），也可以在动词后（作宾语）。只能表物量不能表动量的量词，在名词前，自然是表物量（作定语）；在动词后，而且量词后也没有名词，此量词仍表物量（作宾语）。只能表动量不能表物量的量词，单用在动词前面或后面，都是表动量（在动词前作状语，在动词后作补语）；用在动词后面和名词前面，在一般情况下，是表动量不表物量，而当量（一般表时量）——名之间用了结构词"的"，此量词则表物量（以时间来表示物体数量之多）（作定语），不表动量。既可表物量又可表动量的量词，在动词后，一般表动量（作补语）；在动词后又在名词前，则表物量不表动量；有时单用在动词后，而此动词和量词之间在意义上不存在动量关系，则仍表物量不表动量（如"拉一把"和"抓一把""砍一刀"和"买一刀"，前一个"把"表动量，后一个"把"表物量；前一个"刀"表动量，后一个"刀"表物量）。

上述所列量词都是单纯词，现代还出现了一种复合量词，这些大都是科学技术方面的术语。例如：

架次、人次、吨公里、吨浬、秒公方、千米小时

这种复合量词表示的量是两个语素量的乘积。一架飞机飞二十次，是二十架次，十架飞机飞两次，也是二十架次；一个人看十次电影，是十人次，二十人看五次电影，是一百人次；一吨货物运一百公里，是一百吨公里，十吨货物运十公里，也是一百吨公里；一秒钟内水在河床里流过一百立方公尺，就是一百秒公方，飞机每小时走一千米，称为一千米小时。

二、数词和量词的语法形式

(一)数词和量词的词形特点

单独一个数词没有形态变化。"俩（liǎ）""仨（sā）"是"两个""三个"的合音形式。"我们俩""他们仨"就是"我们两个""他们三个"的意思，"我们俩个"的说法是错误的。另外，"卅（sà）""卌（xì）"是"三十""四十"的合音形式。这些都应看成另外的词，不是同一个词的形态变化。

"千千万万、三三两两"像是"千、万、三、两"等数词的重叠，但这只限于四音节的"AABB"式，形式固定，不能拆开来单说"千千、万万（与作副词的不同）、三三、两两"，只是结合起来表示"数目多、数目不多"的意思，而且这种现象极少，我们不能由此类推，说"百百千千、四四五五"。

单音量词可以重叠，重叠后附加"每一"的意思。单音名词重叠后，也成为借用的量词。例如：

(1) 没钱人也能念书，这可是咱天天想、夜夜盼的哪！（《〈东方红〉的故事》）

(2) 草地上放着好些衣裳，件件都那么漂亮。（《牛郎织女》）

(3) 黄桥人民家家赶做烧饼，支援子弟兵。（《黄桥烧饼》）

数词和量词结合起来，可以采取"ABAB"的形式重叠，重叠后，修饰名

词，附加"许多"的意思，修饰动词，附加"逐一进行"的意思。例如：

（1）一排一排的茶桌，滑溜溜的发光。（《药》）

（2）他们争着捞出敌人的枪枝、子弹，然后是一袋子一袋子叫水浸透了的面粉和大米。（《荷花淀》）

（3）低着头一步一步地往前拽。（《在烈日和暴雨下》）

（4）一小扎，一小扎，码得整整齐齐地摆在菜摊上。（《挖荠菜》）

（5）小儿子也摘一把榕树叶子，递到我面前，于是我又一叶一叶卷起来给他吹。（《故乡的榕树》）

数量词的重叠还有一些简略的形式。

1. "ABB"式。例如：

（1）一块块巴掌大的牛骨头，被沸腾的水卷起来又按下去。（《草地晚餐》）

（2）一群群的鸿雁飞过去了。（《孟姜女》）

（3）一双双手向增援前线的战士送烧饼。（《黄桥烧饼》）

（4）我们的一个个岛屿，一寸寸土地，都在英雄们的守卫和汗水灌溉之下，在迅速地改变着面貌。（《土地》）

（5）无数的人也正在一天天地发展着这样的感情。（《土地》）

（6）敌人……一步步接近我军阵地。（《遵义会议的光芒》）

（1）—（6）句中的"一块块、一群群、一双双、一个个、一寸寸、一天天、一步步"就是"一块一块、一群一群、一双一双、一个一个、一寸一寸、一天一天、一步一步"的意思，其重叠后的附加意义和"ABAB"式完全相同，只是"ABB"式显得简洁明快些。

2. "BB"式。例如：

（1）工效步步提高。（《为了六十一个阶级弟兄》）

（2）这些树将一片荷塘重重围住。（《荷塘月色》）

（3）这时候，它面前危险重重。（《蝉》）

（1）—（3）句中的"步步、重重"就是"一步一步、一重一重"的意思，其附加意义也和"ABAB"式相同，所以，这不是单音量词重叠，而是数量词重叠的简略式。

3. "AA"式。例如：

（1）周副主席和干部们一一握手。（《奠基礼》）

（2）他一一去看刚才做过手术的伤员。（《截肢和输血》）

（3）同区的其他竞争者不得不一一给他们低头让路。（《最好的顾客》）

（1）—（3）句中的"一一"就是"一个一个"的意思，它们都用来修饰动词，附加"逐一进行"的意思。所以这不是数词"一"的重叠，而是数量词重叠的简略式。

下列句中的加点部分都不是数量词的重叠：

（1）这泪雨中的每一滴，都不是普通的眼泪，一颗，一颗，都是万金难买的友谊的珍珠！（《依依惜别的深情》）

（2）自然最好是双双回家。（《孟姜女》）

（3）又冒着星星点点细雨游了一次黑龙潭。（《茶花赋》）

（4）只有时钟在冷冷地、响亮地计量着那逝去的分分秒秒。（《时钟》）

（5）他们把营房刷了一遍又一遍。（《依依惜别的深情》）

（6）我家院子里蒲公英的一族就年复一年地繁殖起来。（《蒲公英》）

（1）句中两个"一颗"之间用逗号隔开，读时中间有一定的停顿，表示对泪珠的珍视，这属于修辞中的反复格。（2）句中的"双双"形容成双成对的状态，是叠音形式的性状词。（3）句中的"星星点点"是对细雨状态的描摹，可看作性状词的重叠（两个单音性状词"星""点"重叠连用，形成形式较固定的短语，相当于一个词）。（4）句中的"分分秒秒"是单音量词"分""秒"重叠后连用，是"每一分、每一秒"的意思，形容点滴的时间，形式较固定，相当于一个性状词。（5）句中两个"一遍"之间夹副词"又"，是"刷了一遍又刷一遍"的意思，可看作一个并列短语。（6）句中的"年复一年"即"一年又一年"的意思，形式与（5）句中的"一遍又一遍"相同。

（二）数词和量词的组合能力

1.在绝大多数情况下，数词和量词都是结合起来运用，也叫数量词。例如：

（1）下午他拣了几件东西：两条长桌，四个椅子，一副香炉和烛台，一杆台秤。（《故乡》）

（2）有一天早上，撒了三次网，什么都没捞着。（《渔夫的故事》）

（3）八百多万亩土地上，已经修建了六千一百多个排灌站，一万五千多处涵洞。（《珍珠赋》）

数词"一"前边紧连着动词，或前边有"这、那、上、下"修饰成分，可以省去"一"，单说一个量词，仍然包含"一"的意思。例如：

（1）大家去扯点野菜吧。（《草地晚餐》）

（2）你写封信问问他的病好了没有。（《毛主席关怀警卫战士学文化》）

（3）想起这首山歌，也就想到我们离开老根据地时的情形。（《红军鞋》）

2.表物量的数量词的最大组合能力是修饰名词，说明人或事物的数量，如"一支笔、两桶水、四块糖、五只鸡"。表动量的数量词的最大组合能力是作动词的修饰成分或补充成分，如"一脚踢开、踢一脚、一眼看穿了、瞪了一眼"。

在现代汉语中，数词和名词组合时，中间必须有量词，有少数不用量词的，那是沿用古汉语的说法（见"名词"部分），或是表示序数。

汉语中，哪些量词和哪些名词（或动词）组合，是比较固定的。可以说"一颗纽扣、一片糕"，不能说"一片纽扣、一颗糕"，可以说"一朵花、一根绳"，不能说"一根花、一朵绳"，因为这些量词与物体的形状有关。可以说"一匹马、一条牛"，不能说"一条马、一匹牛"；可以说"下了一场雨、吃了一顿饭"，不能说"下了一顿雨、吃了一场饭"，因为这是人们的习惯，不能由哪一个人想怎么说就怎么说。当然，各个具体量词的运用有它的灵活性，如"一块糖"也可以说"一粒糖"，"一条牛"也可以说"一头牛"，但这个灵活性也是有限度的（参看前面关于量词的说明）。

下列句中，数量词和名词配搭不当：

（1）各族社员修起了环山水渠，共有五十多条水渠和水塘。

（2）现在他家也是五口人，起三间瓦房，还添置了两辆自行车、座钟、热水瓶等日用品。

（3）每个战俘将领到一条新的毯子，一双皮鞋，一条香烟、糖果和其他物品。

（1）句中"五十多条"和"水塘"配搭不当。（2）句中"两辆"和"座钟""热水瓶"配搭不当。（3）句中"一条"和"糖果"配搭不当。

3.在数词和量词组合时，还可在量词前加上"大、小、长、短"等修饰成分，将计数单位说得更为具体形象，如"一大把、三大碗、一小箱、一小段、一小条、一长条、一短横、一浅碗、一平碗、一满缸"。

第二章　附加词

附加词一般不独立地、直接地表示人、物体、事件及其表现，它加在基础词或短语上，可以在原有意义的基础上增添一些附加意义，故称之为附加词。

根据其附加的对象、方式以及附加意义的不同，我们把它分为方位词、能愿词、趋向词、时态词、语气词、副词六小类。

第一节　方位词

一、方位词的意义

方位词本身不表示一个确定的处所和一段确定的时间。它附加在名词或名词性短语后面，可以表示与此人或物体相关的处所；附加在动词或动词性短语后面，可以表示与此行动变化相关的时间；附加在数量词后面，可以表示与此数量相近的概数。在一定的语境中，也可以省去被附加的基础词，让方位词独立地表示某种处所、时间等意义。这样用的方位词已相当于名词。

方位词为数不多，基本上可以列举出来。它包括两部分。

(一)单纯的(单音节的)。

上、下、前、后、左、右、里、外、东、西、南、北、中、间、内、旁

(二)合成的(双音节的)。

1.单纯方位词前加"以、之、当、底、跟"：

以上、以下、以前、以后、以内、以外、以东、以西、以南、以北

之上、之下、之前、之后、之外、之中、之间

当中、底下、跟前

2.单纯方位词后加"边、面、头"：

上边、下边、前边、后边、左边、右边、里边、外边、东边、西边、南边、北边、旁边

上面、下面、前面、后面、左面、右面、里面、外面、东面、西面、南面、北面

上头、下头、前头、后头、里头、外头、东头、西头、南头、北头

3.两个单纯方位词组合：

上下、前后、左右、里外、东南、西南、东北、西北、中间

4.其他：

一带、附近、近旁、左近、之交、之傍

二、方位词的语法形式

方位词在意义上的特点，决定了它在语法形式上的特点。

(一)独立性较差

一般要和其他词或短语构成表时间、处所、概数的名词或方位短语，才能独立运用（其组成方式一般为：名＋方位——表处所，动及时量＋方位——表时间，数量＋方位——表概数）。例如：

(1) 四围红叶中，四面水声里，我要开始写信给我久违的小朋友。（《寄小读者》）

(2) 细雨打湿了浑身上下。（《雨中登泰山》）

(3) 一个人死了之后，究竟有没有魂灵的？（《祝福》）

(4) 在它来到地面以前，地下生活所经过的时间我们是知道的，大概是四年。（《蝉》）

(5) 还要给十个以上的伤员做手术。（《截肢和输血》）

(1)(2)句中的加点部分是表示处所的方位短语。(3)(4)句中的加点部分是表示时间的方位短语。(5)句中的加点部分是表示概数的方位短语。

(6) 午饭之后，出去看了几个本家和朋友。（《祝福》）

(7) 十一年前内外棉的顾正红事件之后，尤其是四年前的"一·二八"战争之后，日本厂家对于这种特殊的廉价"机器"的需要突然地增加起来。（《包身工》）

(8) 把窝头瓣为几块，烤后吃下，热乎乎的，使我感到了棒子面原有的香味。香甜过后，再去上学。（《幼学纪事》）

(9) 各种走兽之外，又有各种飞禽。（《黄山记》）

（10）韭菜以外，有葱、蒜，有白菜萝卜，还有黄瓜、茄子、辣椒、西红柿，等等。（《菜园小记》）

（11）殴打之外，还有饿饭、吊起、关黑房间等等方法。（《包身工》）

（6）（7）句中的"午饭""……事件""……战争"本是名词和名词性短语，在此有"吃午饭""事件发生""战争发生"的意思，具有动词性，所以和"之后"组成方位短语表示时间。（8）句中的"香甜"本为性状词，在此有"感受香甜"或"吃了香甜的东西"的意思，具有动词性，和"过后"组成方位短语，表示时间。（9）（10）句中的"……走兽""韭菜"是名词和名性短语。（11）句中的"殴打"本为动词，在此表示一种处罚的方式，也具有名词性，这些名词性词语和"之外、以外"构成方位短语，表示排除的对象，这与一般方位短语表示的意义不同。

（12）在未入北京前，诸王归顺者多受封。（《甲申三百年祭》）

（13）没有闹清楚之前，不要急急忙忙下结论。（《如何用彻底的唯物主义精神对待党的领导》）

（12）（13）句中的加点部分实际上就是"入北京前""闹清楚之前"的意思，多了个"未""没有"，好像时间还应向前推移到不知什么时候，所以这个方位短语在文理上是不通的。现在许多书刊都这样用，似已约定俗成，但它毕竟是语言中一种不纯洁的因素。

也有一部分方位词（尤其是合成方位词）能独立运用，但必须在一定的语言环境中，从上下文能看得出它所表示的确定的处所或时间。例如：

（1）深蓝的天空中挂着一轮金黄色的圆月，下面是海边的沙地。（《故乡》）

（2）列车已到了滨江站。外面下着大雨。（《人民的勤务员》）

（3）南面一响枪，敌人立刻向北撤，北边一响枪，他们又反过来向南扑。（《奠基礼》）

（4）以前的事姑且搁起。（《一件小事》）

（5）马仿佛渴极了，喝完后一桶水，连前一桶水也喝了。（《难老泉》）

（1）（2）句中的"下面""外面"是"圆月下面""车站外面"的意思。（3）句中的"南面、北边"是以敌人所在的处所为基准点，即"敌人南面、敌人北边"的意思。（4）句中的"以前"是以事件发生为时间的基准点，即"这事以前"的意思。（5）句中的"后、前"是以挑水人为处所的基准点，即"身后、身前"的意思。

(二)不受数量短语修饰

因为方向、位置无所谓数量,我们不能说"三个上、四个下、五个前边、六个后面"。口语中有"七上八下"的说法,这里的"上、下"都是动词,是"向上、向下"的意思。

(三)有些方位词可受某些副词修饰

如"最前边""顶后面""太右了""不前不后""不左不右"。这里的"前、后、左、右"表示一种状态,带有性状词的性质。

(四)方位词和名词一样没有重叠变化形式

"上上下下、前前后后、里里外外"等不是方位词的重叠变化形式,这是"上、下、前、后、里、外"等单音方位词的反复使用,形成一个固定短语,表示"到处"的意思,与此类似的用法还如下例:

(1) 先先后后又有些旁的小河同他汇集在一起。(《小溪流的歌》)

(2) 园里的角角落落,密密丛丛地到处都是。(《菜园小记》)

(3) 远远近近一片锣声。(《林则徐》)

(1)句中的"先先后后"即"前前后后",指时间上的前后相连。(2)句中的"角角落落"即"每个角落",泛指"到处"。(3)句中的"远"和"近"本是性状词,在此是"远处""近处"之意,有名词的性质,两词重叠相连,概指到处。

"一带"本是数词和名词的组合,常用来比喻带状的景物,有性状词的性质。例如:

(1) 松柏稀疏的地方,隐隐露出一带渔村。(《海市》)

(2) 树梢上隐隐约约的是一带远山。(《荷塘月色》)

(3) 一带白而发亮的水便呈现于眼前了。(《绿》)

(4) 它会把你的视线带进一带郁郁苍苍的山窝。(《猎户》)

在现代汉语中,"一带"主要用作方位词,都是用在表处所的名词或名词短语以及代替这个词或短语的代词后面,构成方位短语,泛指此处所及与此处所相连的附近区域。例如:

(1) 中卫县沙坡头一带风沙尤其厉害。(《向沙漠进军》)

(2) 第三道防线是黄河渡口和鄂尔多斯一带。(《内蒙访古》)

（3）现在让我们离开赵长城谈一谈阴山一带的汉代城堡。（《内蒙访古》）

（4）那里的农业社兼种花，种的是茉莉、白兰、珠兰之类，跟我们苏州虎丘一带相类。（《记金华的两个岩洞》）

（5）这一带既无黄沙，亦无白草。（《内蒙访古》）

"一带"作为方位词，与一般方位词的不同之处有两点：①一般方位词可以用在表示人、事物、处所、时间的名词、代词以及动词、数量短语等许多词、短语后面，构成方位短语，表示处所、时间、概数等多种意义，而"一带"只能用在表处所的名词、代词或名词短语后面，泛指该处所及其附近区域，不能表示其他意义；②一般方位词（尤其是合成方位词），在一定的语境中，可以单独作句子成分，相当于一般的处所名词或时间名词，"一带"则没有这种用法。所以，"一带"比一般方位词意义更为单纯，独立性更小，更能体现方位词的特点。

"附近、近旁、左近、之交、之傍"等与一般方位词有相同的用法，也可归入方位词之列。例如：

（1）永定河上的卢沟桥，在北京附近。（《中国石拱桥》）

（2）我又曾见过杭州虎跑寺近旁高峻而深密的"绿壁"。（《绿》）

（3）住所左近的土坡上，有两棵苍老蓊郁的榕树。（《故乡的榕树》）

（4）只有这枣子，柿子，葡萄，成熟到八九分的七八月之交，是北国的清秋的佳日。（《故都的秋》）

（5）传说他在三大主峰之一，海拔一八四〇公尺的光明顶之傍，炼丹峰上，飞升了。（《黄山记》）

第二节　能愿词

一、能愿词的意义

能愿词附加在动词、性状词前，表示行动变化、性状变化的可能、应该、必要、意愿等意义。在一定的语境中，可以省去被附加的基础词，让能愿词独立地表示人们的某种态度（可能、应该、必要、意愿）。

常见的能愿词包括下列四组：

1.表示可能的：能、能够、会、可以、可能

2.表示应该的：应、该、应该、该当

3.表示必要的：须、要、必须、得（děi）

4.表示意愿的：愿、愿意、情愿、要、肯、敢

二、能愿词的语法形式

(一)能愿词没有重叠变化形式

在回答问题时常说"可以可以""愿意愿意"，这是能愿词单独回答问题时的连用，属于修辞格的反复现象。

(二)能愿词的最大组合能力是用在动词前

表示行动变化的可能、应该、必要、意愿。例如：

(1) 我心里激动极了，说什么也不肯收。(《一件珍贵的衬衫》)

(2) 像你们当大官的人会没有钱？(《清贫》)

(3) 我哭着闹着要念书。(《〈东方红〉的故事》)

(4) 学习应当做到有计划。(《给青少年的一封信》)

(5) 为了实现这个宏伟目标，必须建立一支无产阶级的又红又专的科学技术队伍。(《给青少年的一封信》)

能愿词也可以用在性状词前，表示具有某种性状的可能、应该、必要、意愿。例如：

(1) 孩子的学习能好起来吗？

(2) 天也该热了。

(3) 颜色可以更深些。

(4) 问吧，要简短些。(《渔夫的故事》)

(5) 你这孩子还敢嘴硬！

有时候两个能愿动词并用，共同与一个动词组合。例如：

(1) 正确是不应该也不可能向谬误进行专政的。(《论"费厄泼赖"应该实行》)

(2) 我们这样的国家，可以而且应该用"伟大的"这几个字。(《建设一个伟大的社会主义国家》)

(3) 我们可以藐视而且必须藐视人世遭逢的任何巨大的困难。

(4) 我们的目的一定要达到，我们的目的一定能够达到。(《给青少年的一封信》)

（1）（2）句中加点部分是两个能愿词（或以能愿词为中心组成的短语）并列，加在同一个动词前。(3)句中两个能愿词分别加在重复运用的动词前，构成一个大的联合短语，这样语气更强。(4)句中两个能愿词分别加在重复运用的动词前，同时重复句中的主语、谓语的其他成分，构成一个并列复句中的两个分句，采用了修辞学的反复格，以加强语意。

下列句中能愿词的运用与（1）—（4）句不同：

（5）社会主义现代化的荔枝生产，应该能够逐步满足广大人民的生活需要。（《南州六月荔枝丹》）

（5）句中"能够"附加在"逐步满足"上面，"应该"又加在这个能愿短语上，这两个能愿词之间不是并列关系，而是递加的关系。

有时候一个能愿词和两个或更多的动词组合。例如：

（1）必须坚持写仿宋字。（《挺进报》）

（2）敌人会来搜查的。

（3）以后又讲到每个人应该怎样工作，怎样学习，怎样联系群众。（《毛主席关怀警卫战士学文化》）

（1）句中的"必须"加在"坚持"和"写"两个动词上。(2)句中的"会"加在"来"和"搜查"两个动词上。(3)句的"应该"加在"工作""学习""联系"三个动词上。

能愿词后面的动词之前还可以有修饰成分，这样用的能愿词就是附加在后面的动词短语上了。例如：

（1）一个有学问的人就应该积极地参加社会活动。（《马克思的好学精神》）

（2）要好好学文化。（《马克思的好学精神》）

（3）我们必须依照着客观发展的规律一步一步地学，扎扎实实地学。（《给青少年的一封信》）

（4）他希望鲁迅先生能把送上的三张空白毛边纸和一束文稿设法送给中国共产党中央委员会。（《同志的信任》）

（1）句中在能愿词"应该"和动词"参加"之间用了性状词"积极"作状语。(2)句中在能愿词"要"和动词"学"之间用了重叠的性状词"好好"作状语。(3)句中在能愿词"必须"和两个"学"之间，分别用了介词短语"依照……规律"、重叠的数量词（动量）"一步一步"和重叠的性状词"扎扎实实"作状语。(4)句中在能愿词"能"和动词"设法""送给"之间用了介词短语

"把……文稿"作状语。

从上述能愿词和动词（或性状词）相组合的用法中可以看出，能愿词和后面的动词（或性状词）比较起来，在句中显然居于次要地位，后者是表意的主体，前者只是辅助后者，无前者，后者也可独立表意，而无后者，则前者难以独立表达句意，句子结构也不完整。

能愿词虽不如基础词那样意义实在、独立性强，但它在句中也可直接陈述主语，如我们可以说"你会""他能""我应该"，只是后面缺少主要行动；而且此能愿词对后面的动词（或性状词）还有一定的支配制约作用，如我们可以问："你会什么？""他能干什么？""我应该干什么？"

另外，能愿词在一定的语境中可以用肯定否定叠用的方式表示疑问，也可单独回答问题。例如：

（1）"我要问你一件事，你必须说实话。""可以。"魔鬼说。（《渔夫的故事》）

（2）应不应该赶上呢？完全应该。（《建设一个伟大的社会主义国家》）

（3）心想这个浓眉大眼的年青战士会不会就是雷锋呢？（《人民的勤务员》）

（1）（2）句中"可以"和"应该"单独回答问题。（2）（3）句中"应不应该""会不会"是肯定否定叠用表示疑问。

所以，能愿词在句中还是有一定表意作用的，在结构上也是占有重要的一席之地的。

下列句中的加点词与一般的能愿词用法不同：

（1）温两碗酒，要一碟茴香豆。（《孔乙己》）

（2）一般得春景天，雨后，刮东风，才有海市。（《海市》）

（3）他利用敌人要他写自白书的笔墨，写了充满着爱国主义热情的文章。（《同志的信任》）

（1）（2）句中的"要""得（děi）"后面都带名词短语作宾语；（3）句中的"要"是"要求"的意思，后带兼语"他"。此三例中的"要、得"都不是能愿词，而是一般动词。

能愿词可以受副词修饰，此副词同时修饰能愿词后面的动词（或性状词）。例如：

（1）我死也不会投降。（《生的伟大，死的光荣》）

（2）在学习上一定要抓紧时间，分秒必争。（《给青少年的一封信》）

（3）有了强壮的身体，才能把工作做好，才能学习的更好。（《给青少年的一封信》）

（4）每天还得挑上两个大粪桶到佳县城里挑大粪。（《〈东方红〉的故事》）

（1）句中副词"也""不"同时修饰能愿词"会"和动词"投降"。（2）句中副词"一定"修饰"要"和"抓紧"。（3）句中两个"才"分别修饰"能……做"和"能学习"。（4）句中"还"修饰"得"和"挑"。

能愿词不能后带"着、了、过"表示时态。只有当能愿词作一般动词用在句末时，后面可以带"了"，如"这首歌也会了""他刚才不愿意，现在愿意了""他本来不敢，现在敢了""这本书人家要了"。但这里的"了"，主要表示全句的陈述语气。

（三）几个类似能愿词的词

〔得以、足以〕"得"和"以"、"足"和"以"在古汉语中本都是两个词（"以"为语助词），在现代汉语中，都已结合为一个词，"以"则成为一个构词的虚语素。这两个词都相当于"可以、能够"的意思，"得以"更近于"能够"；"足以"更近于"可以"，且语气更强，有"完全可以"的意思。例如：

（1）由于适应的结果，食粪已成了兔类得以生存的必不可少的习性。（《兔》）

（2）"手无寸铁"的兔子有哪些本领才保证它们在弱肉强食的动物世界里得以生存呢？（《兔》）

（3）论"领空"却又是无限的，足以举目千里，足以俯仰天地。（《我的空中楼阁》）

（1）—（3）句中的"得以、足以"都用在动词性词语前面，表示行动的可能。而且和一般能愿词比较起来，"得以、足以"的独立性更小，它不能单独回答问题，也不能用肯定、否定相叠的方式表示疑问，更具有附加词的特性。

〔善于、敢于〕"善"和"于"、"敢"和"于"在古汉语中都是两个词（"于"为介词），在现代汉语中都已结合成一个词，"于"则成为一个虚语素。这两个词都相当于能愿词，"善于"表示"可能"，且语意更强，"擅长于（某一方面）"即"完全能够（干某事）"的意思；"敢于"和"敢"同义，即"有勇气、有决心（干某事）"的意思。例如：

（1）我们善于破坏一个旧世界，也善于建设一个新世界。

（2）我们敢于斗争，敢于胜利。

（1）（2）句中的"善于""敢于"都附加在动词前，表示行动的可能和意愿，和一般能愿词比较起来，其独立性更小，不能单独回答问题，也不能用肯定否定相叠的方式表示疑问，更具有附加词的特性。

〔配、值得、好〕"配"作能愿词，是"够得上"的意思，表示行为的可能；"值得"作能愿词是"有价值、有意义（做某事）"的意思，表示行动的必要；"好"作能愿词，相当于"可以、应该"，表示行动的应该和可能。例如：

（1）讨饭一样的人，也配考我么？（《孔乙己》）

（2）我们祖先的许多有骨气的动人事迹……是值得我们学习的。（《谈骨气》）

（3）这个问题值得研究。

（4）时间不早了，你好走了。

（1）句中的"配"是"能"的意思，（2）（3）句中的"值得"是"有必要、应该"的意思，（4）句中的"好"是"可以、该"的意思，它们都附加在动词（或动词性短语）前。它们都可以单独回答问题（"好"单独回答问题时，一般要改用"可以"），可以用肯定否定相叠的方式表示疑问，其用法和能愿词相仿。

第三节　趋向词

一、趋向词的意义

趋向词附加在动词、性状词后，表示行动变化或性状变化的趋向、时间。

常见的趋向词包括下列三组：

1. 来、去

2. 上、下、进、出、过、回、起、开

3. 上来、上去、下来、下去、进来、进去、出来、出去、回来、回去、起来、起去、开来、开去

每个趋向词表示不同的趋向。"来"是由远及近，"去"是由近及远，"上"是由下而上，"下"是由上而下，"进"是由外及里，"出"是由里及外，"过"是由这一边到那一边，"回"是由别处到原处，"起"是指短距离的自下而上，"开"是由关闭到开启。合成趋向词兼表两种趋向。

在以第一人称方法写的文艺作品或议论说明的文章中，大都以"我"为行动趋向的基准点。例如：

(1) 这车夫扶着那老女人，便正是向那大门走去。(《一件小事》)

(2) 反对一部分人的自由主义，使他们改变到正确方面来。(《反对自由主义》)

(1) 句中的"去"以"我"为基准点，走向离开"我"的方向。(2) 句中的"来"以"我们"为基准点，使有自由主义倾向的人改变到正确方面。

在以第三人称方法写的文艺作品中，大都以所叙述的人或事物为动作趋向的基准点。例如：

(1) 他就从腰带上拔出小刀，撬去瓶口上的锡封。(《渔夫的故事》)

(2) 捞着就立刻把你投回海里去。(《渔夫的故事》)

(1) 句中的"出"以"腰带"为基准点，从里向外拔，"去"以"瓶口"为基准点，使锡封离开瓶口。(2) 句中的"回"以魔鬼原在的海里为基准点，从海里上来，再到海里去；"去"以魔鬼现在的海岸上为基准点，使魔鬼离去。

趋向词也有不表示行动趋向的。例如：

(1) 他们于是激怒起来。(《清贫》)

(2) 谁也不知从哪里说起。(《〈东方红〉的故事》)

(3) 他们飞快地成长起来。(《毛主席关怀警卫战士学文化》)

(4) 还有陈区长他们坚持下来，会遇到什么困难哩？(《生的伟大，死的光荣》)

(1) (2) 句中的"起来""起"表示行动的开始，意思是"开始激怒""开始说"。(3) 句中的"起来"表示行动"逐渐进行"，"成长起来"就是"逐渐成长"的意思。(4) 句中的"下来"表示行动的继续，"坚持下来"就是"继续坚持"的意思。

(5) 驾起船，直奔河心。(《为了六十一个阶级弟兄》)

(6) 很多人惊喜得叫起来。(《草地晚餐》)

(7) 他咬上牙，蹚着水，不管高低深浅地跑起来。(《在烈日和暴雨下》)

(8) 不幸他在中途死去。(《朱自清先生》)

(9) 战士们换上新军装。(《毛主席关怀警卫战士学文化》)

(10) 铡刀旁只剩下刘胡兰一人了。(《生的伟大，死的光荣》)

(5)—(7)句中的"起、起来、上"都相当于时态词"着",即"驾着、叫着、咬着、跑着"的意思。(8)—(10)句中的"去、上、下"都相当于时态词"了",即"死了、换了、剩了"的意思。

(11)派遣国民党党棍和劣绅来劝降,一个个都被方志敏同志骂回去。(《同志的信任》)

(12)我把大女儿叫过来。(《新手表》)

(13)您就把胸中积郁已久的愤怒和悲痛全都哭出来吧。(《一封终于发生的信》)

(14)她……很快就睡过去了。(《党员登记表》)

(15)我也许活不过今天了。(《坚强的战士》)

(11)—(13)句中的动词"骂、叫、哭"等无所谓行动趋向,趋向词"回去、过来、出来"表示动词动作对象的行动趋向,而且这个行动趋向是由于前面动词的行动而产生的。(14)句中的"过去"表示由清醒到睡眠状态的变化趋向。(15)句中的"过"表示时间从早到晚的变化趋向。

(16)靠人的思想革命化"化"出来的。

(17)什么人间奇迹都可以造出来。

(18)我们现在也还不多,但是搞起一点来了。(《建设一个伟大的社会主义国家》)

(16)—(18)句中的"出来、起来、出",表示动作获得成功,"'化'出来"是"'化'成功","造出来"是"造成功","搞起一点来"是"搞成功一点"。

二、趋向词的语法形式

(一)趋向词没有形态变化

"来、去""进、出""上、下"三组词合用时可以重叠成"来来去去、进进出出、上上下下",表示动作反复进行,成为一个四字格的固定短语,这里的"来、去、进、出、上、下"已不是趋向词,而是一般动词。

(二)趋向词的组合能力

趋向词最大组合能力是用在动词后面作补语,表示行动的趋向、时态等意义。例如:

（1）上面阳光垂照下来，下面浓雾滚涌上去。（《长江三日》）

（2）巨浪被船头劈开，旋卷着，合在一起，一下又激荡开去。（《长江三日》）

（3）他开开房门。（《泼留希金》）

（4）老艄公……猛然从热乎乎的被窝里跳了起来。（《为了六十一个阶级弟兄》）

（5）我因为常见些但愿不如所料，以为未必竟如所料的事，却每每恰如所料的起来，所以很恐这事也一律。（《祝福》）

（6）船主倒提着嗓门骂起来。（《海市》）

（1）—（4）句中的"下来、上去、开、起来"分别用在动词"垂照、滚涌、劈、开、跳"后面，表示行动的趋向。（5）句中的"起来"用在"恰如所料的"这个动词短语后面，表示情况变化的完成时态，相当于时态词"了"。（6）句中的"起来"用在"骂"的后面，表示行动的开始时态，相当于时态词"着"。

动词和合成趋向词组合，后面又带有动作涉及对象（宾语），这时它们的组合方式最常见的是"动A宾B"式（"A""B"代表合成趋向词的两个语素）。例如：

（1）华大妈……笑嘻嘻的送出茶碗茶叶来。（《药》）

（2）放下吊桶就可以打上水来。（《第比利斯的地下印刷所》）

（3）屋里走出一个人来。

（4）人群里站起一个老汉来。

（1）（2）句中的"动"是他动词，"宾"是行动的直接对象，二者可以直接组合成为"送茶碗茶叶""打水"；"A""B"表行动的趋向，可以拆开来和动宾组合，成为"动A宾B"，也可以合起来和动宾组合，成为"动AB宾"或"动宾AB"，可以说"送出来茶碗茶叶""送茶碗茶叶出来""打上来水""打水上来"。（3）（4）句中的"动"是自动词，"宾"是存现对象，"A""B"表行动的趋向，自动词一般不带宾语，这里的动词都是和"A"或"AB"组合之后，才可以和宾语组合，所以这两例中的"动A宾B"可以转换为"动AB宾"，说"走出来一个人"，"站起来一个老汉"，却不可以转换为"动宾AB"，不能说"走一个人出来""站一个老汉起来"。

下面再举几个"动宾AB""动AB宾"的例子：

（1）那些戴旧毡帽的，大清早摇船出来。（《多收了三五斗》）

(2) 老栓……伸手过去说，"你给我罢。"（《药》）

(3) 攀着乱石，小心探身下去。（《绿》）

(4) 常常捎信回来啦！（《孟姜女》）

(5) 风从牧群中送过来银铃似的丁当声。（《虎吼雷鸣马萧萧》）

(6) 公雉发出来嘶哑的叫声。（《虎吼雷鸣马萧萧》）

(7) 从近处又传过来一阵猛虎的深沉、威严、震撼人心的叫声。（《虎吼雷鸣马萧萧》）

(8) 可是现在她只投过去憎恨的目光。（《果树园》）

"动A宾B"式还有比较复杂的情形。例如：

(1) 汽车声嘶力竭地跟云彩赛起跑来了。（《草原即景》）

(2) 要寻出第二个在他的仓库里有这么多的麦子，麦粉和农作物，在堆房，燥房和栈房里也充塞着呢绒和麻布，生熟羊皮，干鱼以及各种菜蔬和果子的人来，就不大容易。（《泼留希金》）

(3) 他热烈地、紧紧地拥抱她，使她几乎喘不过气来。（《泼留希金》）

(4) 每年总要关上或钉起一个窗户来。（《泼留希金》）

(5) 但要我记起她的美丽，说出她的佳处来，却又没有影像。

(1) 句中的"赛跑"在口语中已结合成一个词，这里将它拆开来，充当动宾两部分，和趋向词组成"动A宾B"结构，具有拟人色彩。(2) 句的"宾"前有很长的定语"第二个……菜蔬和果子"。(3) 句中在"A"前加"不"，表示否定。(4) 句中两个"动A"共带一个"宾B"。(5) 句中两个"动A宾"共带一个"B"。此五句中的"动A宾B"，受语言习惯的影响，一般不宜改换为"动AB宾"和"动宾AB"结构。

下列各例中的加点部分是否"动A宾B"结构，是值得商榷的。

(1) 他脱了衣服跳下水去，把网拖上岸来。（《渔夫的故事》）

(2) 总理的司机走下车来。（《一件珍贵的衬衫》）

(3) 他连忙盖好车迎上前去。（《人民的勤务员》）

(4) 他决定托个可靠的人把这些密信和文稿送出监狱去。（《同志的信任》）

(5) 全家人围坐在一起吃起饭来。

(6) 他高兴地讲起话来。

(7) 我们一同唱起歌来。

(8) 他拿起笔记下这笔账来。

（9）彼此说定表和笔卖出钱来平分。（《清贫》）

（10）中国人民终于创造出奇迹来。

（1）—（4）句中的"宾"表示处所，可以说"下水、上岸、下车、上前、出监狱"，不可以说"跳水、拖岸、走车、迎前、送监"，可见"水、岸"不是"跳、拖"的宾语，而是"下、上"的宾语，这里的"下、上"应看作一般动词，后带处所宾语，后面的"来"表示"上、下"的行动趋向；我们还可以说，"他怎么下水去的？""跳下水去的。""怎么上岸来的？""拖上岸来的。"可见"下水去""上岸来"对于"跳""拖"有一定的独立性，可以说"跳、拖"分别是"下水去、上岸来"的行动方式，也可以说"下水去、上岸来"分别是"跳、拖"的行动结果，所以此四句中的加点部分不是上述的"动A宾B"结构，而应是"动动宾趋"结构，这种结构自然也就不能转换为上述的"动宾AB"和"动AB宾"了。

（5）—（10）句中的"起来、下来、出来"都不表示行动的趋向，而是表示行动的时态或结果。在（5）—（8）句中表开始或已然的时态，"吃起饭来""讲起话来"是"开始吃饭""开始讲话"的意思，"唱起歌来"是"唱着歌"的意思，"记下这笔账来"是"记了这笔账"的意思。在（9）（10）句中表示行动已有结果，"卖出钱来"是"卖成钱"的意思，"创造出奇迹来"是"创造成功奇迹"的意思。时态是行动的时态，结果是行动的结果，都是对动词而言，和表示人或事物的宾语之间没有直接联系，它们可以后附于动词，而不能后附于宾语。所以此六句中的加点部分，可以转换为上述的"动AB宾"结构，但不能转换为"动宾AB"结构。另外，这里的"A"和"B"，意义和性质也有所不同，"A"表行动的时态或结果；"B"相当于"了"，在"动AB宾"中表已然时态，在"动A宾B"中表陈述语气。"吃起来饭""卖出来钱"中的"起"表"吃"的开始，"出"表"卖"已有结果，两个"来"分别表示"吃起"和"卖出"已成事实，而"吃起饭来""卖出钱来"中的"来"只表示整个短语的陈述语气，当然也含有表示该事件已成事实的时态意味，所以这里的"AB"当作活用的趋向词，它不是一个合成的趋向词，而是两个单纯的趋向词，"动A宾B"应是"动趋宾趋"，"动AB宾"应是"动趋趋宾"。

(三)趋向词也可以用在性状词后面

趋向词也可以用在性状词后表示性状变化的趋向。这样用的趋向词同时也表示变化开始的时态。例如：

(1) 先生最初几天对我很严厉，后来却好起来。(《从百草园到三味书屋》)

(2) 风忽然大起来。(《在烈日和暴雨下》)

(3) 谁知道会不会忽然间晴朗起来呢？(《泰山极顶》)

(4) 连自己的母亲也不能告诉，就秘密起来了。(《母亲》)

(5) 天气暖起来了。(《蜘蛛》)

(6) 今天夜里山草也许就绿起来了吧？(《济南的冬天》)

(7) 沙滩上也突然明亮了起来。(《海滨仲夏夜》)

(8) 外面的雨已经细下来了。(《暴风雨之夜》)

(9) 我的心无法平静下来。(《草地晚餐》)

(10) 后来我们的声音便低下去，静下去了。(《从百草园到三味书屋》)

(四)趋向词陈述主语的用法

趋向词有时可以直接陈述主语，单独回答问题，能用肯定否定相叠的形式表示疑问。这样用的趋向词完全相当于一个动词。例如：

(1) 一九四七年新年来了。(《生的伟大，死的光荣》)

(2) 将近一个小时过去了。(《毛主席关怀警卫战士学文化》)

(3) 刚站好队，毛主席就从对面的屋子里出来了。(《毛主席关怀警卫战士学文化》)

(4) 地上的水过了脚面。(《在烈日和暴雨下》)

(5) 现在请你坐下，来一杯清茶，两毛钱的枣子。(《风景谈》)

(6) 我悄悄地披了大衫，带上门出去。(《荷塘月色》)

(7) 我底母亲便给我筹办了一点旅费，教我去寻无需学费的学校去。(《鲁迅自传》)

(8) "你今天跟我们回大象镇，可以不杀你。""不去。"(《生的伟大，死的光荣》)

(9) 问："你去不去北京？"答："去。"

(1)(2)句中的"来、过去"都是直接陈述主语，充当谓语。(3)句中的"出来"前加副词"就"和介词短语"从……屋子里"作状语，共同组成偏正短语作谓语。(4)—(5)句中的"过、来"等后带宾语，组成动宾短语作谓语。(6)句中的"出去"和"带上门"组成连谓短语作谓语。(7)句中的前一个

"去"和"寻……学校去"也是连谓关系，和"教我"组成兼语短语作谓语。(8)句中的"回"后带"大象镇"作宾语，前加时间名词"今天"和介词短语"跟我们"作状语，共同组成偏正短语（或着眼于"回……"分析为动宾短语）作谓语；"不去"是以"去"为中心的偏正短语作谓语。(9)句中"去不去"是用肯定否定相叠的方式发问，一个"去"单独回答问题。

下列句中的加点部分像是上述的"动宾AB"结构，其实不是。

(1) 罗盛教和炊事班副班长到阵地上送饭回来。(《罗盛教》)

(2) 第二天早晨，他就领了水生回去了。(《故乡》)

(3) 你爷爷……实在舍不得叫我起来。(《新手表》)

(4) 我于是常常拔它起来。(《从百草园到三味书屋》)

(1)—(4) 句中的"回来、回去、起来"在此不表示行动的趋向，而是表示主语的行动，(1)(2) 句中的加点部分是连谓短语作谓语，(3)(4) 句中的加点部分是兼语短语作谓语。

趋向词用作动词时，还具有如下组合能力：

1.后带表动量的数量词作补语，如"来一次""去两趟""回来一天""出去一个月"。

2.可受副词（程度副词除外）修饰，如"才出来""全上来了""一定去""索性起来了"。

3.后带"着、了、过"表示时态。带"了"和"过"的比较普遍。例如：

"咱们上了山再说""昨夜下了雨""敌人进了村""话出了口""过了这条马路""山下上来了一个人""上去了两次""他今天已经能起来了"

"他来过了""我到他家去过""小王刚才上过楼""他刚才上来过""我昨天出去过""小李去年回来过""他已经回去过了""他已经起来过了"

能带"着"表进行时态的只有少数用作动词的单音趋向词。例如：

"门上着锁""天下着雨""路上过着队伍""你的行动正在起着作用""门正开着"

下面例句中趋向词带"了"的情形独特：

上自穹苍，下至船前的水，自浅红至于深翠，幻成十色，一层层，一片片的漾开了来。(《寄小读者》)

此例中的"开来"并未用作动词，仍是后附于动词"漾"的趋向词，"开"

表示行动由合到开或由近及远的趋向，"了"是后附于"漾开"这个动补短语的时态助词，"来"既表示以说话人为基准点，由彼及此的趋向，也相当于一个用在句尾表陈述语气的语气词。按现代汉语一般用法可说成"漾开来了"或"漾了开来"，也可以不用"来"，只说"漾开了"，此处的用法则能表现出作者对周围景物的更深沉的感受。

第四节　时态词

时态词附着在动词或性状词后面，表示行动或性状变化的时态。这类词有"着、了、过"等。

一、"着"

"着"作为时态词，其基本用法是附着在动词后面，表示行动变化正在进行的时态。这样用时，在行动变化前面可以加上时间副词"正、正在"，构成"正在……着"格式。例如：

（1）内心正洋溢着从未经验过的幸福。（《离不开你》）

（2）水面上晃荡着细碎的灯光。（《罗盛教》）

（3）身上挂着一层粘汗，发着馊臭的味儿。（《在烈日和暴雨下》）

（4）祥子……低着头，拉着车，慢腾腾地往前走。（《在烈日和暴雨下》）

（5）他带着梦中的欢喜喃喃着。（《坚强的战士》）

（6）他……呆看着空中出神。（《风筝》）

（2）—（6）句中在行动变化之前虽没用"正（正在）"，但可以加上"正（正在）"。

"着"附着在动词后面，还可表示状态的持续。

（1）只能使人看着头疼，看罢后悔。（《关于写文章》）

（2）满本都写着两个字是"吃人"。（《狂人日记》）

（3）母亲很高兴，但也藏着许多凄凉的神情。（《故乡》）

（4）虽然没有几句话，可是唱着心里就痛快些。（《孟姜女》）

（5）靠柜外站着，热热的喝了休息。（《孔乙己》）

（6）这件珍贵的衬衫，我精心地收藏着。（《一件珍贵的衬衫》）

（1）—（6）句中"着"前面的动词都表示一种持续进行的行动，有时此行动只作为后面行动的某种条件，更无所谓是否正在进行〔如（1）（4）句〕，所以在行动之前一般都不宜加时间副词"正在"。这里的"着"也可以改用表完成时态的"了"。由于受前后音节和口语习惯的影响，这里的"着"不能去掉。

（7）我一定要带着几份杂志去到主子面前表功。（《"丧家的""资本家的乏走狗"》）

（8）我……面对着他坐下来。（《百合花》）

（9）仿佛有什么令人快乐、令人兴奋和最有意义的事使她激动着。（《坚强的战士》）

（10）叶子挂着层灰土在枝上打着卷。（《在烈日和暴雨下》）

（11）敌人的冷炮在间歇地盲目地轰响着。（《百合花》）

（12）为革命必须活下去的决心，鼓舞着这对患难夫妻。（《为了周总理的嘱托》）

（7）—（12）句中加点动词后面的"着"都可以去掉不用，而用了"着"，更强调了行动状态的持续。

（13）我对他是有着深刻印象的。（《闻一多先生的说和做》）

（14）其中有着中国革命的经验和教训。（《同志的信任》）

（15）他们的贡献还不免要受着历史条件的限制。（《崇高的理想》）

（16）有些东西实在等着用。（《多收了三五斗》）

（17）我试着翻过身来。（《二六七号牢房》）

（18）多少从事科学文化事业的人们，向往着国家昌盛，民族复兴，科学文化繁荣。（《科学的春天》）

（13）—（18）句中带"着"的动词都表示抽象、笼统的行为，这里的"着"都可去掉不用，或换用别词（"试着""帮着"可改为"尝试""帮助"），而用了"着"，凑成双音节，语气更顺畅。

动补结构的短语或动词后面一般不能带"着"，而在下列句中却带了"着"：

（19）全身的衣服都……沾满着变黑了的血迹。（《党员登记表》）

（20）人们都在紧张地瞪大着眼睛。（《党员登记表》）

（21）几个女人羞红着脸告辞出来。（《荷花淀》）

（22）她睁大着眼睛，失魂落魄。（《高山下的花环》）

（23）蓬松的刘海上缀满着雾星儿。（《卖蟹》）

（24）他……写了充满着爱国主义热情的文章。（《同志的信任》）

（25）一双双的眼睛都向我睁大着。（《潘虎》）

（19）—（25）句中的"着"都可改为表完成时态的助词"了"。

"着"也可附着在性状词之后，表示性状的持续。性状词带"着"后，表示性状的变化，具有动词性，后面常带宾语。例如：

（1）……只是硬着头皮写下去。（《关于写文章》）

（2）华大妈也黑着眼眶，笑嘻嘻的送出茶碗茶叶来。（《药》）

（3）清清的溪水齐着两岸的草丛在慢流。（《天山景物记》）

（4）且请看那一树，齐着华庭寺的廊檐一般高。（《茶花赋》）

（5）他们只好光着枯瘦的身体站在那里。（《筑路》）

（6）蜜蜂一年四季都不闲着。（《荔枝蜜》）

（7）快去看，接过水来了，大着哩！（《求雨》）

（6）（7）句中的"着"不仅表示持续具有某种性状，而且有对性状加以强调之意。

下列句中的"着"与上述"着"的用法不同，读音也有别，应视作不同的词。

（1）我们小户人家用得着。（《故乡》）

（2）从此再见不着丈夫的面了。（《孟姜女》）

（3）伊的破棉背心没有扣上，微风吹着，向外展开，所以兜着车把。（《一件小事》）

（4）人们都说鲁四老爷家里雇着了女工。（《祝福》）

（5）生宝划着一根火柴。（《梁生宝买稻种》）

（6）卡片烧着了。（《筑路》）

（7）我也不知道自己的身上着了火没有。（《谁是最可爱的人》）

（8）孔乙己着了慌。（《孔乙己》）

（9）我接着他圆胖胖的小手说："会着凉的。上床睡吧！"（《夜走灵官峡》）

（10）身着粗布裤褂。（《太行青松》）

（1）—（3）句中加点的"着"都相当于动词"到"，作补语。（4）句中的"着"相当于"对"或"准、巧"，是性状词作补语。（5）—（7）句中的"着"都指"燃烧"的意思。（8）（9）句中的"着"表示"感受""受到"的意思。（1）—（9）句中加点的"着"都读"zháo"。（10）句中的"着"读"zhuó"，是"穿"的意思。（10）句中加点的"着"是动词，不是时态词。

某些介词的尾部常用"着"，如"朝着、向着、随着、按着"。这里的"着"意义虚化，既不表示时态，也不表示其他实在意义，只相当于一个构词的虚语素，充当词尾。

二、"了"

"了"作为时态词，其基本用法是附着在动词或动词性短语后面，表示行动变化已经完成的时态。这样用时，在行动变化前面大都可以加上时间副词"已经"，构成"已经……了"格式。例如：

（1）他已经不知喝了几气凉水。（《在烈日和暴雨下》）

（2）万里长城倒了八百里。（《孟姜女》）

（3）党内出了叛徒。（《挺进报》）

（4）大家是在解放了的土地上。（《歌声》）

（5）身上受了父亲的抚摩。（《一面》）

（6）石五则出卖了革命，当了可耻的叛徒。（《生的伟大，死的光荣》）

（7）他们花了四十元钱建立了一个共同的家。（《离不开你》）

（8）祥子身上没了汗。（《在烈日和暴雨下》）

（9）在自己的头脑里已经有了一些值得写出来的东西。（《关于写文章》）

（10）吃了用了人家的东西，不说清楚还行？（《驿路梨花》）

（1）—（10）句中的"了"都用在已成事实的行动变化之后，这些动词前都可以加上一个时间副词"已经"。

（11）必须赶在正月初一以前，永别了熟识的老屋，而且远离了熟识的故乡，搬家到我在谋食的异地去。（《故乡》）

（12）出了门要稳当，不要慌张。（《梁生宝买稻种》）

（13）她要跟丈夫再见一面，哪怕他死了埋了。（《孟姜女》）

（11）—（13）句中的"了"用在尚未成为事实但预料将要成为事实或要求必须成为事实的行动变化之后。

（14）先生又来了一个"嗞"。（《多收了三五斗》）

（15）天气的厉害已经到了不允许任何人工作的程度。（《在烈日和暴雨下》）

（16）我……很吃了一惊。（《藤野先生》）

(17) 在昆明出现了历史上最卑劣最无耻的事情。(《最后的一次讲演》)

(18) 他拣好了几件东西。(《故乡》)

(19) 我也像超出了平常的自己。(《荷塘月色》)

(20) 这条河淹没了一千万万颗以上的星星啊!(《宇宙里有些什么》)

(21) 南风吹皱了温柔的河水。(《党员登记表》)

(22) 在工作中……认真地考察和总结了这些经验。(《关于写文章》)

(23) 他们把她教会了打韦斯脱牌。(《守财奴》)

(14)—(23)句中的"了"都用在动词短语之后,(14)—(17)句中的是偏正短语,(18)—(21)句中的是动补短语,(22)句中的是一个联合短语前加状语的偏正短语,(23)句中的是"状动补"结构的短语。

(1)—(23)句中的"了"都用在句中。"了"用在句尾,情况较复杂,而且对其作用,语法界也说法不一。我们认为,用在句尾的"了",其主要作用仍然是表示行动变化的完成时态,它所附着的对象,应该是整个的谓语部分,而不仅是其中的一个动词,因为它标示着谓语部分的行动变化已经完成,所以也有表示全句陈述语气之意。故而许多语法书中都认为,"了"用在句尾,且在动词之后,这个"了"则是时态词兼语气词;如果"了"之前不是动词,这个"了"则只是语气词,不是时态词。我们认为"了"用在句尾,无论"了"之前是动词或不是动词,这个"了"都表示整个句子的完成时态,同时兼表句子的陈述语气。下面试举例说明:

(1) 露水消逝了。(《三峡之秋》)

(2) 你们公司发财了。(《汉堡港的变奏》)

(3) 死了,孤零零的坟。(《老哥哥》)

(4) 她要跟丈夫再见一面,哪怕他死了埋了。(《孟姜女》)

(5) 猪牛和鸡都没有了。(《娘子关前》)

(6) 新的囚犯来了,又去了。(《二六七号牢房》)

(7) 不很憋闷了,可是阳光也更厉害了。(《在烈日和暴雨下》)

(8) 像吴吉昌这样的遭遇,连同产生它的时代背景,都一去不复返了。(《为了周总理的嘱托》)

(9) 车把上带着一个人,慢慢地倒了。(《一件小事》)

(10) 母亲把饭煮了。(《母亲的回忆》)

(11) 大地回春、万木复苏的日子重新来临了。(《挖荠菜》)

（12）一弯新月升起了。（《驿路梨花》）

（13）他伤心到要发狂了。（《药》）

（14）几句电文，说得明白极了。（《"友邦惊诧"论》）

（15）就是五军团打光了，也要掩护主力安全过江。（《遵义会议的光芒》）

（16）还穿着破棉袄的他觉得浑身躁热起来了。（《春蚕》）

（17）如今好梦证明是空的了。（《孟姜女》）

（18）我竟与闰土隔绝到这地步了。（《故乡》）

（19）钱都花光了，精力也绞尽了。（《春蚕》）

（20）不管四叔的皱眉，将她留下了。（《祝福》）

（21）我被吓昏了。（《挖荠菜》）

（22）过二年，更把我们看得一钱不值了。（《荷花淀》）

（23）华连卡开始对我们的别里科夫明白地表示好感了。（《装在套子里的人》）

（24）老头尽管还硬朗，也觉得需要让女儿学一学管家的诀窍了。（《守财奴》）

（25）生黄豆芽不见阳光是白生生的，见了阳光的就成绿的了。（《一盆万年青》）

（26）分数在六十分以上，便不是自己的能力了。（《藤野先生》）

（27）他终于不讲"文学是有阶级性的吗?"了。（《"丧家的""资本家的乏走狗"》）

（28）我到包扎所，已是下午两点了。（《百合花》）

（29）我看樱花，往少里说，也有几十次了。（《樱花赞》）

（30）妻已睡熟好久了。（《荷塘月色》）

（31）蜜蜂是否来采山茶花的蜜，我可记不真切了。（《雪》）

（32）"谦受益，满招损"这两句格言流传至今天至少有两千年了。（《说谦虚》）

（33）老屋离我愈远了。（《故乡》）

（34）现在只有这位老禅师独自静坐了。（《论雷峰塔的倒掉》）

（35）他先把介绍信给恒元看了。（《老杨同志》）

（36）那猹却将身一扭，反从他的胯下逃走了。（《故乡》）

（37）便可买一碟盐煮笋，或者茴香豆，做下酒物了。（《孔乙己》）

（38）声音开始是林红一个人的，以后变成几个人的，再以后变成几十个、几百个人的了。（《坚强的战士》）

（39）夜色越来越浓了。（《挖荠菜》）

（1）—（4）句中"了"用在作谓语动词之后，（3）句中"了"作分句尾，（4）句中"了"分别用在两个连用的动词之后。（5）—（11）句中"了"用在以动词为中心的偏正短语之后，（8）句中的"一去不复返"形式固定，不宜分解。（12）—（15）句中"了"用在动补短语之后。（16）（17）句中"了"用在动宾短语之后。（18）—（22）句中"了"用在"状动补"结构的短语之后。（23）—（29）句中"了"用在"状动宾"结构的短语之后。（30）句中"了"用在"状动补补（双补语）"结构的短语之后。（31）句中"了"用在主谓短语之后。（32）（33）句中"了"用在连谓短语之后。（34）（35）句中"了"用在兼语短语之后。（36）—（38）句中"了"用在复句形式的短语之后。（39）句中"了"用在紧缩复句形式的短语之后。以上各例中的"了"用在各种结构类型的句尾，兼表全句的完成时态和陈述语气。

"了"作为时态词，也可附着在性状词或性状词短语后面，表示性状变化的完成时态。这样用的性状词都具有动词的性质，有些情况，语法界已公认其词性的转变。例如：

（1）他去早了一个月。（《澜沧江边蝴蝶会》）

（2）反动派慌了手脚。（《同志的信任》）

（3）摇动上来，碎了。（《趵突泉的欣赏》）

（4）走的人多了，便也成了路。（《故乡》）

（5）没等说话先红了脸。（《罗盛教》）

（6）额上的皱纹也比过去深了。（《草地晚餐》）

（7）我的很重的心忽而轻松了。（《社戏》）

（8）天气愈冷了。（《为了忘却的记念》）

（9）天又快黑了。（《人民的勤务员》）

（10）书没有读成，画的成绩却不少了。（《从百草园到三味书屋》）

（11）飞来峰上层层叠叠的树木，有的绿得发黑，深极了，浓极了；有的绿得发蓝，浅极了，亮极了。（《西湖漫笔》）

（12）今天夜里山草也许就绿起来了吧？（《济南的冬天》）

（13）他带的几件衣服早该破烂不堪了。（《孟姜女》）

（14）……都苦得他像一个木偶人了。（《故乡》）

（15）龙牌固然已经碎在地上了，而且又不见了观音娘娘座前的一个宣德炉。（《阿Q正传》）

（16）谷雨节一天近一天了。（《春蚕》）

（17）吴吉昌的病一天比一天严重了。（《为了周总理的嘱托》）

（18）我们翻身了，丰收了，生活富裕了。（《罗盛教》）

（1）—（4）句中"了"用在性状词之后，（1）（2）句中的"早""慌"已转变为动词，后带"一个月""手脚"作宾语。（5）—（10）句中"了"用在以性状词为中心的偏正短语之后，（5）句中的"红"后带"脸"作宾语，已转变为动词。（11）（12）句中"了"用在性状词后带补语的短语之后。（13）—（15）句中"了"用在性状词前加状语后带补语的短语之后。（16）—（18）句中"了"用在性状词充当小谓语的主谓短语之后。

"了"有时夹在一个重叠的动词中间，这样用，仍是为了表示行动变化的完成时态。例如：

（1）他勉强擦了擦汗。（《鞠躬尽瘁》）

（2）他抱了胆瓶摇了一摇。（《渔夫的故事》）

"了"作为时态词，甚至还可以附着在名词或名词性短语后面，这样用的名词性词语，或是已转变为动词，或是具有了动词性。例如：

（1）街上的柳树像病了似的。（《在烈日和暴雨下》）

（2）老栓，就是运气了你。（《药》）

（3）白求恩同志是加拿大共产党员，五十多岁了。（《纪念白求恩》）

（4）华庭寺有棵松子鳞，是明朝的，五百多年了。（《茶花赋》）

（5）我从乡下跑到京城里，一转眼已经六年了。（《一件小事》）

（6）我与父亲不相见已二年余了。（《背影》）

（7）解放已经快三十年了。（《结婚现场会》）

（8）一百多年的港口了，任何风浪也改变不了它的节奏。（《汉堡港的变奏》）

（1）（2）句中的"病""运气"本是名词，在此用作动词。（3）（4）句中的"五十多岁""五百多年"本是名词性的数量短语，在此表示"有五十多岁""有五百多年"的意思，具有动词的性质。正因为如此，所以在（5）—（7）句中它能受时间副词的修饰。（8）句中的加点部分是以名词为中心的偏正短语，后带时态词"了"，充当复句中的第一分句，此例也可说成"有一百多年历史的港口了……"或"这个港口有一百多年的历史了……"，可见这个名词性短语在此具有了动词性质。试与下面用"有"的情形相比较：

(9) 距第一次来，已经有九年了。(《西湖漫笔》)

(9) 句中的加点部分如去掉"有"，就和(3)—(8)句中的加点部分情形相同了。

时态词"了"和"着"有时连用，要仔细体会它们的不同意义。例如：

(1) 正是这千百万人创造了和创造着中国的历史。(《母亲的回忆》)

(2) 刘胡兰咬着嘴唇轻蔑地看了他一眼。(《生的伟大，死的光荣》)

(3) 雷锋扶着老人上了车。(《人民的勤务员》)

(4) 我游过华庭寺，又冒着星星点点细雨游了一次黑龙潭。(《茶花赋》)

下列句中加点的"了"，读音和意义都与上述作时态词的"了"不同：

(1) 只要今天能坚持得了，过了明天就没有问题的。(《普通劳动者》)

(2) 一连扎了几针，药水都进不了肌肉。(《为了周总理的嘱托》)

(3) 高官厚禄收买不了，贫穷困苦折磨不了，强暴武力威胁不了，这就是所谓大丈夫。(《谈骨气》)

(4) 走不了几步，又要停下来。(《老山界》)

(5) 朦胧的橘红的光，实在照不了多远。(《小橘灯》)

(6) 你们以为打伤几个，杀死几个，就可以了事，就可以把人民吓倒了吗？(《最后一次的讲演》)

(7) 这么贵重的货，弄坏一件可不得了哇。(《汉堡港的变奏》)

(8) 向老师提出疑问，老师也没有见过鲜荔枝，无法说明白，只好不了了之。(《南州六月荔枝丹》)

(1)—(3)句中加点的"了"表示"可能"，它和前面的动词之间夹有"得"或"不"，表示肯定或否定的意思。(4)(5)句中的"了"相当于"到"，与(1)—(3)句中的用法相近。(6)—(8)句中的"了"表示"完结"的意思。以上各句中加点的"了"都读"liǎo"，是动词，大都在动词后作补语，(6)句中的"了"和(8)句中的第二个"了"后带宾语。"不得了"和"不了了之"形式固定，已成固定短语。

三、"过"

"过"作为时态词，其基本用法是附着在动词后面，表示行动变化已成过去，这样用，表示肯定意思时，在动词前面可以加上时间副词"曾经"，构成"曾经……过"格式。例如：

（1）早年做过四十年的向导。（《香山红叶》）

（2）我曾看过多少遍，看不出她美在哪里。（《西湖漫笔》）

（3）孔乙己原来也读过书。（《孔乙己》）

（4）"雷峰夕照"的真景我也见过。（《论雷峰塔的倒掉》）

（5）在长毛窝里吃过苦头。（《春蚕》）

（6）我虽然做过二十来篇小说，但一向没有"宿见"。（《答北斗杂志社问》）

（7）才到清明边，桑叶尖儿就抽得那么小指头儿似的，他一生就只见过两次。（《春蚕》）

（1）—（7）句中"过"所附着的动词都表示肯定意思而且行动发生的时间都相对久远，这些动词前都可加时间副词"曾、曾经"。

（8）宏儿没有见过我。（《故乡》）

（9）我自从入狱以来什么都没吃过。（《二六七号牢房》）

（10）我离开仙台之后，就多年没有照过相。（《藤野先生》）

（8）—（10）句中"过"所附着的动词表示否定意思的行动，它前面不能加时间副词"曾经"，但可将"没、没有"改换否定意思的时间副词"不曾"。

"过"作为时态时，所附着的动词也可以表示发生时间不长甚至是刚刚发生的行动，这样用时，动词前一般不能加时间副词"曾经"，但可以加上其他表示时间不长的副词（如"已经、刚才"）。例如：

（1）凡是敌人到过的村落，猪牛和鸡都没有了。（《娘子关前》）

（2）晋察冀边区的军民，凡亲身受过白求恩医生的治疗和亲眼看过白求恩医生工作的，无不为之感动。（《纪念白求恩》）

（3）事先二兰爹王栓牛确实亲口答应过不要彩礼。（《结婚现场会》）

（4）傍晚，人们在一天辛苦后，躺在用溪水冲洗过的石板上，享受习习的晚风。（《故乡的榕树》）

（5）他说过要问我们分词。（《最后一课》）

（6）他一一去看刚才动过手术的伤员。（《截肢和输血》）

（1）（2）句中"过"所附着的动词表示发生的时间不很久远，但也不是刚刚发生的行动，如在动词前加上"曾、曾经"，其所表示的行动则变成比较久远的了。（6）句中"过"所附着的动词表示刚刚发生的行动，动词前不能再加"曾"。（3）—（5）句中"过"所附着的动词表示的行动比（6）句中的要稍早一些，"事先"一词表示的时间可长可短，故也可在"亲口"前加"曾"，但这样一来，"答应"的时间就比较久远了。因为（1）—（6）句中行动发生的时间都不很久远，所以，这里的"过"都可以改用表完成时态的"了"。

在现代汉语中，动补短语、动宾短语后面一般不用时态词"过"。由于受近代汉语习惯的影响，在现代作品中也偶有所见。例如：

（1）那小猫……还没捉住过大老鼠。（《小麻雀》）

（2）真是香呢。我怎么做了四十年向导，早先就没闻见过？（《香山红叶》）

（3）在猜谜的游戏中，她很少被难住过。（《党员登记表》）

（4）从宣统元年（一九〇九年）到现在我再没有回家过。（《母亲的回忆》）

（5）自古以来没有这样天翻地覆把人类的意识倒转来过。（《哥白尼》）

（1）—（5）句中的加点部分，按现代汉语的习惯，一般要改为"捉过""闻见呢""难住""回过家""倒转来"。

时态词"过"也可以附着在性状词之后，表示此性状的存在、具有是过去的事，或是已然存现的。例如：

（1）这一个抽屉豪华过一阵，那一个从来没有过东西。（《七个铜板》）

（2）我……从没有奢侈过。（《清贫》）

（3）晚上，雨小过一阵。（《暴风雨之夜》）

下列句中的"过"与上述时态词"过"的意义和用法不同：

（1）爹妈都死了，跟着哥哥嫂嫂过日子。（《牛郎织女》）

（2）要掩护主力安全过江。（《遵义会议的光芒》）

（3）过了桃水桥，就是正太路。（《娘子关前》）

（4）中秋过后，秋风一天凉比一天。（《孔乙己》）

（5）过二年，更把我们看得一钱不值了。（《荷花淀》）

（6）愈过愈穷，弄到将要讨饭了。（《孔乙己》）

（7）她们三个人整个上午过得很愉快。（《坚强的战士》）

（8）从上次过堂，我就明白，他们不会让我活多久了。（《坚强的战士》）

（9）在天黑以后，在半夜的月亮出山以前，横过井平公路。（《娘子关前》）

（10）她姐姐恰好过这边山上来拾菌子。（《驿路梨花》）

（11）一位禽学教授走过桥上。（《快乐王子》）

（12）一道闪电亮过，跟着是震耳的雷声。（《暴风雨之夜》）

（13）我甚至用两肘支着身子，试着翻过身来。（《二六七号牢房》）

（14）一年四季患得患失地度过一生。（《路标》）

（15）这一觉已睡过了三十年。（《故乡的榕树》）

（16）吃过了饭，老秦跟小福去场里打谷子。（《老杨同志》）

（17）半夜里，大风仿佛歇过了劲儿。（《暴风雨之夜》）

（18）她简直抵得过一个男子。（《祝福》）

（19）老头子眼看着地，岂能瞒得我过。（《狂人日记》）

（20）整个老城像烧透了的砖窑，使人喘不过气来。（《在烈日和暴雨下》）

（21）在夜色中全部渡过了金沙江。过江之后，我们立即烧掉了曾经渡过红军千军万马的几只小船。（《大渡河畔英雄多》）

（22）海水中的盐分还不能过多或过少。（《珊瑚岛》）

（1）—（10）句中的"过"都是动词，表示"度（渡）过""通（经）过"的意思，在句中充当谓语中心。（11）—（17）句中的"过"是趋向词，它紧连在动词之后，（11）—（13）句中表示行动由某段距离的这一头到那一头，（14）—（17）句中表示行动由某段时间的起始到终结。（18）—（20）句中的"过"是动词，用在另一主要动词之后作补语，动补之间夹有"得"或"不"，表示肯定或否定。（21）句中的三个"过"词性不同，第一个是趋向词，第二个是动词，第三个是时态词。（22）句中的"过"是程度副词，相当于"太"，它用在性状词之前，表示性状程度的加强。

第五节 语气词

语气词大多附着在句尾，表示句意的语气、语调，有时也可附着在句中的词、短语前后，表示某种语气。由于语气词重在以声音表示说话的语气，因而在书写形式上有一些不固定的现象，如"啊"和"呵"，"吧"和"罢"等。汉语句子的语气，一般有陈述、疑问、祈使、感叹四种，现代汉语中常见的语气词也基本上归属此四种语气。

一、陈述语气

说话人向对方说明事实情况或自己的认识或观点，语调平稳，句尾用句号。常用的语气词有"的、了、嘛、罢了、好了、算了、就是了"等。

"的"常用在句尾，表示确认的陈述语气。例如：

（1）哥哥满身冻得红紫红紫的。（《两棵奇树》）

（2）至于实在的情形，我心里自然记得的。（《藤野先生》）

（3）那遍地伸手可及的葡萄，竟没有一颗丢失的。（《秋色赋》）

（4）骷髅一样，摸着她的骨头会做恶梦的。（《包身工》）

（5）我们走啊走的，忽然间，柯瓦连科骑着自行车来了。（《装在套子里的人》）

（6）她……满脸堆上笑，怯生生地，向什么人都赔上小心。（《果树园》）

（7）这是斜对门的杨二嫂……开豆腐店的。（《故乡》）

（1）—（5）句中句尾（有的是分句尾）的"的"表示确认的语气。（6）句中的"地"不仅表示确认某种情况的语气，且具有描述状态的意味。（7）句中句尾的"的"和"开豆腐店"构成"的"字短语，同时兼表确认的陈述语气。

"的"作为语气词，前面常有一个表强调语气的"是"与之构成"是……的"式，使确认的语气更强。例如：

（8）井冈山是压不倒、烧不光的。（《井冈翠竹》）

（9）鲁镇酒店的格局，是和别处不同的。（《孔乙己》）

（10）走路的人口渴了摘一个西瓜吃，我们这里是不算偷的。（《故乡》）

（8）—（10）句中"是"相当于语气副词，"的"表确认的陈述语气，这里的"是"和"的"都可以去掉，而句意和基本结构不变，只是语气有所减弱。（参看表述词"是"一节）

下列句中的"的"，用法有所不同：

（1）你是昨天到的北京。

（2）我今天进的城。

有些教材认为上述两句中的"的""不是结构助词，而是表示过去时的时态助词"。在其他语法书中也有这样的观点。对此我们有不同看法。

这里的"的"不是结构助词，这是很显然的，我们不能说"到"是"北京"

的定语，"进"是"城"的定语，它们之间不是修饰关系，而是动宾关系，它的结构不是"定的名"，而是"动的宾"。那么这里的"的"是不是表过去时的时态助词呢？这种"动的宾"结构的句子，表示的行为都是过去时的，这也是事实，我们不能说"你是明天到的北京""我今天就要进的城"。这种句子里的过去时是不是由"的"表示的呢？如果是的，那么，去掉这个"的"，句子就会失去过去时的意思。可是将上述的（1）句改为"你是昨天到北京"，仍然有过去时的意思，只是语气不够完整，如果在句尾加一个"的"，全句改为"你是昨天到北京的"，语气就更完整了。可见，"的"在（1）句中并不表示过去时。将上述（2）句改为"我今天进城"，情形则不同，可以表示行动将要发生，是"我今天将要进城"的意思；也可以表示行动已经发生，是"我今天已经进了城"的意思。如果也像改动后的（1）句那样，在句尾加个"的"，全句变成"我今天进城的"，过去时的意思就很明显了。比较起来，在句尾加"的"，表示过去时，更符合句子的原意。

因此我们认为这个"的"不是时态助词，而是强调全句陈述语气的语气词。它基本上相当于用在句尾表陈述语气的"的"，或者说是用在句尾表陈述语气的"的"的移位，不过用在句中比用在句尾语气更强，前面常常用表示强调语气的"是"（相当于语气副词）与之相配合，组成"是……的"式。例如：

（3）我是一年前打预防针的。

　　我是一年前打的预防针。

（4）小王是前年参军的。

　　小王是前年参的军。

（5）我是开运动会之前洗澡的。

　　我是开运动会之前洗的澡。

（6）我们是才做作文的。

　　我们是才做的作文。

（7）我是在老王家吃饭的。

　　我是在老王家吃的饭。

（8）是当地政府替你家盖房子的。

　　是当地政府替你家盖的房子。

上列各句中，前一句，"的"用在句尾，后一句，"的"用在句中，它们都是表陈述语气的语气词，后者语气更强。

能像这样将句尾的"的"移位强调陈述语气的句子，必须具备两个条件：

1.谓语的中心词是单音动词，后面带宾语，或者作谓语中心的是动宾结构的动词，这个词中的两个语素结合较松散，口语中有时可以拆开来用，像是个动宾短语。例如，可以说"小王是前年参的军"，不可以说"小王是前年参加的部队"，如果要用双音动词"参加"，就要说"小王是前年参加部队的"。可以说"我是刚刚乘的公共汽车"，不可以说"我是刚刚乘坐的公共汽车"，如果要用双音动词"乘坐"，就要说"我是刚刚乘坐公共汽车的"。而且，如果去掉了"是"，将上述两句说成"小王前年参加的部队""我刚刚乘坐的公共汽车"，就不是句子，而是偏正短语，这里的"的"也就成了结构词（这也证明"动的宾"式中的"的"不是时态助词）；而改用单音动词"参"和"乘"，说成"小王前年参的军""我刚刚乘的公共汽车"，则是个句子，不是偏正短语。

2.全句是表示过去时的陈述句。例如，"我是打算明天到北京的"，不能说成"我是打算明天到的北京"，而"我是昨天到北京的，"则可以说成"我是昨天到的北京"。这种能移位的"的"必须用在过去时的陈述句中，但不能由此证明"的"就是表过去时的时态，就如同"把"必须用在主动句中而句中主语和谓语之间的主动关系并不是由"把"来表示的一样。

我们认为，在这种"动的宾"式的陈述句中，表过去时的有两个因素。一个是句中大都用有表过去时的时间名词、时间副词或其他表时间的词、短语，如上述（1）—（6）句中的"昨天、一年前、前年、运动会之前、才"等。另一个因素是，在句末用"的"的陈述句中，除了用有"打算""准备"等将要进行意思的动词（如"我是打算明天进城的"）之外，一般都是陈述已经发生的行为和事件，所以陈述句本身在很多情况下含有过去时的意思。上述（7）句如果说成"我在老王家吃饭"，就不一定是过去时的，而"我是在老王家吃饭的"就是过去时的，改为"我是在老王家吃的饭"，就更强调了所陈述的事件。（8）句的情形也相同，如果说成"当地政府替你家盖房子"，就不一定是过去时的，而"是当地政府替你家盖房子的"就是过去时的，改为"是当地政府替你家盖的房子"，就更强调了所陈述的事实。上述（2）句如果去掉"的"就看不出过去时的意思，这是为什么？因为"今天"表示的时间包括行动之前，也包括行动之后，仅根据这个时间名词，很难说"进城"这个时点，究竟在说这句话之前还是之后，所以"我今天进城"这句话孤立起来，就看不出过去时的意思，而在句尾加个"的"，成为"我今天进城的"，使全句的陈述语气明确起来，过去时的意思就很清楚了。这就是陈述句本身可以表示过去时这个因素在起作用了。

归结起来，"你是昨天到的北京"这种句子的基本结构是"主—状（是＋时间词语）—动的宾"，是"你是昨天到北京的"的变式，这里的"的"不是表过去时的时态词，而是表陈述语气的语气词。

"了"用于句尾，除表已然时态外，也可表"已然如此"或"将要如此"的陈述语气。（参看"了"部分）例如：

（1）连一切细节都考虑到了。（《关于写文章》）

（2）还穿着破棉袄的他觉得浑身燥热起来了。（《春蚕》）

（3）似乎多日不很看见他了。（《风筝》）

（4）长此以往，国将不国了。（《"友邦惊诧"论》）

（5）秦始皇知道了，非常气愤。（《孟姜女》）

（6）不很憋闷了，可是阳光也更厉害了。（《在烈日和暴风雨下》）

"嘛、罢了、好了、算了、就是了、呢、哩、哇、啊、呀"等也可用在句尾，表陈述语气。例如：

（1）咱们军民是一家嘛。（《人民的勤务员》）

（2）那小猫……只是把小鸟衔来玩玩罢了。（《小麻雀》）

（3）只是他的愿望切近，我的愿望茫远罢了。（《故乡》）

（4）我且受用这无边的荷香月色好了。（《荷塘月色》）

（5）敌人已成了瓮中之鳖，不好攻暂且围着算了。（《奠基礼》）

（6）这小东西不要命，不要命就是了。（《药》）

（7）它比起那缥缈的幻景，还要新奇、还要有意思得多呢。（《海市》）

（8）我们这白篷的小船，本也不愿意和乌篷的船在一处，而况并没有空地呢。（《社戏》）

（9）要不是敌人的冷炮在间歇地盲目地轰响着，我真以为我们是去赶集呢。（《百合花》）

（10）最困难的时刻还没有到来哩。（《草地晚餐》）

（11）再比如蹲防空洞吧，多憋闷得慌哩。（《谁是最可爱的人》）

（12）这么贵重的货，弄坏一件可不得了哇。（《汉堡港的变奏》）

（13）老哥哥叫起来多亲切、多好听啊。（《老哥哥》）

（14）仿佛一张极大极大的荷叶铺着，满是奇异的绿呀。（《绿》）

（1）句中的"嘛"表示"本来如此"的肯定语气。（2）（3）句中的"罢了"表示"如此而已"的确认语气。（4）（5）句中的"好了、算了"表示"姑且如此"的商榷语气。（6）句中的"就是了"表示让步承认事实的语气。（7）—（14）句中的"呢、哩、哇、啊、呀"常用来表示疑问、感叹语气，而在此句末没用问号、叹号，只用了句号，即无疑问、感叹语气，故看作是表陈述语气。

"似的、一般、一样"等是一种比较特殊的语气词，它们附着在词、短语后面，指明这个词、短语有比况的意思。在这个词或短语前面，常用"像、仿佛"等动词与之配搭，组成"像……似的""仿佛……一般"的格式，通常叫它比况短语。这种短语，可以作定语、状语，也可以充当谓语、宾语。它也是陈述某种情况的，所以本书姑且将它编在陈述语气一类。下面试举例说明。

（1）北面的天边出现了墨似的乌云。（《在烈日和暴雨下》）

（2）他用竹枝似的手指递给我。（《一面》）

（3）绷带里露出一根犬牙般的长骨。（《截肢和输血》）

（4）极亮极热的晴午忽然变成了黑夜似的。（《在烈日和暴雨下》）

（5）天是那样的蓝，几乎透明似的。（《风景谈》）

（6）飞机冻僵了似地失去了生命的活力。（《一次难忘的航行》）

（7）我接着便有许多话，想要连珠一般涌出。（《故乡》）

（1）—（7）句中和"似的、一般"等组成比况短语的，都是不用"像"等动词的偏正短语或动补短语，它们在（1）—（3）句中作定语，在（4）句中作宾语，在（5）句中作谓语，在（6）（7）句中作状语。

（8）他像箭似地跑了下去。（《火烧敌军司令部》）

（9）像失去亲人一样失声痛哭。（《罗盛教》）

（10）在国民党的威胁利诱、严刑拷打之下，像钢铁般坚强、雷电般威严。（《我们爱韶山的红杜鹃》）

（11）汽车拐进草坪，离车库还有三四米，车库门就像认识主人似的自动掀启。（《枣核》）

（12）脸上虽然刻着许多皱纹，却全然不动，仿佛石象一般。（《故乡》）

（13）你劈它如同劈水一样，你抽掉了，它又合拢了来。（《雷电颂》）

（14）走得高兴了，他们还打着哨子飞跑，就像六七十斤的挑子没放在肩上一样。（《九个炊事员》）

（15）身上非常软，好像洗澡没洗痛快那样。（《在烈日和暴雨下》）

（16）北边远处一个红闪，像把黑云掀开一块，露出一大片血似的。（《在烈日和暴雨下》）

（17）老栓……仿佛一旦变了少年，得了神通，有给人生命的本领似的。（《药》）

（8）—（17）句中都是用"像"等动词和一个词或短语（包括复句形式的短语）构成动宾短语，再和"似的"等语气词组成比况短语，它们在（8）—（11）句中作状语，在（12）—（17）句中作谓语。

在比况短语中，也有不用"似的"等语气词的。例如：

（18）长江变得热烈了，像一条金鳞巨蟒，翻滚着，奔流而去。（《三峡之秋》）

（19）读好文章，如饮醇酒。（《纳谏与止谤》）

（20）只有在海上，天和地才能像接到一起的两匹布这么完完整整，没有隙缝。（《草原即景》）

（21）天低得好像可以用手去摸。（《草原即景》）

（18）—（21）句中都可以在加点的比况短语尾部加上语气词"似的、一般"。在（1）—（17）句中"似的"大都可以删去不用（少数用一个词作比，如不用"似的"，会影响语句通顺和语意表达）。

由上述各例中，我们可以领会到如下三点：

1.在比况短语中，"似的"等语气词以及它前面的"像"等动词都有可用可不用的选择，应视语句的具体情况而定。

2.比况短语作定语、谓语、宾语、补语时，尾部的语气词可用"似的"；比况短语作状语时，尾部一般用"似地"，也可以用"似的"。

3.在比况短语中，大都表示比喻的意思，也有少数表示通感（或叫感觉上的比喻），或带有拟人的意味[如（11）句]。

二、疑问语气

说话人向对方提出疑问，语调后面扬起。句尾用问号。常用的语气词有"吗、呢、么、啦、吧、罢"。例如：

（1）竺可桢走北海公园，单是为了观赏景物吗？不是。（《卓越的科学家竺可桢》）

（2）"我们坐火车去么？""我们坐火车去。"（《故乡》）

（3）你们以为打伤几个，杀死几个，就可以了事，就可以把人们吓倒了吗？（《最后一次的讲演》）

（4）家里一定种地很多吧？（《老杨同志》）

（5）今天夜里山草也许就绿起来了吧？（《济南的冬天》）

（6）这样一个场面到了你眼前时，总该和在什么公园里看见了长椅上有一对儿在偎倚低语，颇有点味儿不同罢？（《风景谈》）

（7）"你怎么啦？""我摔坏了。"（《一件小事》）

（8）"倒卧"是什么呢？（《新手表》）

（9）日啖三百颗，究竟能有几人呢？（《南州六月荔枝丹》）

（10）什么样的钹声能响亮到足以歌颂他那得来不易的刹那欢愉呢？（《蝉》）

（11）为什么不到抗日的战线上去显显身手呢？（《老山界》）

（12）究竟是像雷锋那样活着，做一个大公无私的高尚的共产主义者有价值有意义呢，还是做一个自私自利的人有意义呢？或者是开一个"公私合营"的杂货铺，一年四季患得患失地度过一生有意义呢？（《路标》）

（13）是用我们自己这里发现的事实为基础来探求地质构造的规律比较地更靠得住呢，还是用西欧、北美那种破烂局面，来作基础靠得住呢？（《地质之光》）

（14）讨饭一样的人，也配考我么？（《孔乙己》）

（15）你的果实不是可以滋养人，你的木质不是坚实的器材，就是你的落叶不也是绝好的引火的燃料吗？（《银杏》）

（16）希特勒，墨索里尼，不都在人民面前倒下去了吗？（《最后一次的讲演》）

（17）哥哥嫂子既然扔开他像泼出去的水，他又何必恋恋不舍呢？（《牛郎织女》）

（18）这样多的书刊，如果没有一种科学的方法掌握它，要找到一部自己需要的书，岂不是大海捞针吗？（《打开知识宝库的钥匙——书目》）

（1）—（6）句只要用"是"或"不是"即可回答，叫是非问，其结构特点是陈述句加上疑问语气。（7）—（11）句是指定对方回答问题的某个方面，叫特指句，其结构特点是句中有疑问代词。（12）（13）句中列举两种（或更多种）可能，要求对方选择其一作答，叫选择问。（14）—（18）句中说话人无疑而问，用疑问语气表示更为肯定的意思，无需对方回答，答案就在问话中，字面上是肯定的意思，实际意思就是否定的，字面上是否定的意思，实际意思就是肯定的，这叫反问，又叫反诘。

三、祈使语气

说话人向对方提出要求、劝告，语调平直。句尾用句号。常用的语气词有"吧、罢"等。例如：

（1）说吧，往下说吧。（《鞠躬尽瘁》）

（2）你自己雇车罢，他不能拉你了。（《一件小事》）

（3）没有什么的。走你的罢。（《一件小事》）

（4）妈妈，你就把爱你女儿的心，去爱他们大家吧。（《党员登记表》）

（5）可真是海市，你该上去逛逛才是呢。（《海市》）

下面一句中，像是表示祈使语气，其实不是。

（6）她恨时间太短，说不尽许多话，身体要保重啦，冷热要留心啦，常常捎信回来啦，能回家的时候赶快回家啦……（《孟姜女》）

（6）句中从后面并列的四个分句看，是向对方提出的四点要求，而从整个复句看，还是说明孟姜女与丈夫离别时依依不舍、叮咛嘱咐的情形，句中的四个"啦"表示四点意思的列举，从总体意思看，它表示的是陈述语气，而不是祈使语气。

四、感叹语气

说话人感情强烈，语调激昂拖长。句尾用叹号。常用的语气词有"啊、呵、啦、呀、吧、哇、哪"等。

"啊（呵）"是最常用来表示感叹语气的语气词。例如：

（1）在这短暂的时间里，他活得多么纯洁，多么高尚，多么光彩啊！（《路标》）

（2）这条河淹没了一千万万颗以上的星星啊！（《宇宙里有些什么》）

（3）噢，神圣的驴子一样的愚蠢，神圣的不学无术，神圣的痴呆和虔诚啊！（《火刑》）

（4）山，好大的山啊！（《驿路梨花》）

（5）像您这样的老干部，被他们害得家破人亡的不知有多少呵！（《一封终

于发出的信》)

(6) 那一双双热情的手，关怀的手，多少手啊！（《离不开你》）

(7) 桂芬一下子扑到那孩子身边，孩子啊！（《离不开你》）

(8) 周总理真是人民的好总理，我们工人阶级的贴心人哪！（《一件珍贵的衬衫》）

(9) 俺兰考三十八万人民离不开他，离不开他呀！（《鞠躬尽瘁》）

(10) 中国共产党交给八路军的不是什么精良的武器，而是经过二万五千里长征锻炼的干部哇！（《截肢和输血》）

(11) 不认识了么？我还抱过你咧！（《故乡》）

(12) 让反动派的炮声，来作为我们结婚的礼炮吧！（《刑场上的婚礼》）

(13) 那些长枝的垂柳还要在水里照影儿呢！（《济南的冬天》）

"的"作为语气词，主要表示陈述语气，有时用在感叹句的尾部，也可表示感叹语气。例如：

(14) 李先生的血不会白流的！（《最后一次的讲演》）

(15) 客人来冲了蚕神不是玩的！（《春蚕》）

上述 (1) — (15) 句本都是陈述句，由于说话时感情强烈，而变成感叹句，句末用了感叹语气词和叹号。祈使句如果说话的感情强烈，也可以变成感叹句。例如：

(16) 同志们，走哇！（《普通劳动者》）

(17) 老焦，你先休息一下吧！（《鞠躬尽瘁》）

(18) 姑娘们，来呀！

(19) 看啊！万里征途又亮起灿烂的明灯。（《周总理办公室的灯光》）

(20) 他对敌人说："写报告枪毙我吧！我永远是一个共产党员。"（《挺进报》）

语气词大多用在句末，有时也可用在句中的词或短语之后（一般为主谓之间），表示停顿和对此词语的强调。例如：

(1) 我们敬爱的周总理呵，一生休息得最少，最少。（《周总理办公室的灯光》）

(2) 办法呢，就是进行大规模的迫近作业。（《"老虎团"的结局》）

(3) 太阳啊，这个圆圆的魔术师，他多么慷慨地普照大地。（《二六七号牢房》）

（4）可怜的人啊，现在要他跟这一切分手，叫他怎么不伤心呢。（《最后一课》）

（5）再比如蹲防空洞吧，多憋得慌哩。（《谁是最可爱的人》）

（6）就拿吃雪来说吧，我们在这里吃雪，正是为了我们祖国人民不吃雪。（《谁是最可爱的人》）

（1）—（4）句中语气词用在主语之后。（5）（6）句中语气词用在独立语（插入语）之后。这样的句子，如不用叹号，都应看作陈述句。

语气词可以分别用在几个并列的词、短语之后，表示列举。例如：

（1）所读的书，也许是《庄子》和《文选》呀，《东来博义》呀，《古文观止》呀。（《人生识字胡涂始》）

（2）树林啦，麦海啦，远方的村落啦，那两个女采购员紫丁香色和白色的身影啦，都在这种跟天空一样澄清的河流里颤动。（《葛梅》）

（3）村落啦，树林子啦，沟渠啦，好像一下子全都掉进了神秘的沉寂里。（《挖荠菜》）

从（1）—（3）句看，表示列举的语气词，也都表示陈述语气。

有时两个语气词连用在句尾，它们分别表示不同的语气，前一个语气词表示所附着的词语的语气，后一个语气词则表示全句的语气。例如：

（1）这些星星里，想来会有不少不发光的行星绕着它们转的吧。（《宇宙里有些什么》）

（2）不认识了么？（《故乡》）

（3）希特勒，墨索里尼，不都在人民面前倒下去了吗？（《最后一次的讲演》）

（4）今天夜里山草也许就绿起来了吧？（《济南的冬天》）

（5）连我自己也成了光亮的了。（《海上的日出》）

（6）如今好梦证明是空的了。（《孟姜女》）

（7）他终于不讲"文学是有阶级性的吗?"了。（《"丧家的""资本家的乏走狗"》）

（1）句中"的"表示对前面推想的确认，"吧"表示全句推测的陈述语气。（2）（3）句中"了"表示对事实的承认，"么"提出了对前面所说事实的疑问（是非问），"吗"则用反问语气更强调了事实的存在。（4）句中"了"表示预料情况的实现，"吧"则进一步表示全句的对预料情况的委婉疑问语气。（5）（6）

句中"的"分别和"光亮""空"组成"的"字短语，兼表确认的语气，"了"则进一步表示确认情况已成事实。(7) 句尾部有三个语气词（中间有标点隔开），"是……的"先表示对引语事实的确认，"吗"进而表示对此事实的疑问，问号用在引号内，表示引语是个疑问句，充当动词"讲"的宾语，最后的"了"则肯定情况的已成事实，表示全句的陈述语气。

除了上述种种语气词外，在语言实践中，还有一些词语，也似应归入语气词之列。例如：

(1) 不管厂里也好，里弄也好，有事找陈伊玲准没有错！(《第二次考试》)

(2) 把她养大来，像像样样成个人。(《夜》)

(3) 在战争激烈的时候，我们不是曾经来回走在田野里寻觅野草来么？(《蒲公英》)

(4) 盒身和盖子都用一张红铜片折成，只要把该接合的转角接合一下就是。(《景泰蓝的制作》)

(5) 要圆桶的哪一部分扩大，就打哪一部分，直到符合设计的意图为止。(《景泰蓝的制作》)

(6) 古代讲荔枝的书，包括蔡襄的在内，现在知道的共有十三种。(《南州六月荔枝丹》)

(7) "就是你去找的那一个不是？""是呀。"(《夜》)

(1) 句中的"也好"与上述表列举的语气词"呀、啦"相当。(2)(3) 句中加点的"来"在此不表示趋向，而是附着在单句（或复句中的分句）尾部，读轻声，表示对事实的认定，相当于"了"。(4)—(6) 句中的"就是""为止""在内"分别用在"只要……一下""直到……意图""包括蔡襄的"短语之后表示对所说情况的认定，去掉它，语句的基本意义和结构不变，只是语气有所削弱，因此，也可看作一个句尾（或独立语尾）的表示陈述语气的语气词。(7) 句中的"不是"像是和前面的"就是"配合，用肯定、否定相结合的方式表示疑问，而实际情形是"不是"用在句尾，读轻声，去掉它，句子的基本意义和结构不变，只是语气有所削弱，因此也可看作一个表示疑问语气的语气词。

"是""连""至于"的语气词用法。

"是"在现代汉语中用法比较复杂。（详见"表述词"一节）这里所说的语气词用法，主要表现在下列用例中：

(1) 是我救了你的命啊！(《渔夫的故事》)

（2）在这茫茫的旷野里，是谁点亮了这盏灯呢？（《罗盛教》）

（3）是你们自己来的，并没有请你们来。（《多收了三五斗》）

（4）是共产党、毛主席带领咱过上好光景哩！（《〈东方红〉的故事》）

（5）是一个朝鲜老妈妈坐在山岗上哭。（《谁是最可爱的人》）

（6）是那只烂靴底掉下来了。（《筑路》）

（7）是谁白天黑夜，积年累月，拿自己的汗水浇着花，像抚育自己儿女一样抚育着花秧，终于培养出这样绝色的好花？（《茶花赋》）

（8）乡亲们，是你们哺育了我，我是吃你们的乳汁长大的。是你们那一颗颗淳朴的心，使我这个被病痛折磨的残废青年，饱尝了人间的温暖；是你们教育我懂得了什么是真正的幸福，懂得了生活的意义；是你们给了我生活的力量。（《生命的支柱》）

（1）—（8）句中加点的"是"都用在句子（可以是复句中的分句）的主语前，对充当主语的名词性成分加以强调、确认；这样用的"是"都可以去掉，去掉它句子的基本意义和结构不变，只是语气稍弱，它和后面的名词性成分之间既不是支配关系，也不是修饰关系，而是附着关系，因此，我们认为这个"是"应该是表示强调、确认的语气词。

这样用的"是"有时前面可以加副词。例如：

（9）正是这些人们熟悉的兔子，竟使动物学家、古生物学家以至细菌学家很伤过一番脑筋呢！（《兔》）

（10）准是谁家的鸡或狗从村边到这里来了。（《野景偶失》）

（11）难道是我的心在黑夜里徘徊，它被噩梦引入了迷阵，到这时才找到归路？（《灯》）

（12）不论是红花还是红叶，它们的细胞液里都含有葡萄糖变成的花青素。（《花儿为什么这样红》）

（9）（10）句中"是"前分别加有副词"正、准"，这时，"正"和"准"可以去掉，而"是"则不能单独去掉，要去掉，必须"是"和前面的副词一同去掉，我们认为"正是""准是"都可看作是一个词，表示对主语的强调和确认，这比单用一个"是"语气更强。（11）句中"难道"是表示反问语气的副词用在句首（必要时它也可以回到句中），"是"则是语气词，附着在主语前，表示对主语的强调。（12）句中"不论是""还是"是无条件关联词语，"不论……还"和两个语气词"是",分别用在组成联合短语作主语的"红花""红叶"前表示强调,同时起关联作用,它们都可以去掉,让"红花""红叶"直接做主语,只是语气稍弱。

"连"的语气词用法表现在下例中:

(1) 他感情激动,连声音都发抖了。(《最后一课》)

(2) 当地老百姓把大雪山叫做"神山",意思是说除了"神仙",就连鸟也飞不过去。(《红军鞋》)

(3) 我到延安,当时连父亲也不知道。(《深情忆念周伯伯》)

(4) 连夜渔的几个老渔父,也停了艇子看着喝采起来。(《社戏》)

(5) 连城中心的骚动声都传到了这里。(《火烧敌军司令部》)

(6) 听着总司令的话,我浑身增添了力量,连肚子也不像刚才那么饿了。(《草地晚餐》)

(1) —(6)句中"连"后面的部分是句子(含复句中的分句)的主语。

(7) 同志们强忍着泪,连话都说不出来了。(《鞠躬尽瘁》)

(8) 家里穷得连饭都吃不上。(《毛主席把我救出火炕》)

(9) 坐车的连一个铜板也没多给。(《一件小事》)

(10) 我母亲⋯⋯连小学也没有进过。(《母亲》)

(11) 我的破烂的牙床连星期肉菜汤里那炖得很烂的土豆都嚼不动。(《二六七号牢房》)

(12) 我晚上拉洋车的那些年,天天免不了打亨得利门口过,就连隔着玻璃往里瞧一瞧都没想过。(《新手表》)

(7) —(12)句中"连"后面的部分是所谓前置的宾语,这个成分实际上已由支配对象变为陈述对象而成为主谓短语中的主语。

(13) 他觉出从脸到脚都被热气围着,连手背上都流了汗。(《在烈日和暴雨下》)

(14) 如果我连在母亲临死的时候也不能回家,这全是统治阶级逼我这样做的。(《母亲》)

(15) 我这儿给她赶件小褂,连穿上试试的工夫都抓不着她!(《龙须沟》)

(13)(14)句中"连"后面的部分是表示处所、时间意义的状语。

(16) ⋯⋯小麻雀,连挣扎都不能挣扎一下⋯⋯(《小麻雀》)

(17) 丢了连找也不找一趟。(《套不住的手》)

（18）他连看我也不看。（《夜走灵官峡》）

（19）吴吉昌……连吃饭都端着碗蹲在地头。（《为了周总理的嘱托》）

（20）华丽的服装只有演员演戏的时候穿，平时不要说穿，就连看着也觉得碍眼。（《记一辆纺车》）

（16）—（18）句中"连"用在紧缩复句中前一个谓词之前。

上列各句中的"连"有两个共同特点：①"连"后面的大都是名词性成分；（16）—（20）句中"连"后面的是动词性成分，而这些成分在意念上都可作后面另一个动词性成分的陈述对象（可纳入"连×都怎么样"格式），所以，这里"连"后面加点的动词性成分也含有一定的名词意味。②"连"都可以去掉，去掉它，句子的基本意义和结构不变，只是语气稍弱。由此两点可见，这里的"连"和上述作语气词的"是"相仿，大都是附着在一个名词性词语前面，表示强调语气，后面都有一个副词"都（或'也'）"与之配合，更加强这种语气；它在句中可用可不用，用与不用，对句子的基本意义和结构没有影响，只是语气有所不同。所以，这样用的"连"也应该是语气词。

在语言实际中，我们常会看到可用"连"而不用的情形，这也是"连"的语气词用法的一个反证。例如：

（1）有些事情县长还得跟他商量着办。（《老杨同志》）

（2）今年天照应，雨水调匀，小虫子也不来作梗，一亩田多收了这么三五斗。（《多收了三五斗》）

（3）那些戴旧毡帽的……气也不透一口，就来到柜台前面占卜他们的命运。（《多收了三五斗》）

（4）敌人来搜查，一点线索也没有找到。（《第比利斯的地下印刷所》）

（5）这个价钱实在太低了，我们做梦也想不到。（《多收了三五斗》）

（1）—（5）句中"县长""小虫子"是主语（或主谓词组中的小主语），"气""一点线索"是意念上的宾语前置，"做梦"是谓语中的前一个谓词成分。这些词语前面都可用"连"表示强调。

"至于"在古汉语中本是"至"和"于"的组合，"至"是动词，相当于"到"，"于"是介词。在现代汉语中，"至于"结合成一个词，除了延续古汉语中作动词的用法外，经常的用法则是加在作主语的名词性词语之前，表示对话题主语的强调，而且往往用在话题转换的时候，即《现代汉语词典》所谓"表示另提一事"。例如：

（1）至于整编，真是一项英明的决定。（《遵义会议的光芒》）

（2）至于革命党，有的说是便在这一夜进了城。（《阿Q正传》）

（3）至于我在那里所第一盼望的，却在到赵庄去看戏。（《社戏》）

（4）许久以来，古人类工作者是把能制造工具的猿人当作最早的人类，至于南方古猿究竟是猿是人，则争论很久。（《人类的出现》）

（5）至于暑假，对于一个喜欢他的老师的孩子来说，又是多么漫长！（《我的老师》）

（6）至于辩证法，那是高一级的逻辑，即辩证逻辑。（《关于文风问题》）

（7）至于月亮，那更不必说。（《一种云》）

（8）成熟的荔枝，大多数是深红色或紫色。生在树头，从远处当然看不清它壳面的构造，只有红色映入眼帘，因而把它比做"绛囊""红星""珊瑚珠"，都很逼真。至于整株树以至成片的树林，那就成为"飞焰欲横天"，"红云几万重"的绚丽景色了。（《南州六月荔枝丹》）

（9）至于我家大哥，也毫不冤枉他。（《狂人日记》）

（10）至于实在的情形，我心里自然记得的。（《藤野先生》）

（11）至于那些捕风捉影的无根据的贬斥，他丝毫也不惧怕。（《祖充之》）

（1）—（5）句中"至于"后面的加点部分，显然都是句中的陈述对象，是充当主语的话题。（6）—（9）句中"至于"后面的加点部分独立于句首，句中有一代词与之称代复指，在当今的语法界已基本公认这句首的被称代部分为主语。（10）（11）句中"至于"后面的加点部分，在意念上是句中动词的宾语，既已提到句首，则由支配对象而变为陈述对象，成为全句的主语。另外，（4）（8）句中在"至于"之前，叙写出上文的论述内容，由此可看出"至于"表示话题转换的功能。

由上述用例可见，"至于"有和"是""连"近似的语气词用法：①附着在充当主语的名词性词语之前，表示对话题主语的强调和显示"另提一事"的语气；②"至于"也可去掉，去掉它，句子的基本意义和结构不受影响，只是语气有所不同。所以这样用的"至于"也应归入语气词。

当然，除了语气词用法之外，在现代汉语中，"至于"还有沿袭自古汉语的动词和连词的用法。例如：

（1）他只得张着小嘴，呆看着空中出神，有时至于小半日。（《风筝》）

（2）我渐至于连极少的学费也无法可想。（《鲁迅自传》）

（3）教授讲得津津有味，学生也听得入神。以至于在上课时，我竟仿佛觉得自己已近于雅人。（《幼学纪事》）

（4）那时候，也有一部分学生和教师把推翻反动派的统治，建立一个富强独立的新中国，以至于实现共产主义作为自己的理想。（《崇高的理想》）

（1）（2）句中"至于"是"达到、到了"的意思，是动词。（3）（4）句中"至于"和"以"（连词，相当于"而"）结合，起关联作用，表示承接关系，相当于一个连词。

"所"在现代汉语中，经常附着在一个动词前面，表示对此行动变化的强调语气，所以本书也将其归入语气词一类。例如：

（1）"当局者"因切身利害所驱使，有时不能清醒地审时度势。（《"旁观者"未必清》）

（2）每次谈起来，总觉得自己对革命有所欠缺。（《团结广大人民一道前进》）

（1）（2）句中的"所"分别用在动词"驱使""欠缺"前面。去掉"所"，语句意思基本不变；而用了它，则对后面的动词更为强调。且（2）句中"所"和"有"合为双音节，语气更顺。

由"所"的这一基本用法，引发出下面几个具体用法。

1.用在作定语的动词前面，如果此动词的主动者也出现在前面，"所"则用在这个主谓短语中间。例如：

（3）一定能把"四人帮"破坏所造成的损失夺回来。（《黄桥烧饼》）

（4）就在这一年的冬天，罗盛教所在的部队到了石田里。（《罗盛教》）

（5）他所改正的讲义，我曾经订成三厚本收藏着。（《藤野先生》）

对于（3）—（5）句中"所"的作用，许多语法书中都认为在于显示这个动词（或主谓短语）是修饰后面名词的。按这样的说法，"所"则成为定语的标志了，所以，许多语法书中都将"所"归入"结构助词"一类。事实上在（3）—（5）句中真正显示定语和中心语关系的是粘着词"的"，而"所"在此仍然起强调动词的作用。如果去掉"所"，定中关系不受影响，只是对动词的强调语气稍弱。如果去掉"的"，则定中关系不明，甚至会产生歧义。

2."所"附着的动词所修饰的名词不出现，"所"的后面则是一个"的"字短语。例如：

（6）闰土的心里有无穷无尽的希奇的事，都是我往常的朋友所不知道的。

（《故乡》）

（7）其中"双曲拱桥"是我国劳动人民的新创造，是世界所仅有的。（《中国石拱桥》）

（8）我在那里所第一盼望的，却在到赵庄去看戏。（《社戏》）

（6）—（8）句中的"所"仍然是表强调语气，它强调后面的整个"的"字短语。这里的"所"也可以去掉，语意不受影响，只是语气稍弱。

有时连这个"的"也不用，"所"后面只剩下一个动词，这样，"所"对动词的强调作用就看得更清楚了。例如：

（9）"刚朵拉"是一种摇橹的小船，威尼斯所特有。（《威尼斯》）

一些单音动词采用此用法，往往和"所"结合紧密，构成名词性的"所"字短语。例如：

（10）我觉得一个真正的革命者，他是大公无私的，所作所为，都是对人民有益的。（《人民的勤务员》）

（11）就是拿到自己的劳动所得，你也准知道该怎么省吃俭用，不随手乱花了。（《新手表》）

（10）（11）句中的"所作""所为""所得"即"所作的""所为的""所得的"意思，相当于一个名词。此外还有"所见、所闻、所有、所在、所谓、所属"等。"所"还可以用在成语中间，如"各尽所能""各取所需""无所不为""有所不知"。

3."所"常和"为""被"连用，构成"为……所……""被……所……"的格式。例如：

（12）这座桥也是历来为人民所称赞的。（《中国石拱桥》）

（13）他的姓名并不为许多人所知道。（《藤野先生》）

（14）人们为这大好年景所鼓舞着。（《海滨仲夏夜》）

（15）布鲁诺却为哥白尼的《天体运行论》所感动。（《哥白尼》）

（12）—（15）句中都是用"为……所……"的格式，这是沿袭古汉语的用法。在现代汉语中又出现了"被……所……"的格式。例如：

（16）他们在山坡下，被另一群所迎住。（《风景谈》）

（17）汉与匈奴之间的和平往来，并没有完全被万里长城和军事堡垒所遮断。（《内蒙访古》）

（18）我事先置身于这所有假造的同情中，被这多种的亲属关系所缠绕。（《最好的顾客》）

（16）—（18）句中的"所"，许多语法书中都说它是表示被动的。其实，在"为（被）……所……"格式中，表示被动的是"为"或"被"而不是"所"。去掉"所"，动词的被动性仍存在，去掉"为"或"被"，语词的被动关系就看不出来了，而且句子也不通了。所以，这里的"所"仍然只是表示对动词的强调语气。

第六节　副词

一、副词的意义

副词本身不表示确定的实在意义，它附加在动词、性状词前（少数附加在性状词之后），表示行动变化、性质状态的时间、范围、程度、语气、肯定否定等意义。根据其表示的附加意义的不同，可将副词分为五类。

(一)表示时间的

这类副词大都用在动词前，表示行动变化发生的时间。根据发生时间先后和情状。例如：

1.表示过去发生的，有"曾、曾经"等，动词后常用时态词"过"与之配合。例如：

（1）马可沟……解放初我曾去过那里。（《夜明星》）

（2）七年中间，我曾寄回几百元钱，和几张自己的照片给母亲。（《母亲的回忆》）

（3）有不少的士兵和军官曾经做过红军的俘虏。（《奠基礼》）

（4）不必多问他的身世，猜得出他是个曾经忧患的中年人。（《茶花赋》）

（4）句中的"曾经"不是一个词，"曾"是副词，"经"是动词。

2.表示已经发生的，有"已、已经、早、早已、老早"等。动词后或句末常带"了"进一步表示完成的时态。用"早"语气更强些。例如：

（1）一九三五年十一月下旬，陕北已经进入了寒冬。（《奠基礼》）

（2）人们那股欢乐劲，好像早把风雪严寒忘掉了。（《罗盛教》）

（3）北风小了，路上浮尘早已刮净。（《一件小事》）

（4）他们的儿子早已埋在万里长城底下。（《孟姜女》）

（5）在外国，人们也老早就幻想用"机器奴隶"来代替人的劳动。（《机器人》）

3.表示发生的时间不长，有"刚、刚刚、才、新"。例如：

（1）天刚亮，两路红军像两只拳头，从直罗镇南北高山上砸了下去。（《奠基礼》）

（2）达赖叛国集团刚刚发动了武装叛乱，我们汽车队赶运一批军用物资到边防某地。（《夜明星》）

（3）粉碎"四人帮"才只有几个月，我国的政治形势发生了巨大和深刻的变化。（《我们爱韶山的红杜鹃》）

（4）包身工都是新从乡下出来。（《包身工》）

（5）刚才下过一场雪。（《夜明星》）

（5）句中的"刚才"是由"刚"演变而成的双音节词，在现代口语中已能单独回答问题。可看作是介于时间名词和时间副词之间的词。

4.表示正在进行的，有"正、正在、在"等。"在"就是"正在"的意思，语气较缓和。例如：

（1）大家觉得正需要这样的发泄。（《多收了三五斗》）

（2）打得正有劲，我突然感到腰部有些疼痛。（《"红军鞋"》）

（3）部队正在急行军，天气突然变了。（《罗盛教》）

（4）前面的公路桥被叛匪破坏了，正在连夜抢修。（《夜明星》）

（5）二六七号牢房在歌唱。（《二六七号牢房》）

（6）田野上翻身农民在紧张地播种。（《罗盛教》）

5.表示将要发生的，有"将、就、就要、要、临"等。例如：

（1）你们将失去千百万的人民。（《最后一次的讲演》）

（2）战士们凭自己的经验猜测到，将会在这里打仗。（《奠基礼》）

（3）我认识他时，也不过十多岁，离现在将有三十年了。（《故乡》）

（4）明天我就到大部队上去了。（《荷花淀》）

（5）他也许就要来了。（《故乡》）

（6）双脚拉开一步，作出要抛掷的姿势。（《清贫》）

（7）确信鲁迅先生一定能够满足一个共产党人临死之前的这个庄严的要求。（《同志的信任》）

（6）句中的"要"不是"必要""需要"的意思，而是"将要"的意思，表示时间，读轻声，所以不是能愿词，而是时间副词。

6.表示最后发生的，有"到底、终于、终究、终久、总算"等。例如：

（1）到底让苦日子挤出一个穷办法来。（《新手表》）

（2）彼此又推一回，田家到底也不要郭全海的马。（《分马》）

（3）罗盛教终于把这个朝鲜少年托上来。（《罗盛教》）

（4）后来，终于骑不动了。（《鞠躬尽瘁》）

（5）塔是终究要倒的。（《论雷峰塔的倒掉》）

（6）老汉总算盼到了这一天。（《为了周总理的嘱托》）

7.表示从过去到现在都在发生的，有"历来、从来、从、一向、向来、素、素来"等。"从、从来"经常和"不、没"连用，表示否定的意思。例如：

（1）这里历来是兵家必争之地。（《大渡河畔英雄多》）

（2）这座桥也是历来为人们所称赞的。（《中国石拱桥》）

（3）我们工人阶级，从来就靠这两只手。（《奔向海陆丰》）

（4）他从来没有想到自己是一个垂危的病人。（《鞠躬尽瘁》）

（5）从不记得妈妈有过惊慌。（《我们爱韶山的红杜鹃》）

（6）我一向过着朴素的生活。（《清贫》）

（7）迅哥儿向来不乱跑。（《社戏》）

（8）我是向来不爱放风筝的。（《风筝》）

（9）素有"黑色橡胶"之称的古巴队，开局就凶猛异常。（《金杯之光》）

（10）渤海湾素来号称北京的门户。（《海市》）

（11）一年一度的广州年宵花市，素来脍炙人口。（《花城》）

8.表示从开始到最后都发生的，有"始终"。例如：

（1）走了一会儿，坐了一会儿，他始终懒得张罗买卖。（《在烈日和暴雨下》）

（2）整整过了四百年，始终没有人来解救我。（《渔夫的故事》）

9.表示从现在到将来都发生的，有"永、永远"等。"永"常和"不"连用，表示否定的意思。例如：

（1）母亲现在离我而去了，我将永不能再见她一面了。（《母亲的回忆》）

（2）为人民服务，雷锋是永远不知道累的。（《人民的勤务员》）

(3) 我永远忘不了今夜，永远忘不了你的鼓励。(《坚强的战士》)

10.表示行动迅速发生或紧接着发生的，有"立刻、马上、立即、顿时（登时）、赶紧、赶忙、连忙、急忙、便、就、才"等。例如：

(1) 这消息立刻传遍了全村。(《罗盛教》)

(2) 老通宝气得直跺脚，马上叫了阿多来查问。(《春蚕》)

(3) 地委、县委决定立即送他到医院去治疗。(《鞠躬尽瘁》)

(4) 穿过一丛密密的垂柳，眼前顿时出现了一幅别致的水彩画。(《珍珠赋》)

(5) 罗盛教他们赶紧跑过去一看，那个朝鲜妇女一动不动地躺在血泊里。(《罗盛教》)

(6) 他赶忙盖好车，迎上前去。(《人民的勤务员》)

(7) 雷锋连忙跳上车去。(《人民的勤务员》)

(8) 大家急忙把他抬到岸上。(《罗盛教》)

(9) 伊伏在地上，车夫便也停住脚。(《一件小事》)

(10) 焦书记，转到省城大医院去吧！今天就走！(《鞠躬尽瘁》)

(11) 小栓的爹，你就么？(《药》)

(12) 抗战以后，我才能和家里通信。(《母亲的回忆》)

11.表示同时发生的，有"同时、同、一齐、一道"等。例如：

(1) 我和老余同时抓住老人的手。(《驿路梨花》)

(2) 周文雍同志和陈铁军同志同声高呼……(《刑场上的婚礼》)

(3) ……跟驴马同在水槽里灌一大气。(《在烈日和暴雨下》)

(4) 全村男女老少一齐上阵。

(5) (白大夫)和卫生部顾部长一道进了村。(《截肢和输血》)

(6) 我们一块儿走出了宿舍。(《装在套子里的人》)

12.表示一步步发生的，有"渐、渐渐、逐渐、逐步"等。例如：

(1) 渐近故乡时，天气又阴晦了。(《故乡》)

(2) 牛郎渐渐长大了。(《牛郎织女》)

(3) 果子逐渐稀少起来。(《果树园》)

(4) ……使来自各个阶级的人都逐步过渡到工人阶级那方面去。

13.表示连续发生的，有"一直、直、一连、老"等。例如：

（1）组织上和同志们对他的身体一直很关心。（《鞠躬尽瘁》）

（2）同志们见他疼得直冒汗。（《鞠躬尽瘁》）

（3）焦裕禄一连问了几遍。（《鞠躬尽瘁》）

（4）吴吉昌一连讲了三个半小时。（《为了周总理的嘱托》）

（5）织女身子老在机房里，手老在梭上。（《牛郎织女》）

（6）打起仗，我老是替你操心。（《打粮站》）

14. 表示经常发生的，有"常、常常、经常、通常、往往、随时、不时、时时、每每"等。例如：

（1）以前两岸河堤常被冲毁。（《中国石拱桥》）

（2）实习生打针常常把胳膊打出血来。（《鞠躬尽瘁》）

（3）我们经常含泪背诵着爸爸赞颂您的辉煌诗篇。（《我们爱韶山的红杜鹃》）

（4）松鼠通常一胎能生三四个。（《松鼠》）

（5）要随时这么动心细想。（《新手表》）

（6）他们谈话中不时爆发出大声的笑。（《地质之光》）

（7）我总还时时记起他。（《藤野先生》）

（8）初学纺线，往往不知道劲往哪儿使。（《记一辆纺车》）

（9）每每花四文铜钱买一碗酒。（《孔乙己》）

（10）幼稚的心灵上，每每萌发起一种庄严肃穆、慷慨激昂的情怀。（《雄关赋》）

15. 表示长时间不停地进行的，有"久久"。例如：

（1）老人用他那结满硬茧的大手紧握着我的手久久地不松开。（《夜明星》）

（2）我们躺在阿爸为我们收拾的"暖心铺"上，心情久久不能平静。（《夜明星》）

16. 表示反复发生的，有"再、也、又、还、重、重新、一再、再三"等。例如：

（1）他的病到了不能再拖延的程度。（《鞠躬尽瘁》）

（2）伯父已经不再在院里踱来踱去。（《果树园》）

（3）这些人，马克思主义是有的，自由主义也是有的。（《反对自由主义》）

（4）翠湖的茶花多，开得也好。（《茶花赋》）

(5) 像燕子似的掠过来又掠过去。(《罗盛教》)

(6) 第二天，他们又把这个滑稽剧重演了一遍。(《二六七号牢房》)

(7) 他们是在继续画着重新安排河山的宏伟蓝图。(《太行青松》)

(8) 他一再要求见见周总理。(《为了周总理的嘱托》)

(9) 让马克思、恩格斯纪念碑再三提醒千百万工人和农民：我们在斗争中不是孤立的。(《在马克思恩格斯纪念碑揭幕典礼上的讲话》)

17. 表示迅速且意外地发生的，有"突然、忽然、忽、忽地、忽而、猛然、猛地、骤然"等。例如：

(1) 伊从马路边上突然向车前横截过来。(《一件小事》)

(2) 陈然忽然收到一封没有署名的短信。(《挺进报》)

(3) 就在汽车要过桥的时候，忽听得桥头有人喊道……(《夜明星》)

(4) 刚近S门，忽而车把上带着一个人，慢慢地倒了。(《一件小事》)

(5) 那西瓜地上的银项圈的小英雄的影像，我本来十分清楚，现在却忽地模糊了。(《故乡》)

(6) 道静惊呆了，猛然像叫人把心摘去似的。(《坚强的战士》)

(7) 那半天没动的柳条像猛地得到了什么可喜的事，飘洒地摇摆。(《在烈日和暴雨下》)

(8) 暖和得如同三月阳春的气候，骤然变得冷起来。(《瑞雪图》)

18. 表示临时处置的，有"且、暂且、姑且"等。例如：

(1) 教我坐下，歇息，喝茶，且不谈搬家的事。(《故乡》)

(2) 我且受用这无边的荷香月色好了。(《荷塘月色》)

(3) 敌人已成了瓮中之鳖，不好攻暂且围着算了。(《奠基礼》)

(4) 以前的事姑且搁起。(《一件小事》)

19. 表示不经常发生的，有"偶、偶然、偶尔、间或"等。例如：

(1) 他也偶有使我很为难的时候。(《藤野先生》)

(2) 孔乙己没有法，便免不了偶然做些偷窃的事。(《孔乙己》)

(3) 偶尔还有几颗冰雹洒落下来。(《七根火柴》)

(4) 间或没有现钱，暂时记在粉板上。(《孔乙己》)

20. 表示过去发生的，现在再次发生，有"依旧、依然、仍旧、仍然、照样、还"等。例如：

（1）牺牲的虽然牺牲了，活着的依旧在战斗。（《坚强的战士》）

（2）她知道我们党的困难，依然在家里过着勤苦的农妇生活。（《母亲的回忆》）

（3）阁楼上仍旧闷热异常。（《火烧敌军司令部》）

（4）七天、八天过去了，阵地仍在我们手里。（《遵义会议的光芒》）

（5）职务高了，"担子"更重了，但她们仍然肩不离扁担，身不离劳动。

（6）他乘车回沈阳，照样扶老携幼，帮助列车员忙这忙那。（《人民的勤务员》）

（7）它们昔日的情景还清晰地留在我的记忆里。（《夜明星》）

21.表示时间、行动上巧合的，有"恰巧、恰好、恰恰、恰、齐巧、刚好、正好、正"等。例如：

（1）不幸七年前迁居的时候，中途毁坏了一口书箱，恰巧讲义也遗失在内了。（《藤野先生》）

（2）正在这时，恰巧有一群小孩也来看茶花。（《茶花赋》）

（3）正月十八，我恰好又去张家窝棚。（《正月十八吃元宵》）

（4）当他们赶到书堂站时，逃敌也恰恰赶到那里。（《谁是最可爱的人》）

（5）红通通的阳光恰在此时射进玻璃厅中。（《长江三日》）

（6）到任还不到一年，齐巧地方上出了两件交涉案件。（《制台见洋人》）

（7）到十七米的地方就会发现井壁的一旁有一条隧道，刚好能容一个人爬进去。（《第比利斯的地下印刷所》）

（8）妈妈一生正像霞光那样绚丽灿烂。（《我们爱韶山的红杜鹃》）

(二)表示范围的

这类副词大都用来修饰动词，表示行动变化的范围大小。

1.表示大范围的，有"全、完全、都、总、尽、净、满、统、统统、一概、一共、总共、足足、多半"等。例如：

（1）他的脸、脖子全冻紫了。（《罗盛教》）

（2）我和家庭完全隔绝了。（《母亲的回忆》）

（3）在场的同志都难过得掉下泪来。（《鞠躬尽瘁》）

（4）还有闰土，他每到我家来时，总问起你。（《故乡》）

（5）夜雾散了，前后左右尽是些村庄。（《〈东方红〉的故事》）

(6) 村里村外净是苹果。(《太行青松》)

(7) 船的四周满是子弹打起的浪花。(《大渡河畔英雄多》)

(8) 他多年出门，统忘却了。(《故乡》)

(9) 一切国内外阶级敌人妄图使我们党改变毛主席所制定的马克思列宁主义路线，统统不过是反动的幻想。

(10) 那时候在电车公司里，卖票和开车的一概叫号码。(《新手表》)

(11) 母亲一共生了十三个儿女。(《母亲的回忆》)

(12) 这个时候的学费都是东挪西借来的，总共用了二百多块钱。(《母亲的回忆》)

2. 表示小范围的，有"只、独、唯独、单、单单、仅、仅仅、光"等。例如：

(1) 文章只开了个头，病魔就逼得他不得不放下手中的笔。(《鞠躬尽瘁》)

(2) 独有这件小事，却总是浮在我眼前。(《一件小事》)

(3) 他心里装着全体人民，唯独没有他自己。(《鞠躬尽瘁》)

(4) 单说闹冬学吧，没钱人也能念书，这可是咱天天想夜夜盼的哪！(《〈东方红〉的故事》)

(5) 现代自然科学，不是单单研究一个个事物，一个个现象……(《现代自然科学的基础学科》)

(6) 可是因为忙，仅回过一封信。(《纪念白求恩》)

(7) 这块被美国侵略者践踏的土地，同亲爱的祖国仅仅是一江之隔！(《罗盛教》)

(8) 过日子要有个长远打算，不能光看到鼻子尖上。(《草地晚餐》)

(三) 表示程度的

这类副词大都用来修饰性状词和表示心理活动的动词，说明性状和心理活动的程度。

1. 表示程度深的，有"非常、十分、格外、分外、相当、过于、越发、很、太、最、极、怪、挺、绝、蛮、顶顶、顶、颇、尽、多么、尤其、更加、更、愈、愈加、加、生、大、老、够、至"等。例如：

(1) 赵州桥非常雄伟。(《中国石拱桥》)

(2) 革命的集体组织中的自由主义是十分有害的。(《反对自由主义》)

（3）同志们亲手纺的线织成布做的衣服，穿着格外舒服，也格外爱惜。（《记一辆纺车》）

（4）这一年的清明，分外寒冷。（《药》）

（5）那时候，抗日根据地初创，人民的生活还相当艰苦。（《黄桥烧饼》）

（6）这一切初听起来过于神奇怪诞。（《长江三日》）

（7）口语至少跟文字同样重要。（《谈谈虚和实的关系》）

（8）永定河发水时，来势很猛。（《中国石拱桥》）

（9）北京太可爱了。（《地质之光》）

（10）陈毅同志生前最喜欢吃黄桥的涨烧饼。（《黄桥烧饼》）

（11）极亮极热的晴午忽然变成了黑夜似的。（《在烈日和暴雨下》）

（12）这小狗还不赖，怪伶俐的。（《变色龙》）

（13）牛郎照看那头牛挺周到。（《牛郎织女》）

（14）我们看得见的星，绝大多数是恒星。（《宇宙里有些什么》）

（15）我是江西人，很少看到下大雪，起先东瞧瞧，西望望，倒觉得蛮有趣。（《"红军鞋"》）

（16）在这一生里必定会有许多顶顶美好的时刻。（《时钟》）

（17）我看见他那张十分年轻稚气的圆脸，顶多有十八岁。（《百合花》）

（18）初冬已经颇冷。（《藤野先生》）

（19）他多么希望尽快战胜疾病。（《鞠躬尽瘁》）

（20）（白杨）尤其象征了我们民族解放斗争所不可缺的朴质、坚强，力求上进的精神。（《白杨礼赞》）

（21）我们党更加团结，更加坚强。

（22）同志们行进的脚步声更坚实，更整齐，更急促。（《罗盛教》）

（23）天色愈阴暗了。（《祝福》）

（24）我愈加愕然了。（《故乡》）

（25）夜色加浓。（《海滨仲夏夜》）

（26）生怕人家不知道。（《反对自由主义》）

（27）从这点出发，就可变为大有利于人民的人。（《纪念白求恩》）

（28）祖冲之大不以为然。（《祖冲之》）

（29）小儿马……把地上的雪踢得老高。（《分马》）

（30）车子开得已经够快的了。（《夜明星》）

（31）你的威风够大了！（《高山下的花环》）

（32）每天至多撒四次网。（《渔夫的故事》）

（33）北国的秋，却特别地来得清，来得静，来得悲凉。（《故都的秋》）

（34）江南，秋当然也是有的；但草木凋得慢，空气来得润，天的颜色显得淡。（《故都的秋》）

（33）（34）句中的"来得"意义虚化，强调后面性状程度的加深，似可也看作程度副词，此现象在吴方言中很常见。

2. 表示程度较深的，有"较、较为、比较、稍、微、稍微、微微、略、略略、略微"等。此类副词可修饰性状词，也常用来修饰动词。例如：

（1）较先进的国家的工人在同我们并肩奋斗。（《在马克思恩格斯纪念碑揭幕典礼上的讲话》）

（2）使用的母贝要求个体健康、生活力强，以二三龄的个体母贝较为合适。（《珍珠》）

（3）西陵峡比较宽阔。（《长江三日》）

（4）阳光不那么强了，一阵亮，一阵稍暗。（《在烈日和暴雨下》）

（5）土里微带雨气。（《在烈日和暴雨下》）

（6）天上的月亮稍微偏西了些。（《孟姜女》）

（7）他点了一支烟，微微地笑了一笑。（《"面人郎"访问记》）

（8）行李也略已齐集。（《故乡》）

（9）我略略点一点头。（《孔乙己》）

（10）白玉兰花略微有点儿残。（《茶花赋》）

(四)表示肯定、否定和未定的

这类副词大都用来修饰动词，表示对行动变化的肯定或否定；也有时候修饰性状词，肯定或否定某种性状。

1. 表示肯定的，有"定、一定、必定、定然、势必、想必、断然、当然、一准、准、准保、决、绝、务必、务"等。例如：

（1）深仇大恨定要报！（《周总理办公室的灯光》）

（2）毛主席提出的、周总理宣布的四个现代化一定会实现！（《我们爱韶山的红杜鹃》）

（3）刻画无产阶级所谓"黑暗"者，其作品必定渺小。（《在延安文艺座谈会上的讲话》）

（4）我想那缥缈的空中，定然有美丽的街市。（《天上的街市》）

（5）不懂偏要装懂，势必搞瞎指挥。（《伟大转变和重新学习》）

（6）国民党士兵认定他是个当"大官"的人，身边想必带着很多钱。（《同志的信任》）

（7）如果思路不通也断然写不出好文章。（《关于文风问题》）

（8）日本人当然可恨，狗腿子翻译就更其可恶。（《"面人郎"访问记》）

（9）一到军队里，他一准得忘了家人。（《荷花淀》）

（10）明儿早晨准可以看见日出了。（《泰山极顶》）

（11）这儿准保暖和。（《济南的冬天》）

（12）务必使同志们继续地保持艰苦奋斗的作风。（《继续保持艰苦奋斗的作风》）

（13）务使他的理论能和实际观测相符合。（《哥白尼》）

"决（绝）"经常和"不"连用，表示对否定意思的肯定。例如：

（14）他注意搜集自古以来的观测记录和有关文献，但是决不"虚推古人"，决不把自己束缚在典籍文献之中。（《祖冲之》）

（15）在这些时候我可以附和着笑，掌柜是决不责备的。（《孔乙己》）

（16）它所有的丫枝一律向上……绝不旁逸斜出。（《白杨礼赞》）

2.表示否定的，有"没、没有、不、不曾、未、莫、别、休、不必、不用"等。例如：

（1）让他们把我没写完的文章写完。（《鞠躬尽瘁》）

（2）谁也没有听见他呻吟过一声。（《鞠躬尽瘁》）

（3）伸手不见五指。（《罗盛教》）

（4）母亲最大的特点是一生不曾脱离劳动。（《母亲的回忆》）

（5）二月里，涑河里的冰雪还未消融。（《为了周总理的嘱托》）

"莫、别、休、不必、不用"表示对行动的阻止。例如：

（6）莫说"黑龙"卧在深山，就是钻进东海，我们也要把它牵出来！（《夜明星》）

（7）大嫂，别着急。（《人民的勤务员》）

（8）人到了这种星星上面休想站得起来。（《宇宙里有些什么》）

（9）顺着铁梯就可以进入印刷所，不必再从井口爬下去了。（《第比利斯的地下印刷所》）

（10）这两天你要特别警惕，不用再回工厂了。（《挺进报》）

两个否定副词连用，即"否定之否定"，表示更为肯定的意思。例如：

（11）东京也无非是这样。（《藤野先生》）

（12）他所写的，所说的，都无非是一个没有失掉良心的中国人的话！（《最后一次的讲演》）

（13）……无不为之感动。（《纪念白求恩》）

（14）这一回我非叫你在海里住一辈子不可。（《渔夫的故事》）

（15）不吃桑叶就做不成茧。（《蚕和蚂蚁》）

（16）它的大而锐利的眼睛并不是看不见这些可怕的敌人不怀好意地守在旁边。（《蝉》）

（17）它不预备反抗了，可是并非全无勇气。（《小麻雀》）

（18）"当局者迷，旁观者清"，不无道理。（《"旁观者"未必清》）

"无、非"是古汉语中的两个表示否定的词在现代汉语中的运用，相当于"没有、不是"。它修饰动词时是副词，支配名词时是动词。（17）（18）句中的"无"后带宾语，是动词，不是副词。

3. 表示未定的，有"许、也许、大概、约、大约、约莫、大致、未必"等。例如：

（1）他许是地委的老交通员，有什么紧急公文吧。（《暴风雨之夜》）

（2）荔枝也许是世界上最鲜最美的水果。（《荔枝蜜》）

（3）我也许活不过今天。（《坚强的战士》）

（4）星期六那天，大概是我入狱的第八天吧。（《二六七号牢房》）

（5）表面温度大约有摄氏三千度。（《宇宙里有些什么》）

（6）约莫爬过四米，就是一条垂直的隧道。（《第比利斯的地下印刷所》）

（7）……并且大致地瞄准一下。（《火烧敌军司令部》）

（8）故乡本也如此——虽然没有进步，也未必有如我所感的悲凉。（《故乡》）

（五）表示语气的

这类副词也大都用来修饰动词，表示行动变化的某种语气。

1.表示强调语气的，有"可、简直、的确、确、诚然、实、委实、着实、果然、果真、终究、到底、毕竟、千万、万万、万、反正、左右、好歹、索性、爽性、特意、特地、专、并、偏、偏偏、就、便、才"等。例如：

(1) 摇车抽线配合恰当，成为熟练技巧，可不简单。(《记一辆纺车》)

(2) 今日洞庭……简直是一个用珍珠缀成的崭新世界！(《珍珠赋》)

(3) 二十九个春秋的确不算长。(《我们爱韶山的红杜鹃》)

(4) 它确是没有受了多大的伤。(《小麻雀》)

(5) 她诚然是逃出来的。(《祝福》)

(6) 而第五年以后的抗战形势，实处于争取胜利的最后阶段。(《一个极其重要的政策》)

(7) 这十多个少年，委实没有一个不会凫水的。(《社戏》)

(8) 这平铺着，厚积的绿，着实可爱。(《绿》)

(9) 这果然是万里长城！(《孟姜女》)

(10) 中间一块空地长了许多野草，显然，小学已有多时不开课了。(《百合花》)

(11) 登泰山而看不到日出，就像一出大戏没有戏眼，味儿终究有点寡淡。(《泰山极顶》)

(12) 女人们到底有些藕断丝连。(《荷花淀》)

(13) 但阿长是不知道的，因为她毕竟不渊博。(《从百草园到三味书屋》)

(14) 你千万别忘了，你爸爸象你这么大的时候是点香计算钟点的！(《新手表》)

(15) 我万万没有想到从此一别，就再也没能见到您。(《一封终于发出的信》)

(16) 倘有陌生的声音叫你的名字，你万不可答应他。(《从百草园到三味书屋》)

(17) 反正坐着也是出汗，不如爽性出去试试。(《在烈日和暴雨下》)

(18) "老人能到哪儿去？""拿不准啊。左右在这带山里。"(《猎户》)

(19) 好歹拉到了地方，他的裤褂全裹在了身上。(《在烈日和暴雨下》)

(20) 累得走不动的时候，索性在地上躺一会儿。(《老山界》)

(21) 晚上，我特意和索朗阿爸住在一起。(《夜明星》)

（22）为了看日出我特地起了个大早。（《海上的日出》）

（23）这是他专为亲人准备的仅有的一碗酥油茶呀。（《夜明星》）

（24）只是那么小的一只并不美丽的小鸟。（《小麻雀》）

（25）但偏有中国人夹在里边。（《藤野先生》）

（26）他却偏偏要拣重的干。（《普通劳动者》）

（27）我们这一次秋游，倒应了重九登高的旧俗。（《香山红叶》）

（28）手榴弹就在前面那个小木桩旁边。（《罗盛教》）

（29）那少年便是闰土。（《故乡》）

（30）为什么？才不听你的咧！（《小溪流的歌》）

2.表示转折语气的，有"却、倒、不过、其实、反、反而"等。例如：

（1）这类地富人家看也不看的饭食，母亲却能做得使一家人吃起来有滋味。（《母亲的回忆》）

（2）倘在上午，里面的几间洋房里倒也还可以坐坐的。（《藤野先生》）

（3）在辽阔的宇宙空间里，这些恒星不过像大海里的水滴。（《宇宙里有些什么》）

（4）这正如地上的路；其实地上本没有路，走的人多了，也便成了路。（《故乡》）

（5）究其实这还不是最深的春色。（《茶花赋》）

（6）山脚有霜而山腰反无霜。（《大自然的语言》）

（7）南天门应该近了，由于山峡回环曲折，反而望不见了。（《雨中登泰山》）

3.表示反问和探究语气的，有"岂、难道、莫非、究竟、到底"等。例如：

（1）我说出那几件"传世宝"来，岂不要叫那些富翁们齿冷三天？！（《清贫》）

（2）当你在积雪初融的高原上走过，看见平坦的大地上傲然挺立这么一株或一排白杨树，难道你觉得树只是树？难道你就不想到它的朴质，严肃，坚强不屈，至少也象征了北方的农民？难道你竟一点也不想到，在敌后的广大土地上，到处有坚强不屈，就像这白杨树一样傲然挺立的守卫他们家乡的哨兵？难道你又不更远一点想到这样枝枝叶叶靠紧团结，力求上进的白杨树，宛然象征了今天在华北平原纵横决荡用血写出新中国历史的那种精神和意志？（《白杨礼赞》）

（3）莫非他造塔的时候，竟没有想到塔是终究要倒的么？（《论雷峰塔的倒掉》）

（4）心里猛地一动，莫非就是万里长城吗？（《孟姜女》）

（5）那座桥有的石梁一块就是二百吨重，究竟是怎样安装上去的，至今还不完全知道。（《中国石拱桥》）

（6）李先生究竟犯了什么罪，竟遭此毒手。（《最后一次的讲演》）

（7）这瓶里到底装的什么东西？（《渔夫的故事》）

4.表示庆幸惋惜语气的，有"幸亏、幸而、幸好、有幸、惜乎"等。例如：

（1）幸亏荐头的情面大，辞退不得。（《孔乙己》）

（2）幸而写得一笔好字，便替人家抄抄书，换一碗饭吃。（《孔乙己》）

（3）幸好除了子弹打的洞以外，别处还没有破。（《红军鞋》）

（4）有幸能够致力于科学研究的人，首先应该拿自己的学识为人类服务。（《马克思的好学精神》）

（5）惜乎来去匆匆，每次都当面错过了。（《雨中登泰山》）

5.表示意外、提防语气的，有"竟、竟然、居然、万一"等。例如：

（1）我竟与闰土隔绝到这地步了。（《故乡》）

（2）在这呼吸不息的地方，蚊子竟无从插嘴，居然睡安稳了。（《藤野先生》）

（3）中外的杀人者却居然昂起头来。（《记念刘和珍君》）

（4）想好了万一被捕和敌人斗争的方法。（《生的伟大，死的光荣》）

6.其他。

"只好、只得"表示无奈语气。例如：

（1）我只好收下这件珍贵的衬衫。（《一件珍贵的衬衫》）

（2）同志们说服不了他，只好要他留在家里。（《鞠躬尽瘁》）

（3）警卫员没法，只得仍旧端回去。（《草地晚餐》）

"毅然"表示决断语气。例如：

（1）她毅然走到大庙广场。（《生的伟大，死的光荣》）

（2）毅然抛下了三个孩子，从容地走出浏阳门外。（《我们爱韶山的红杜鹃》）

"白"用作副词，表示徒然语气。例如：

（1）李先生的血不会白流的。（《最后一次的讲演》）

（2）我黄世仁这辈子总算没有白过。（《白毛女》）

（3）他不会白白施舍，吃他的饭就要替他办事。（《谈骨气》）

以上所述，只是从表意角度对副词的大致分类。事实上每一大类（或小类）中的副词，在意义和用法上都有一些差异。如在表示程度深的副词中，"非常"是从"异乎寻常"角度说程度之深，"十分"则以数据的无以复加言程度之深，而"最"则着眼于情况相比以显程度之深。"非常、十分、最""相当""颇"虽都说程度深，但相比上下，其语气和实际程度又有依次递减之意。这几个副词和同一小类的"生、大"相比，前者常修饰性状词，后者则大都修饰心理活动的动词和一般动词。

另外，在各类副词之间，又会有少数交叉现象，即有些副词可以兼表不同的意义，兼属不同的类别。如"到底"可以表示最后发生的时间，还可以表示强调语气和探究语气；"老"用作副词，可以表示连续发生的时间，也可以表示程度的加深。此外，如"就、还、才、也"等，都可以表示不止一种意义，兼属不止一个类别。

二、副词的语法形式

（一）副词的词形特点

副词不能重叠。"刚刚、常常、往往、渐渐"等是形式固定的叠音词。极少数双音副词可以有"AABB"的重叠形式，如"的的确确、急急忙忙"，但这样重叠以后，就变成了性状词。例如：

"您的举动得十分十分小心才成。"（《装在套子里的人》）

这句中的"十分十分"是副词的反复使用，属于修辞现象，不是副词的重叠形式。

（二）副词的组合能力和句法功能

1.副词作为一类附加词，它没有基础词那样的实在意义，在句中它不能像人或事物那样作为陈述对象，也不能像行动变化、性状、数量那样，直接对人或事物进行陈述，因而也不能单独回答问题，不能用肯定否定相叠的方式表示疑问。我们只能说"他很健康""大家正在学习"，不能说"他很""大家正在"。如果问："人全到了吗？"回答是："全到了。"不能说："全。"我们能问："他还来不来?"不能问:"他还不还来?"

2.副词比其他一些附加词以及意义更虚的结构词,又有较多的实在意义,这表现在以下几种组合形式上:

a.副词经常直接修饰动词或性状词,充当状语,上面"副词的意义"一节所举的例句都是这种用法。有时候几个副词从不同的角度修饰同一个动词或性状词。例如:

(1) 夜已经很深了。(《罗盛教》)

(2) 我们用歌声送别就要离去,也许永远不会再见的同志。(《二六七号牢房》)

(3) 所有的恒星系全都在飞快地运动着。(《宇宙里有些什么》)

(4) 别的同志都这样劝他,他才没再坚持。(《鞠躬尽瘁》)

b.副词作修饰成分,有时可以提到句子前面,以示强调。例如:

(1) 历来人们也确实把爬泰山看作登天。(《泰山极顶》)

(2) 正好,我三叔李有源来看我。(《〈东方红〉的故事》)

(3) 的确,宣灏被拷打,受折磨,同志们难过极了。(《挺进报》)

(4) 偏偏我来得不是时候。(《荔枝蜜》)

c.少数程度副词可以放在性状词或心理活动的动词后面,充当补语。例如:

(1) 我高兴极了。(《夜明星》)

(2) 牛骨头炖野菜,营养好得很。(《草地晚餐》)

"不过、不堪、万分"等用在性状词或心理活动的动词后面,相当于"很、极"的意思,也可视为程度副词。例如:

(3) 酱赤的脸受着太阳光又加上酒力,个个难看不过。(《多收了三五斗》)

(4) 他们都冤枉了你,你还是忘不了,伤心不过。(《药》)

(5) 群众听说我们是从广州下来的红军,热情万分。(《奔向海陆丰》)

(6) 工人阶级的命运痛苦不堪。(《悼列宁》)

d.在一个肯定意思的动词性词语后面带上"没有"或"不",成为用肯定否定相叠的方式表示疑问。例如:

(1) 他问张庄的沙丘封住了没有?(《鞠躬尽瘁》)

(2) 听说豫东下了大雨,……淹了没有?(《鞠躬尽瘁》)

(3) 同志,碰着了吗?受伤没有?(《一件珍贵的衬衫》)

(4) 天气愈冷了,我不知道柔石在那里有被褥不?(《为了忘却的记念》)

e. 副词"决、从、永"常和"不"合用。许多语法书上说这是副词修饰副词。我们认为副词意义较虚，它不能受别的词修饰。这里的"决、从、永"仍是修饰后面的动词，但在现代汉语中，它习惯上又不能直接和后面肯定意义的动词组合，必须借助于"不"。"决不、从不、永不"，形式比较固定，可看作一个表示语气较强的否定意义的副词。例如：

（1）这就是白杨树，西北极普通的一种树，然而决不是平凡的树。（《白杨礼赞》）

（2）在敌人面前决不能屈服。（《生的伟大，死的光荣》）

（3）从不记得妈妈有过惊慌。（《我们爱韶山的红杜鹃》）

（4）我将永不能再见他一面了。（《母亲的回忆》）

f. "不、没有、也许"等副词，还可以单独回答问题，表示否定或可能。如，"饭煮好了吗？""没有。""你吃了饭再走，好吗？""不。""他今天能来吗？""也许。"这样用的副词，具有动词的性质。

g. 副词不能修饰名词（见名词部分）。但也有一种特殊现象，就是副词常常直接用在表物量的数量短语或名词性词语前面。例如：

（1）他今年才二十一岁。（《谁是最可爱的人》）

（2）桥宽约八米。（《中国石拱桥》）

（3）走了不几步。（《套不住的手》）

（4）路上只我一个人。（《一件小事》）

（5）身上只一件极薄的棉衣。（《故乡》）

（6）然而我的惊惶却不过暂时的事。（《祝福》）

（1）—（3）句中的副词"才、约、不"都用在数量短语前面，这里的数量短语都是计算事物数量的，是名词性的，这些数量短语后面都可以加上一个名词，说成"二十一岁年纪""八米的宽度""几步路"。（4）—（6）句中的副词"只、却、不过"更明显地用在以名词（"人、棉衣、事"）或代替名词的代词（"我"）为中心的名词短语前面。

许多语法书中说这是副词修饰数量词（实际上是名词）。这个观点与副词、名词的语法特点不符。而且这个副词算是定语还是状语，这也是难以解决的问题。其实，这样用的副词不是修饰后面的数量词（或名词），不是说什么样的"二十一岁"，什么样的"八米"，什么样的"棉衣"，什么样的"事"，而是对后面的数量词（或名词）有一定支配作用，说明"才"什么（多大），"约"什么（多少），"只"什么（谁），"却不过"什么（事）。另外，从结构上看，这里的副词是不可少的，去掉它，句子的结构就不完整了，句子就不通了，这也说明这里的副词不是起修饰作用的附加成分。

通过分析句意，我们认为这样用的副词和后面的名词或名词短语之间，是省去了一个动词，这里的副词实际上是修饰被省去的动词，"才二十一岁"是"才有二十一岁"，"约八米"是"约有八米"，"只一件棉衣"是"只穿一件棉衣"，"却不过暂时的事"是"却不过属于暂时的事"，"不几步"是"不到几步"。

在语言实践中，也有不省去动词的。例如：

（7）防山海关的只有几千人。（《甲申三百年祭》）

（8）从居庸关到呼和浩特大约有一千多里的路程。（《内蒙访古》）

（7）（8）句中如果省去"有"，情形就和（1）—（6）句一样了。

比较下列两句，更可看出这种省略动词的语言事实：

（9）过滤嘴一屁股坐在地上，只出气没入气地喘着。（《卖蟹》）

（10）只见郑屠挺在地下，口里只有出的气，没了入的气。（《鲁提辖拳打镇关西》）

（9）（10）句中的加点部分结构形式是相仿的，不同的是（10）句中用了"有"，"没"后用时态词"了"，这个"没"则是"没有"的意思。

对于这种现象，把它看作省略了动词，问题是很简单的。可是，这种省略用得比较普遍，也不需任何特定的语言环境，而且在一般的书面语中也不需补上省去的动词，它已成为一种正常的句式，这和一般省略现象不同。既如此，我们就得承认这种句式的合法存在，给它以合理的解释，纳入语法体系中去。

据上述情况，我们认为：这里的副词，在它所表示的意义中，包含了一个被它修饰的动词的意思，它已代替了省去的动词，充当谓语中心，它和后面的名词或名词短语之间，不是修饰关系，而是支配关系，是动宾关系。我们姑且把这种现象叫副词的动词用法。

副词除了有动词用法外，还有性状词用法。程度副词在句中大都修饰性状词，有时候直接用在数量短语、名词短语前，它们之间是省去了一个被副词修饰的性状词。例如：

（11）罗盛教在冰里摸了好一阵也没摸到。（《罗盛教》）

（12）望了好一会儿。（《孟姜女》）

（13）好一位优秀的青年！（《威尼斯商人》）

（11）—（13）句中"好"相当于"很"，是程度副词，后面分别省去了"大""能干"等性状词。在这里，"好"也就包含并代替了被它修饰的性状词，直接作数量短语（或名词短语）的定语。这就是副词的性状词用法。

3.副词和动词、性状词之间有兼类现象。例如：

（1）这个价钱实在太低了。

（2）文章的内容很实在。

（3）他的遭遇很不幸。

（4）我的心却变得异常晴朗。

（5）小楼上闷热异常。

（6）大地震发生前，会出现异常现象。

（7）对他绝对不能相信。

（8）无数相对真理的总和就是绝对真理。

（9）这话确实讲得不错。

（10）这是确实的消息。

（11）咱想念书的心一直没死。

（12）死了当家人，所以出来做工了。

（13）死懒！躺着死不起来，活该！

（2）（3）句中的"实在、不幸"，都受程度副词"很"修饰，分别陈述"内容"和"遭遇"，都是性状词，不是副词。（6）—（10）句中的"异常、绝对、确实"都修饰名词，表示事物的性状，所以也都是性状词，不是副词。（11）（12）句中的"死"，一个陈述"心"，表示变化，受副词"一直、没"修饰；一个后面带了宾语"当家人"，所以都是动词。（1）（3）（4）（7）（9）（10）（13）句中的"实在、不幸、异常、绝对、确实、死"分别修饰或补充动词、性状词，意义比较虚，表示程度或语气，在句中不能受别的词修饰，也不能单独回答问题，所以它们都属于副词，不是动词、性状词。

4.副词在起修饰作用的同时，有时兼起关联作用。例如：

（1）一直走到跟前，罗盛教才看清是一位朝鲜老大娘。（《罗盛教》）

（2）穿得薄，肚里又没食。（《新手表》）

（3）晚上我和爹管西瓜去，你也去。（《故乡》）

（4）早在十三世纪，卢沟桥就闻名世界。（《中国石拱桥》）

（5）我刚扭过头，这辆车后座旁的窗帘唰地拉开了。（《一件珍贵的衬衫》）

（6）猫已经发现了小鸟，一扑把它擒住了。（《小麻雀》）

上列各句都是用一个副词连接前后两个意思，（1）—（4）句中副词用在后一个意思；（5）（6）句中副词用在前一个意思。

（7）孔乙己一到店，所有喝酒的人便都看着他笑。（《孔乙己》）

（8）一出来，才晓得自己错了。（《在烈日和暴雨下》）

（9）县人民医院医生一检查登时怔住了。（《鞠躬尽瘁》）

（10）杨柳的丰姿，便在烟雾里也辨得出。（《荷塘月色》）

（11）现在却只有这位老禅师独自静坐了，非到螃蟹断种的那一天为止出不来。（《论雷峰塔的倒掉》）

（12）哪怕千难万难，非找着他，让他穿上不可。（《孟姜女》）

（13）地势一高，气也清爽，人才爱来。（《香山红叶》）

（7）—（12）句中是两个副词连用，连接前后两个意思。（13）句中是三个副词连用，连接具有两个层次的语意。

（14）穿的虽然是长衫，可是又脏又破。（《孔乙己》）

（15）他不走开大家不敢说话。（《老杨同志》）

（16）不见茶花，你是不容易懂得"春深似海"的妙处的。（《茶花赋》）

（17）这口号声越来越洪大，越壮烈，越激昂。（《坚强的战士》）

（14）—（16）句中是同一个副词反复使用，连接两个意思。（17）句中的三个"越"连接二重语意。

（18）里面的房屋虽然倒塌，石头砌的寨墙却大部完好。（《奠基礼》）

（19）学校开始上课的时候，总有一阵喧闹，就是在街上也能听到。（《最后一课》）

（20）只要不灭亡，还要这样歌唱下去。（《二六七号牢房》）

（21）正因为打不好，才叫他们打。（《鞠躬尽瘁》）

（18）—（21）句中是连接词和副词连用，连接两个意思。

副词在句中是否起关联作用，可以去掉一个意思，看用副词的那个意思能否独立成句。如能，此副词则不起关联作用。试比较下列两句：

（1）粉碎"四人帮"才只有几个月，条条战线捷报频传。我国的政治形势发生了巨大和深刻的变化。（《我们爱韶山的红杜鹃》）

（2）一直走到跟前，罗盛教才看清是一位朝鲜老大娘。（《罗盛教》）

（1）句中去掉第二分句，第一分句也可以独立存在，所以其中的"才"不起关联作用，只修饰"有"，表明"几个月"时间之短。（2）句中如去掉第一分句，第二分句则不能独立存在，其中的"才"表明两分句意思在时间上紧紧衔接，需要第一分句和它呼应，所以这个"才"起关联作用。

综合上述副词的种种组合能力和句法功能，可见它是汉语词中非常特殊的一类，它"似实而虚，虚中有实"，故而许多语法书中，有的归入实词，有的归入虚词。书中不惮冗繁地罗列了许多现象，并夹入了我们的浅见薄识，供学界研讨。

第三章　称代词

称代词简称代词。它本身不表示人、物体、事件及其表现，但可以代替基础词及个别附加词，表示和被代替的词相同的意义。例如：

（1）车夫……放下车子，扶那老女人慢慢起来，搀着臂膊立定，问伊说："你怎么啦？""我摔坏了。"我想，我眼见你慢慢倒地，怎么会摔坏呢，装腔作势罢了，这真可憎恶。车夫多事，也正是自讨苦吃，现在你自己想法去。（《一件小事》）

（2）"大兄弟，你叫什么名字？是哪个单位的？""大嫂，别问了，我叫解放军，就住在中国！"（《人民的勤务员》）

（3）"往荷花淀里摇！那里水浅，大船过不去。"（《荷花淀》）

（4）眼前这点儿我一个人收拾就行了。

（5）安治得几时回家呢？（《母亲》）

（6）由于叛徒告密，刚刚工作没有多久就被捕了。（《坚强的战士》）

（7）任你怎样诬害，陈毅同志的光辉形象永远屹立在我们的心中。（《黄桥烧饼》）

（8）哈，这模样了，胡子这么长。（《故乡》）

（1）句中"那"指代跌倒的老女人，"伊""你""怎么"代老女人及其跌倒的行动，三个"我"，前一个代老女人，后两个代坐车的人，"你"代老女人，"怎么"代摔坏的原因，"这"指代老女人说摔坏了这件事，"自""你自己"都代"车夫"。（2）句中的"你"和"我"都代雷锋同志，"什么"代具体的名字，"哪个"代单位的名称。（3）句中的"那里"代荷花淀。（4）句中的"这点儿"代低洼地里的庄稼，"我"代赵周义老汉。（5）句中的"几时"代回家的时间。（6）句中的"多久"代工作的时间。（7）句中的"怎样"代诬害的情形，"你"代林彪、"四人帮"一伙，"我们"代黄桥人民。（8）句中的"这""这么"，分别代"模样""长"的具体情形。上述句中如不用称代词，而是将其所代的内容都说出来，那样一来，不仅会使语言重复啰唆，不像平常人说话，而且有些地方是无法说出来的。所以称代词在语言中是不可或缺的，它使语言更加简明，更便于交际。

根据代替的方式和对象的不同，称代词可分为人称代词、指示代词、疑问代词三类。

第一节　人称代词

直接代替人或事物。包括下列各词：

我、你、他、她、它、伊、您、我们、你们、他们、她们、它们、咱、咱们

自、自己、自个儿、亲自、个人

大家、大伙、人家、人们、人

"我、你、他"代说话时涉及的三个方面，也叫"三身代词"，"我"代说话人自己，叫第一人称；"你"代听话人一方，叫第二人称；"他"代说话人和听话人以外的一方，叫第三人称。例如：

（1）警察走近我说，"你自己雇车罢，他不能拉你了。"（《一件小事》）

（2）我正在外面徘徊，一个老人在猪圈旁边倒粪，抬头看到我，就热情地问："从哪儿来呀？""打县里。大伯，你知道成百福在那儿吗？"这时，从旁边过来一个人，指着倒粪的老人说："他，就是。"我尴尬地笑了。（《太行青松》）

（3）老人用他那结满了硬茧的大手紧握着我的手久久地不松开。（《夜明星》）

（1）句中坐车人自述时，称"我"，作为警察说话的听话人时，又用"你"来称代，"他"代警察和坐车人之外的第三方——车夫。（2）句中的三个"我"都是县里来人自称，"你"代听话人——倒粪老人，当旁边过来的人对"我"说话时，老人成了第三方，于是又用"他"来称代。（3）句中"老人"是"我"叙述的对象，不是听话人，所以用"他"来称代。

"我、你、他"等后面可以带"们"，表示多数。例如：

（1）较先进的国家的工人在同我们并肩战斗，在我们和他们面前还有艰苦的战斗。（《在马克思恩格斯纪念碑揭幕典礼上的讲话》）

（2）毛主席又用商量的口气说：你们都搞警卫工作，现在再给你们加一个学习文化的任务，你们同意不同意？（《毛主席关怀警卫战士学文化》）

（3）每次医生给他打针，他都说："让实习生给我打吧。"医生说："他们才来，打不好。"焦裕禄说："正因为打不好，才叫他们打，他们早日学会了，可以给更多的人解除痛苦。（《鞠躬尽瘁》）

（1）句中"我们"代上文说到的"千百万工人和农民"，"他们"代"较先进的国家的工人"。（2）句中三个"你们"都代聆听主席说话的警卫战士。（3）句中三个"他们"代实习生。

"我、你"有时不带"们"也可以表示多数或泛指。例如：

（1）我党我军和我们人民共和国的缔造者，我国无产阶级和各族人民的伟大领袖和导师，当代最伟大的马克思主义者毛泽东主席与世长辞整整一年了。

（2）上车干一天，月底才发给你一天的工钱，要是你今天到晚了一步，派车员喊你没应声，那今天就没有你那五毛四了。（《新手表》）

（1）句中"我党""我军""我国"就是"我们党""我们军队""我们国家"的意思，这种用法沿袭自古汉语，文言色彩浓，多见于书面语。（2）句中的"你"泛指当时的电车工人，也包括"我"在内，这种用法口语色彩较浓。

"你""我"对举时，更不实指某一个人，而是泛指在场的所有人。例如：

（1）我追着望望你，你回头看看我。（《孟姜女》）

（2）大伙你看我、我看你，谁也不知从哪里说起。（《〈东方红〉的故事》）

（3）你一句我一句地又编出了几段。（《〈东方红〉的故事》）

（4）两个人你勤我俭。（《牛郎织女》）

"她、她们、它、它们"也代表第三人称，"她、她们"代女性，"它、它们"代非人的动植物和一般事物。例如：

（1）母亲年老了，但她永远想念着我，如同我永远想念着她一样。（《母亲的回忆》）

（2）郑瑾低声地教给她们唱一首囚歌。（《坚强的战士》）

（3）商品这个东西，千百万人，天天看它，用它，但是熟视无睹。（《什么是知识》）

（4）痛苦，生命的孪生姊妹，它提醒我，使我非常清醒地感觉到生命的存在。（《二六七号牢房》）

（5）莫说"黑龙"卧在深山，就是钻进东海，我们也要把它牵出来！（《夜明星》）

（6）这些地方我是多么熟悉呀！它们昔日的情景还清晰地留在我的记忆里。（《夜明星》）

（7）他一来到这里，就把裤袋里和怀里的瓶子掏出来，现在它们就在他身边。（《火烧敌军司令部》）

（1）句中的"她"代"母亲"。（2）句中的"她们"代林道静和小俞。（3）—（5）句中的"它"分别代"商品""痛苦""黑龙"。（6）（7）句中的"它们"分别代"地方"和"瓶子"。

第三人称的对象包括男性和女性时，用"他们"，不用"她们"；"他们和她们""他（她）们"的用法没有必要。例如：

他有一个妻子和两个孩子，他爱他们，爱的要命。（《二六七号牢房》）

当第三人称的对象包括人和非人的事物时，更不宜用"它们（他们）"或"他（它）们"。下例中的用法不妥：

小男孩头枕黑色牧羊犬腹部一同睡觉，来往行人立观拍照。主人说："它们（他们）都累了！"

此句不妨如实写成"孩子和狗"，或用"他们"也可。

对于非人的事物，有时也用"他"，寄予人的感情，这是一种拟人的修辞手法。例如：

太阳啊，这个圆圆的魔术师，他多么慷慨地普照大地，人们亲眼看见他做出了多少奇迹！（《二六七号牢房》）

"您（nín）"是"你"的敬称。例如：

（1）敬爱的周总理，人民的好总理呵，您的坚强毅力，是何等的惊人。您的革命精神，是何等的崇高。您为革命事业呕心沥血，您办公室的灯光呵！在各族

人民心中永照。(《周总理办公室的灯光》)

(2) 雷锋了解老人找儿子的急切心情，就说："大娘，您放心，我一定帮您找。"(《人民的勤务员》)

称老人，用"您老人家"，敬意就更为突出。例如：

我们肃立在您老人家的遗体前，透过泪水看到您老人家还是那样慈祥而庄严。(《我们爱韶山的红杜鹃》)

对于最亲的人，如用"您"，反而有点见外了。为了表示亲切的感情，也可以不用"您"，用"你"。例如：

周总理，我们的好总理，你在哪里呵，你在哪里？你可知道，我们想念你——你的人民想念你！(《周总理，你在哪里？》)

"您"在金元时期也写作"恁"，在当时并不表示敬称，用作第二人称的敬称是后来的事。另外，"您（恁）"在那时，作为人称代词，是"你们"的合音，"您"本身就含有复数之意，所以，在现代汉语中，"您"不能再加"们"表示多数，"您们"的说法在现代口语中是没有的，作为记录口语的书面语中，也就不宜用"您们"，称呼多数人时，可用"您二位""您几位"。

"他"没有敬称的用法。说话时，一般第三方不当面，无须在语音上表示尊敬。过去有用"怹（tān）"作为"他"的敬称，但这种用法没有被推广。为了对第三方表示尊敬，不妨用身份、亲属关系来称呼，年老的可称"他老人家"。例如：

(1) 自己的字写得歪七扭八，错别字也很多，主席能看得清吗？可别耽误了他老人家的时间。(《毛主席关怀警卫战士学文化》)

(2) 真正当钟用的还是你爷爷。可怜他老人家，十几年没睡过一宿整觉。(《新手表》)

"咱们"本是方言中表示第一人称的代词，现已被普通话吸收，和"我们"分工使用。"我们"只代说话人一方，也叫"排除式"。"咱们"包括说话人和听话人两方在内，也叫"包括式"。例如：

(1) 郑瑾替左边的道静擦拭着眼泪，又替右边的小俞拉被角，然后静静地说："天不早了，咱们都睡吧。"(《坚强的战士》)

(2) 索朗阿爸说："咱们这条帐篷街大变样了！小李子，你还记得咱们第一次见面的情景吗？"(《夜明星》)

（1）句中的"咱们"包括郑瑾和道静、小俞三人。（2）句中的"咱们"包括索朗阿爸和小李两人。

（3）我们这些卖票的、开车的，虽说有个职业，其实全是"在业游民"。（《新手表》）

这句话是一位老工人讲给他的女儿听的，"我们"只包括"卖票的、开车的"工人，不包括听话——说话人的女儿在内。

"我们"和"咱们"的分工是近代才有的，用得还不十分普遍，而且"咱们"还带有浓厚的方言色彩，在一般用语中，"我们"有时也包括听话人在内。例如：

（4）党相信我们，派我们去领导，我们是有信心的。（《鞠躬尽瘁》）

这句话是焦裕禄讲给县委派去探望他的人听的，这里的"我们"代焦裕禄自己，也包括听话人在内。

"咱"可以是"排除式"，指单数，相当于"我"；也可以是"包括式"，指多数，相当于"咱们"。例如：

（1）索朗老人……对老支书说："要我干什么，你就说吧。咱这肩膀说不上是钢筋铁骨，可也是苦水里磨练出来的。"（《夜明星》）

（2）在旧社会，半穗玉茭就是咱穷人的一条命！

（3）咱爷俩一个样，我也常常梦见你和同志们。（《夜明星》）

（4）他又是扳我的肩膀，又是捶我的胸。然后，笑着说："一离开就十多年了，该把咱高原忘了吧?"我听到了这个"咱"字，心里热乎乎的，老人多会也不把子弟兵当外人看。（《夜明星》）

（1）句中的"咱"代索朗老人自己，表单数。（2）句中的"咱"代旧社会广大的穷人，表多数，但不一定包括听话人在内。（3）句中的"咱"代说话和听话的双方，表多数。（4）句中还对"咱"的称代对象作解释，更可以看出"咱"不仅可以表多数，而且包括说话和听话人双方在内。

方言中的"俺、俺们"相当于"我、我们"；"俺"又和"咱"相似，兼有单数和多数的用法，但它不具有"包括式"的用法。例如：

（1）俺从山东来，到吉林去看望孩子他爹。（《人民的勤务员》）

（2）让那些人看看俺贫下中农的威风。（《太行青松》）

（3）如今，俺桑耳庄喝上了幸福水，吃上了幸福果，这都是毛主席的革命路线给俺们的好时光啊！（《红旗渠畔青松挺》）

（4）下着大雪，俺们的排灌站上马了。（《红旗渠畔青松挺》）

（5）车夫听了这老女人的话，却毫不踌躇，仍然挽着伊的臂膊，便一步一步的向前走。（《一件小事》）

（1）句中的"俺"代"大嫂"一人，表单数，相当于"我"。（2）—（4）句中的"俺""俺们"都代当地的广大农民，表多数，相当于"我们"。（5）句中的"伊"代"老女人"，相当于"她"。

"自、自己、自个儿"可以代上文出现过的名词，也可以代上文出现过的"我、你、他"等代词。"自个儿"相当于"自己"，是方言词，在口语或文学作品中常用。例如：

（1）有幸能够致力于科学研究的人，首先应该拿自己的学识为人类服务。（《马克思的好学精神》）

（2）罗盛教环视着美丽的景色，仿佛回到了自己的祖国，自己的家乡。（《罗盛教》）

（3）一个中国人民志愿军战士，为了救活一个朝鲜少年，献出了自己的生命。（《罗盛教》）

（4）这一大把铜元又是什么意思？奖他么？我还能裁判车夫么？我不能回答自己。（《一件小事》）

（5）我到了自家的房外。（《故乡》）

（6）我们……喝了自带的开水。（《夜明星》）

（7）他从来没有想到自己是一个垂危的病人。（《鞠躬尽瘁》）

（8）大家用自己纺的毛线织毛衣，织呢子，用自己纺的棉纱合线，织布。（《记一辆纺车》）

（9）首先要学会管制自己的意志，不论是听讲或阅读，都要集中自己的注意力，认真进行思考，不让别种念头扰乱自己的思想。（《给青年们的一封信》）

（1）—（3）句中的"自己"分别代"人""罗盛教""战士"等名词。（4）—（8）句中的"自、自己"分别代"我""我们""他""大家"等代词。（9）句中的"自己"代上文出现过的"你们"。

（10）他又噔噔噔地自个儿向前走了。（《百合花》）

（11）归根结蒂咱们是为自个儿打仗。（《打粮站》）

（12）我怀着好奇的心情独个儿仰卧在小船里。（《记金华的两个岩洞》）

（10）—（12）句中的"自个儿、独个儿"分别代"他、咱们、我"。

"自己"还可以紧连在名词或代词后头，和名词或代词形成复指关系。例如：

（1）案子似乎破了，烦恼的却是敌人自己。（《挺进报》）

（2）我们要在自己的基础上，用我们自己的方法，解决我们自己的问题。（《地质之光》）

（3）我没法亲自给吴劳模治病，你自己学着注射吧。（《为了周总理的嘱托》）

（4）他心里装着全体人民，唯独没有他自己。（《鞠躬尽瘁》）

与"自己"相似的还有"亲自"。例如：

（1）他研究问题，总要亲自作精密的测量和仔细的推算。（《祖冲之》）

（2）明天你顶好亲自到渔船上去看看。（《海市》）

上述两句中的"亲自"，有些语法书中说是副词。可是这两句中的"亲自"，都可以用"自己"替换。用"亲自"有强调"自己动手"的意思，从这一点看，像是副词；但从可以用"自己"替换这一点来看，又应是代词。与"亲自"相仿的还有"亲手、亲眼、亲身、亲"等。例如：

（3）人们亲眼看见他做出了多少奇迹。（《二六七号牢房》）

（4）同志们亲手纺的线织的布做成衣服，穿着格外舒服。（《记一辆纺车》）

（5）假定他们的知识都是真理，也是他们的前人总结生产斗争和阶级斗争的经验写成的理论，不是他们自己亲身得来的知识。（《什么是知识》）

（6）毛主席、周恩来副主席亲临前线指挥。（《奠基礼》）

（3）—（6）句中的"亲眼""亲手""亲身""亲"也是"亲自"的意思。"眼、手、身"是行动的具体部位，用它们，使"亲自"的意思更为突出，对后面的动词有更大的修饰作用，也就更接近于副词。另外，这几个词一般不能用"自己"替换，它们与代词的距离更远。（5）句中的"亲身"前面还和"自己"连用，它们的不同作用就更为明显了。

根据上述情况，我们认为，"亲自"可算作自称代词，"亲手、亲眼、亲身、亲"等则应是副词。

"个人"也是自称代词。它可以单独用，表示"自己一个人"的意思，也可以和"自己"连用，使这个意思更明显。例如：

（1）关心党和群众比关心个人为重。（《反对自由主义》）

（2）难道我们还有什么个人利益不能牺牲，还有什么错误不能抛弃吗？（《批评和自我批评》）

（3）不惜牺牲自己个人的一切，随时准备拿出自己的生命去殉我们的事业。（《批评和自我批评》）

"大家、大伙"表示统称，统指说话或行动的某一方面。例如：

（1）主席特别谆谆教导大家要好好学习文化。（《毛主席关怀警卫战士学文化》）

（2）他一直坚持听完了汇报，帮助大家安排了工作。（《鞠躬尽瘁》）

（3）三叔，还是先讲讲那四句《东方红》是怎样编出来的，叫大伙开开窍吧。（《〈东方红〉的故事》）

（4）"大伙干得可欢啦！"存锁喜洋洋地说。

（5）为了提高生产，大家也进行了技术改革。（《记一辆纺车》）

（1）句中的"大家"代听取主席教导的全体战士。（2）句中的"大家"代接受焦裕禄帮助的全体人员。（3）句中的"大伙"代所有听三叔讲话的人。（4）句中的"大伙"代存锁及铁姑娘队的全体队员。（5）句中的"大家"泛指当时参加纺织的全体军民，即文章所叙述的一方。

有时将"大家"和"我们"连用，可以包括说话和听话的双方。例如：

我们大家看到，在许多国家里已经显露出国际无产阶级社会主义革命的曙光。（《在马克思恩格斯纪念碑揭幕典礼上的讲话》）

"人们"也是统称的代词。它可以泛指特定环境中的一切人，也可以统称说话的某一方。例如：

（1）天气特别寒冷，可是人们那股欢乐劲，好像早把风雪严寒忘掉了。（《罗盛教》）

（2）哀乐未停，人们就含泪唱起了《黄桥烧饼歌》。（《黄桥烧饼》）

（3）多少年来，人们总是想把它引来灌溉田地。（《夜明星》）

（4）他带给人们科学的实践精神，他教给人们怎样批判旧的学说，怎样认识世界。（《哥白尼》）

（1）句中的"人们"泛指部队驻地的全体军民。（2）句中的"人们"泛指全体黄桥人民。（3）句中的"人们"泛指马可沟一带的人民。（4）句中的"人们"统称"他"以外的所有人。

"人家"称代某个人或某一些人以外的人，有"别人"的意思。例如：

（1）全部置备齐了，你再跟人家一比，人家有的东西还多着呢。（《新

手表》)

(2) 对自己，"学而不厌"，对人家，"诲人不倦"。(《学习》)

(3) 这种知识是人家证明了，而在他们则还没有证明的。(《学习》)

(4) 听人家背地里谈论，孔乙己原来也读过书。(《孔乙己》)

"人"有时也可用来泛称任何人（包括说话人自己在内）。例如：

(1) 山间的夜风，吹得人脸上凉凉的。(《驿路梨花》)

(2) 十冬腊月后半夜的刀子风刮得人透骨寒。(《新手表》)

(1)(2)句中的"人"泛指包括"我"在内的一般人，是人称代词。下句中的"人"则不是这样：

(3) 只能叫人压住病，不能叫病压倒人。(《鞠躬尽瘁》)

(3)句中的"人"指"人类"，是名词，不是代词。

第二节　指示代词

用指示的方式代替人、事物、时间、处所、行动变化、性状、数量和程度。包括下列各词：

这、那、这儿、那儿、这里、那里、这些、那些、这么、那么、这样、那样、这么些、那么些、这会儿、那会儿、这么样、那么样

每、各、某、另、别、他、任何、一切、所有

"这""那"是指示代词中最基本的词，其他指示代词大都用"这""那"加上别的语素构成。"这个""那个"指代人或事物，"这些、那些、这么些、那么些"指代多数的人或事物，"这儿、那儿、这里、那里"指代处所，"这会儿、那会儿"指代时间，"这么、那么、这样、那样、这么样、那么样"指代行动变化、性状、程度等。

以说话人的位置为基准点，"这"指近的，"那"指远的，远近的标准是相对的，是相比较而言的。例如：

(1) 这些天来，主席够辛苦的了，天这么晚了，怎么还点着灯呢？(《奠基礼》)

(2) 一个人从那样的小学一直读到那样的大学，毕业了，算有知识了。(《什么是知识》)

（3）你要是心里有那杆秤，有那面镜子，同样是这只手表，分量可不一样了。（《新手表》）

（1）句是作者夜晚走过主席住的窑洞时心里想的，当时战斗刚结束，所以"这些天"指"最近几天"，"这么晚"指当时的具体时间。（2）句是毛主席在延安讲的，所说的"小学""大学"是指抗日根据地以外的学校，从距离来看，是远的，从时间来看，也不完全是当时发生的，所以用"那样"来称代它。（3）句中的"秤""镜子"比喻用旧社会的苦处来衡量今天的"是非、好坏"的标准，这是远离当时当地的，所以用"那样""那面"来指代；"手表"正托在手上，就在眼前，所以用"这只"来指代。

"这""那"等指示代词在句中都兼有指示和代替两种作用。例如：

（1）不管怎样，我们还是冒着早凉一直爬到玉皇顶，这儿便是泰山的极顶。（《泰山极顶》）

（2）医生察觉那已不是普通的肝病。（《鞠躬尽瘁》）

（3）我收拾收拾，你们就睡在这儿。（《夜明星》）

（4）当前的运动的特点是什么？它们有什么规律性？如何指导这个运动？这些都是实际的问题。（《学习》）

（5）"敌人真的会来吗？"老战士回答说："会来的，这是毛主席算好了的。"（《奠基礼》）

（1）句中的"这儿"指代上一分句所说的"玉皇顶"。（2）句中的"那"指代上文谈到的病症。（3）句中的"这儿"指代阿爸铺草的地方。（4）句中的"这些"指代上面三个疑问句指出的问题。（5）句中的"这"指代上句的"敌人会来的"。

（6）毛主席在高碧岑的材料上写下这样一句批语："此份报告写得不错，有分析，有例证。"（《毛主席关怀警卫战士学文化》）

（7）实行"知无不言，言无不尽""言者无罪，闻者足戒""有则改之，无则加勉"这些中国人民的有益的格言。（《批评和自我批评》）

（8）这车夫扶着那老女人，便正是向那大门走去。（《一件小事》）

（9）我干的就是这个工作，管电的。（《夜明星》）

（10）于是他成了伦敦大英博物院图书馆阅览室里的常客。这个图书馆，收藏着世界各国古今各种书籍。（《马克思的好学精神》）

（11）他伸出手来朝眼前的一片灯海划了个大圈，说："就是经管这些夜明

星。"(《夜明星》)

（6）—（11）句中指示代词，许多语法书中认为，它们只有指示作用，没有代替作用，理由是它们所指的对象——即后面所连的名词"批语""格言"等，在句中已出现，无须代替。我们的想法不是这样。

首先，"这样""这些""这""那"等既是指示代词，就应该有代替作用，否则，指示代词在很多情况下就只能叫"指示词"了。就说指示作用吧，如无具体的代替内容，在当面对话时，说话的一方指向哪里，听话人是可以看见的，而在书面语中，读者又如何能看到说话人指向何方，指向何物？

再从语言的实际情况来看，即以（10）句为例，"这个图书馆"，读者要问："哪个图书馆？"可见仅说后一句，读者是不满足的，表达的意思是不完整的，也就是说，"这个"在此还有它所代替的内容。我们只要看看上一句就知道，"这个图书馆"，就是"伦敦大英博物院图书馆"，"这个"就是代替"伦敦大英博物院"。

所以，（6）—（11）句中的指示代词，不仅有指示作用，而且也有代替作用，不过它们所代替的不是所指的对象，而是这个对象所具有的特征性的具体内容，是这个对象的修饰成分，这个代词和它所代替的内容，相互间在意义上是复指关系，常常可以互相替换。（6）句中的"这样"指"批语"，代下面说的"批语"的具体内容。（7）句中的"这些"指"格言"，代上面说的"格言"的具体内容。（8）句中的"这""那""那"分别指"车夫""老女人""大门"，代"给'我'拉车的""跌倒的""巡警分驻所的"等具体内容。（9）句中的"这个"指"工作"，代"工作"的具体内容：管电的。（10）句中的"这个"指"图书馆"，代"图书馆"的具体名称："大英博物院"。（11）句中的"这些"指"夜明星"，代"夜明星"的实指对象："眼前的一片灯海"。

动词、性状词前的指示代词同样如此。例如：

（12）样样这么量，事事这么照，慢慢地，你就会越来越爱社会主义。（《新手表》）

（13）孔乙己是这样使人快活，可是没有他，别人也便这么过。（《孔乙己》）

（14）就这样凭勤劳的双手，自力更生。（《记一辆纺车》）

（15）你有那么多人，你有那么一大块地方，资源那么丰富……（《建设一个伟大的社会主义国家》）

（12）句中的两个"这么"分别指"量"和"照"的行动，代"量"和"照"的具体做法，即上文谈的忆苦思甜的做法。（13）句中的"这样"指"使人快活"，代上文谈到的孔乙己到店"店内外充满了快活的空气"的情形；"这么"指"过"，代当时社会上的情形：存在着"长衫主顾"和"短衣帮"的阶级对立，丁举人一类的统治者专横跋扈、为非作歹，孔乙己一类的知识分子深受毒害、迫害，至死不悟，街市人等各守其业，安于现状。（14）句中的"这样"指"自力更生"，代"自力更生"的具体做法："凭勤劳的双手"进行上文谈到纺线织布的行动。（15）句中的三个"那么"分别指"多""一大块地方""丰富"，代我国地大物博、人口众多的具体情形。

"这""那"还可以对举并用，不确指某对象，而是泛指所涉及范围内的每一对象。例如：

（1）他……帮助列车员忙这忙那。（《人民的勤务员》）

（2）姑娘、媳妇、老人、小孩都赶到东大街，向增援前线的战士递烧饼，这个送两块方饼，那个塞三只涨烧饼。（《黄桥烧饼》）

（3）假设有一知半解的人，并无数学知识，而根据《圣经》这一段或那一段妄肆批评或者驳斥我的著作。（《哥白尼》）

（1）句中的"这""那"泛指列车上的许多事。（2）句中的"这个""那个"泛指当时来送行的任何人。（3）句中的"这一段""那一段"泛指《圣经》中的任何一段。

"那、哪"在过去是不分的，作代词时都用"那"。近几十年来，在书刊中逐渐有了分工，"那"作指示代词，"哪"作疑问代词。例如：

（1）那哪里是竞赛，那是万马奔腾，在共同完成一项战斗任务。（《记一辆纺车》）

（2）许多声音回答："那哪能呢?"（《分马》）

（3）我哪儿有那份闲精神?（《新手表》）

（4）哪能那么十全十美呢?（《龙须沟》）

"每、各、某、另、别、旁、他、任何、一切、所有"等不表示近指或远指，它们用在名词前起修饰作用，指人或事物中的一个部分或全部。

"每""各"指全体中的任何一个。用"每"着眼于个体行动、性状的统一，用"各"着眼于个体的形式多样。另外，"每""各"常和量词合用，共同修饰名词或动词。例如：

（1）眼前是一片茂密的松柏林，每一棵树都长在石头缝里。（《太行青松》）

（2）索朗老人听了笑得合不上嘴，每根胡须都在颤动。（《夜明星》）

（3）在这白光里，每一个颜色都刺目，每一个声响都难听，每一种气味都搀合着地上蒸发出来的脏臭。（《在烈日和暴雨下》）

（4）每看一篇文章都要认真分析它的思路。（《怎样写读书笔记》）

（5）恒星有各种各样的。（《宇宙里有些什么》）

（6）两样货色齐备，各有各的用处。（《反对自由主义》）

（7）花粉的大小也各不相同。（《花粉》）

（4）句中的"每"和（6）（7）句中的"各"分别是"每次""各样""各个"的意思。

"某"指全体中的一个或一部分，确有所指，但又不愿明说，或说不出来。例如：

（1）敬爱的领袖毛主席……接见了警卫部队某部一中队的全体同志。（《毛主席关怀警卫战士学文化》）

（2）……使党和某些团体的某些组织和个人在政治上腐化起来。（《反对自由主义》）

"别、另、旁、他"指某一个或某一部分以外的人或事物。例如：

（1）鲁镇的酒店的格局，是和别处不同的。（《孔乙己》）

（2）他在我们店里，品行比别人都好。（《孔乙己》）

（3）太阳可以有行星，为什么别的恒星不能有呢？（《宇宙里有些什么》）

（4）别的不说，只那嗡嗡的响声就像飞机场上机群起飞的气势。（《记一辆纺车》）

（5）其实我们分明看见另一场更加辉煌的日出。（《泰山极顶》）

（6）决定留下另一辆"红旗"轿车送我去医院检查，总理的车才开走了。（《一件珍贵的衬衫》）

（7）他喝完酒，便又在旁人的说笑声中，坐着用这手慢慢走去了。（《孔乙己》）

（8）那里只有奔腾呼啸的风，听不见旁的声音。只有几只苍鹰在高空盘旋，看不见旁的生物。（《孟姜女》）

（9）关心他人比关心自己为重。（《反对自由主义》）

（1）（2）句中的"别"直接用在名词（或量词）前；（3）句中的"别"和名

词之间用结构助词"的";(4)句中的"别"和"的"构成"的"字短语。(5)(6)句中的"另"和量词之间夹有数词,这是"别"所少有的用法。(7)(8)句中的"旁",用法和(3)句中的"别"相同,但"旁"更具口语色彩。(9)句中的"他",用法同(1)(2)句中的"别"相同,但"他"更具文言色彩。

"任何"泛指全体中的每一个,"一切""所有"统指全体。例如:

(1)她性格和蔼,没有打骂过我们,也没有同任何人吵过架。(《母亲的回忆》)

(2)敌人使出最毒辣的手法,用一切刑具折磨宣灏。(《挺进报》)

(3)他要去解救一切苦难,经历一切危险。(《堂吉诃德》)

(4)她知道现在是为革命献出自己一切的时候了。(《生的伟大,死的光荣》)

(5)城里的一切都寂静下来了。(《火烧敌军司令部》)

(6)所有的蚕都在那里吃桑叶。(《蚕和蚂蚁》)

(7)所有这些,都是自由主义的表现。(《反对自由主义》)

(8)所有一切,都证明这里先前是曾有很大的家业的。(《泼留希金》)

(4)(5)句中的"一切"分别作宾语中心和主语中心,这种用法是"所有"和"任何"所没有的。(7)(8)句中的"所有"分别和指示代词"这些""一切"连用,作它们的修饰成分,此用法是"任何"和"一切"所没有的。但"一切"可以说"一切的一切",更强调无所不包之意。

第三节 疑问代词

用询问的方式代替未知的人、事物、时间、处所、行动变化、性状、数量和程度。包括下列各词:

谁、什么、啥、哪、哪儿、哪里、几、多、多少、多久、多会儿、多么、怎么、怎的、怎样、怎么样、咋

疑问代词经常用来表示询问。有的询问得到了比较具体的回答,从答复的内容,我们可以清楚地看到代词代的是什么。例如:

(1)"吃饭还有多久?""还有20分钟。"卫生部政治委员潘同志说。(《截肢和输血》)

（2）"大娘，您到哪里去？"雷锋赶上前去问道。"俺从关内来，到抚顺看儿子。"老人喘着气说。（《人民的勤务员》）

（3）"小林，你为什么起了这么个名字？好像尼姑的法号。""我父亲信佛，他想出家又舍不得姨太太……所以给我取了这么个讨厌的名字"。（《坚强的战士》）

（4）"后来怎么样？""怎么样？先写服辩，后来是打，打了大半夜，再打折了腿。"（《孔乙己》）

（5）我又问阿爸现在在生产队干啥工作，他伸出手来朝着眼前的一片灯海划了一个大圈，说："你瞧，就经管这些夜明星。"（《夜明星》）

（6）在这渺无人烟的草原上，哪来的牦牛呢？经过总司令的解释，才知道是先头部队送给我们的。（《草地晚餐》）

（7）可知道我浑身穿的是什么？上身是你妈用她的一件旧衣裳改成的小棉袄。（《新手表》）

（1）句中"多久"代距吃饭的时间——"20分钟"。（2）句中"哪里"代处所——"抚顺"。（3）句中"什么"代起名字的原因，即下面谈的事情的经过。（4）句中的"怎么样"代下面谈的孔乙己被打的情形。（5）句中的"啥"代工作的内容——"经管这些夜明星"。（6）句中的"哪"代牦牛的来处——"先头部队送的"。（7）句中的"什么"代下文说的所穿的衣服。（1）—（4）句中用对话的方式，一问一答；（5）（6）句中用第三人称的叙述方式说明了问答的内容；（7）句中自问自答，说明语意，属于修辞的"设问"。

有的询问没有得到具体的答复，我们从询问中可以理解到代词代的是什么。例如：

（1）"同志，你叫什么名字？""你问这个名字干什么？"雷锋笑着说。（《人民的勤务员》）

（2）"大伯，我们什么时候回来？""回来？你怎么还没有走就想回来？"（《故乡》）

（3）"这是到了哪里？"我努力在记忆的长河里寻找着，怎么也记不起有这么个地方。（《夜明星》）

（4）"你怎的连半个秀才也捞不到呢？"孔乙己立刻显出颓唐不安的模样，脸上笼上了一层灰色，嘴里说些话；这回可全是之乎者也之类，一些不懂了。（《孔乙己》）

（5）"我的病咋样？为什么医生不告诉我呢？"（《鞠躬尽瘁》）

（6）又向妈妈问过无数个为什么。"土豪劣绅的嘴有多大呀？""妈妈，那个叫'工农'的人为什么能推翻'三座大山'？"（《我们爱韶山的红杜鹃》）

（1）句中的"什么"代具体的名字。（2）句中的"什么"代具体的时间。（3）句中的"哪里"代具体的处所。（4）句中的"怎的"代"半个秀才捞不到"的原因。（5）句中的"咋样"和"什么"分别代病情和医生不肯告诉的原因。（6）句中的"多"和"什么"分别代"大"的程度和"推翻土豪劣绅"的原因。

疑问代词也可以不表示询问，在句中只是代替未知的对象。有的表示任指。例如：

（1）咱们一家人谁都没有敢转过这种念头：买个旧钟吧。（《新手表》）

（2）哪天用得着替班的，哪天才准你上车。（《新手表》）

（3）不管刮多大风，下多大雨，你得抱着票兜子在厂门外蹲着。（《新手表》）

（4）他屋里哪儿都是书。（《幼学纪事》）

（5）不管在什么情况下，决不能背叛革命。（《生的伟大，死的光荣》）

（1）句中的"谁"指家中的任何人。（2）句中的"哪天"指任何一天。（3）句中的"多"代"大"的任何程度。（4）句中的"哪儿""哪里"指任何处所。（5）句中的"什么"分别指任何形体、任何情况。

有的表示虚指，即确有所指，但又是无须说或说不出的。例如：

（1）来一个全党的学习竞赛，看谁真正地学到一点东西，看谁学得更多一点，更好一点。（《学习》）

（2）现在已分辨不出哪些是我的，哪些是他的，哪些是他带到牢房里来的，哪些是我带来的。（《二六七号牢房》）

（3）从上次过堂，我就明白，他们不会再让我活多久了。（《坚强的战士》）

（4）他要把车放下，但是不知放哪里好。（《在烈日和暴雨下》）

（5）一切的东西都裹在里面，辨不清哪是树，哪是地，哪是云。（《在烈日和暴雨下》）

（6）也不知河水有多深，也不知掉下去的孩子被下面的流水冲到哪里去了。（《罗盛教》）

（7）这些年我也不知道梦见你们多少回了。（《夜明星》）

（8）点到第几根的哪条墨道儿，算是到钟点了。（《新手表》）

（9）那里边，毛主席会告诉你，怎么工作，怎么做人，怎么生活。（《鞠躬尽瘁》）

（10）以后又讲到每个人应该怎样工作，怎样学习，怎么联系群众。（《毛主席关怀警卫战士学文化》）

（11）我那时并不知道这所谓猹的是怎么一件东西。（《故乡》）

（12）人们已经能够知道，遥远的星星体积有多大，有些什么元素，在怎样运动。（《宇宙里有些什么》）

（1）句中的"谁"代当时还很难确定的人。（2）句中的"哪些"代无法分辨的东西。（3）句中的"多久"代难确定的时间。（4）句的"哪里"代难确定的处所。（5）句中的"哪"代难确定的景物。（6）句的"多""哪里"分别代难确定的深度和处所。（7）（8）句中的"多少""几""哪条"代难确定的数量。（9）（10）句中的"怎么""怎样"代无须详细介绍的情况。（11）句中的"怎么"代难确定的性状。（12）句中的"多""什么""怎样"代无须详细说明的程度、性质、状态。

有时用询问的语气来表示肯定的意思，实际意思是字面意思的反面。这在修辞上叫"反问"或"反诘"。例如：

（1）谁把我们当人看呢？（《新手表》）

（2）在那黑暗的岁月里，哪里有科学的地位，又哪里有科学家的出路！

（3）世界上哪个地方哪个纺织厂有那样的规模呢？（《记一辆纺车》）

（4）怎能叫战士饿着肚子打仗呢？（《黄桥烧饼》）

（1）句中的"谁"代"任何人"，"谁把……"就是"任何人也不把……"的意思。（2）句中的"哪里"代"任何地方"，"哪里有"就是"任何地方也没有"的意思。（3）句中的"哪个"代"任何一个"，这句的意思是"任何地方、任何纺织厂都没有那样的规模。"（4）句中的"怎能"就是"无论怎样也不能"的意思。

有的疑问代词可以用来表示列举。例如：

（1）接着便是难懂的话，什么"君子固穷"，什么"者乎"之类。（《孔乙己》）

（2）他给我们介绍草地上各种野菜的名称：什么牛耳大黄、灰灰菜、野葱、车前草……（《草地晚餐》）

（3）据说那东西不光肉嫩味香，营养丰富，还能治什么什么病。（《卖蟹》）

（4）你还要什么这些破烂木器，让我拿去罢。（《故乡》）

（5）……就把衣服什么的卖给打鼓的。（《"面人郎"访问记》）

（6）我所取得的一点成绩，不是什么个人的天赋特别高，而是组织和老师长期培养的结果。（《祖国是我理想之本》）

（1）句中每一个列举项之前都用"什么"表示对此项的强调。（2）句中在所有列举项之前只用一个"什么"，这对列举项的强调比（1）句稍弱。（3）句中两个"什么"连用，既表示对"病"的强调，同时也概括指代了具体的病。（4）句中用一个"什么"表示对许多"破烂木器"的强调。（5）句中在列举项之一的"衣服"之后用一个"什么"，主要概括了此外的各项，相当于"等"；同时也含有强调意味。（6）句中的"什么"主要是对后面短语内容的强调，同时也隐含有列举其他原因之意。总的说，（1）—（6）句中的"什么"基本上已不代替什么，没有实在意义，主要表示对列举项的强调，相当于一个语气词。

第四节　几个沿用的文言代词

有几个古汉语中的代词在现代汉语中仍沿用，下面稍作介绍。

"何""何等""如何"是疑问代词。在现代汉语中，"何"相当于"什么"，常用来表示任指；"何等"相当于"多么"；"如何"相当于"怎么"。例如：

（1）无论何时何地，坚持正确的原则。（《反对自由主义》）

（2）这时候，人要分辨出何处是水，何处是天，很不容易。（《海上的日出》）

（3）您的革命精神何等的崇高。（《周总理办公室的灯光》）

（4）渔夫一看见这可怕的魔鬼，呆呆地不知如何应付。（《渔夫的故事》）

"此""彼此""是"是指示代词。"此"相当于"这"，"是"相当于"这样"，"彼此"指代双方。例如：

（1）此外还有什么知识呢？没有了。（《什么是知识》）

（2）此后又有近处本家和亲戚来访问我。（《故乡》）

（3）从此，红十五军团和中央红军会师。（《奠基礼》）

（4）我所记得的故乡全不如此。（《故乡》）

（5）如是几次，叫他抄书的人也没有了。（《孔乙己》）

（6）后彼此说定表和笔卖出钱来平分，才算无话。（《清贫》）

"其"作指示代词，有时相当于"他（她、它）们的"，有时相当于"这个""那个"。例如：

（1）大约一千万万颗以上的恒星组成一个铁饼形状的东西，我们把它叫做银河，太阳也在其中。（《宇宙里有些什么》）

（2）他能批判地接受前人的科学遗产，利用其中一切有用的东西。（《祖冲之》）

（3）其间耳闻目睹的所谓国家大事，算起来也很不少。（《一件小事》）

（4）跟困难作斗争，其乐无穷。（《记一辆纺车》）

（5）对于人，伤其十指不如断其一指，对于敌，击溃其十个师不如歼灭其一个师。（《奠基礼》）

"其他（它）"作指示代词，相当于"别的"。例如：

（1）他能背诵哥德和海涅的许多诗句，他对世界上其他的诗人、戏剧院、小说家的作品也很熟悉。（《马克思的好学精神》）

（2）小王立刻把这件事告诉了车长和其他列车员。（《人民的勤务员》）

第五节　关于称代词的语法形式

一、称代词的形态特点

1.人称代词后面可以带"们"，表示多数，如"我们、你们、他们"。

2.指示代词和少数疑问代词后面可以带"么"，表示语气。试比较下面两种不同说法：

（1）"他就是这么个人。""他就是这个人。"

（2）"你的伤势怎么样？""你的伤势怎样？"

（3）"天气多么好啊！""天气多好啊！"

上述三组句子中，前后句的意思基本相同，只是语气略有差异。（1）组前句的语气更为肯定，（2）组前句的语气更为委婉、亲切，（3）组前句带有更强烈的赞叹语气。

3.代词不能重叠。

（1）他先把介绍信给恒元看了，然后便说这人是怎样怎样一身土气。（《老

杨同志》)

(2) 惟其如此，凝成的形状变化多端，再加上颜色各异，即使不比做什么什么，也就值得观赏。(《记金华的两个岩洞》)

(3) 他起誓，呼上帝作证，说这东西原是他怎样怎样，如何如何买得。(《泼留希金》)

(1) —(3) 句中为了表达感情，强调语意，将代词反复使用，这是一种修辞方式，不是代词的重叠变化形式。

二、称代词的组合能力和句法功能

一般说，称代词的组合能力和句法功能与它所代替的词相似。例如：

(1) 这是一盏普通的灯吗？不，它点燃的是周总理毕生的心血啊！(《周总理办公室的灯光》)

(2) 我的病咋样？为什么医生不告诉我呢？(《鞠躬尽瘁》)

(3) 同志们说服不了他，只好让他留在家里。(《鞠躬尽瘁》)

(4) 天哪，老这么下……(《暴风雨之夜》)

(5) 麻袋准备得怎么样？(《暴风雨之夜》)

(1) 句中的"这""它"都是句子的陈述对象，作主语。(2) 句中前一个"我"是病的修饰成分，作定语；"什么"和"为"组成介词短语，修饰"告诉"，作状语；后一个"我"是"告诉"的支配对象，作宾语。(3) 句中前一个"他"是"说服"的支配对象，作宾语；后一个"他"是"让"的支配对象，"留"的陈述对象，作兼语。(4) 句中的"这么"修饰"下"，作状语。(5) 句中的"怎么样"补充说明"准备"，作补语。

讲到称代词的组合能力，有两点须加以说明：

1. 称代词所代替的对象必须交代清楚。一般说，称代词必须置于所代替的词语后面，如果在它们之间出现了另一个可作为代替对象的词语，就会产生歧义。例如：

(1) 刘闯一个箭步跳到旁门口，向里一望，巡逻的匪兵正在慢慢地踱着步子，他转身凑近韩英身边说："怎么办？枪在里面，人也在里面……"(《洪湖赤卫队》)

(2) 这伙隐藏下来的反革命分子，阴谋破坏这次解放军挑战马。群众的眼睛是雪亮的，他们一个也逃不脱军民联防的天罗地网！(《边疆新人》)

（1）句中的"他"，从实际意义来看应该是代"刘闯"，可是在"他"和"刘闯"之间出现了"匪兵"，从形式上看，"他"则是代"匪兵"的，可将"他"改为"刘闯"。（2）句中的"他们"，从实际意义来看，应该是代"反革命分子"，但从形式上看，则是代"群众"，可将"他们"改为"这群反革命分子"或"敌人"。

2.称代词可否受其他词语的修饰。

在许多语法体系中，都认为称代词一般不受其他词语的修饰，而现代汉语的实际情况并非如此，称代词受别的词或短语修饰的现象还是不少见的。称代词起代替作用，表示的意义不像基础词那样具体、实在，所以它也就不像基础词那样容易受别的词语修饰。但是，它既然代替了这些有实在意义的词，那么它也可以有和基础词同样的句法功能，在一定的语言环境中，它也可以像那些被代替的词一样，接受别的词、短语的修饰。下面就称代词的三个小类，分别举例说明。

人称代词原本是不受别的词语修饰的。"五四"以来，由于受外国语言的影响，出现了"英勇的他""生活在新社会里的我"的说法。例如：

（1）围着看的也是一群中国人，在讲堂里的还有一个我。（《藤野先生》）

（2）我也像超出了平常的自己，到了另一个世界里。（《荷塘月色》）

（3）她不是"苟活到现在的我"的学生。（《记念刘和珍君》）

（4）如果在那里的教堂面前，乞乞科夫遇见了这么模样的他，他一定会布施他两戈贝克。（《泼留希金》）

（5）有了四千年吃人履历的我，当初虽然不知道，现在明白，难见真的人！（《狂人日记》）

（1）—（5）句中的用法，在现代汉语中已日渐普遍了，使用汉语的人也渐渐习惯了这种用法。汉语吸收其他语言中对自己有用的东西来丰富自己，增强表达能力，这是一个好现象。应该承认这是现代汉语中的一个一般的结构形式，而不应说它是特殊（甚至个别）的现象。

单纯的指示代词"这""那"不受别的词语修饰，而"这""那"与别的语素组成"这样、那样、这里、那里、这儿、那儿、这个、那个、这些、那些"合成词时，可以受别的词语修饰。例如：

（1）我这儿编出来个新词儿，先给你们唱唱试试。（《龙须沟》）

（2）它们都往天河那儿搭桥去了。（《牛郎织女》）

（3）蚕细听着，听到"工作！工作！——我们永远的歌声"那儿，眼泪忍不住掉下来。（《蚕和蚂蚁》）

（4）他有报纸，可以从他那里得到更多更新的消息。（《挺进报》）

（5）咱俩加起来够七十岁，我就占了三分之二还多，应该靠我这边。（《普通劳动者》）

（6）这回便决计送给这也如我的那时一样，热爱彼得斐的诗的青年。（《为了忘却的记念》）

（7）他从到这里那天起，就一直为这双破靴子吃苦头。（《筑路》）

（8）我去爬山那天，正赶上难得的好天。（《泰山极顶》）

（9）可以说当然不止以上写的这些。（《苏州园林》）

（10）仿佛世界上的一切，都是它的驯顺的奴隶。（《党员登记表》）

（1）—（5）句中的加点部分指代处所，（6）—（8）句中的加点部分指代时间，（9）（10）句中的加点部分指代事物。

（11）胃里……有时里面会轻轻地响，像骡马喝完水那样。（《在烈日和暴雨下》）

（12）他老人家在日理万机的情况下，却挂念着我这样一个普通工人。（《一件珍贵的衬衫》）

（13）拿来主义是全不这样的。（《拿来主义》）

（14）真会这样的么？（《为了忘却的记念》）

（15）年年如此，家家如此……今年自然也如此。（《祝福》）

（16）看他旧作品，都很有悲观的气息，但实际上并不然。（《为了忘却的记念》）

（11）（12）句中代词是名词性的，前面的修饰成分是定语。（13）—（16）句中代词是动词、性状词性的，前面的修饰成分是状语。（13）句中的"是"不表示判断，而是表示强调语气，相当于语气副词。（15）（16）句中的"如此""然"是古汉语代词的沿用，"然"是"这样"的意思，在现代汉语中，一般已不能独立运用。

少数疑问代词也可以受其他词语修饰。例如：

（1）先生可曾为刘和珍写了一点什么没有？（《记念刘和珍君》）

（2）想吃点什么就做点什么。（《谁是最可爱的人》）

（3）他们说得很快，听不清说些什么。（《一面》）

（4）您到底要怎么样？（《装在套子里的人》）

（5）该怎的就怎的吧！（《龙须沟》）

（1）—（3）句中代词是名词性的，前名的修饰成分是定语。（4）（5）句中代词是动词、性状词性的，前面的修饰成分是状语。

第四章 结构词

结构词不表示任何词汇意义，只在基础词、附加词、称代词的组合中起结构作用。根据其结构方式和结构对象不同，可分为介进词、连接词、粘着词、表述词四类。

第一节 介进词

介进词本身无任何词汇意义，它都是和一个名词性的词或短语组成介词短语，将这个名词性词语引进句中，介绍给动词或性状词，作它的修饰成分或补充成分，表示行动变化的时间、处所、方向、对象、主动者、原因以及性状的比较对象。

一、介进词的分类

哪些介进词经常介进何种意义的词语，这是有规定的。据此可将介进词分为四部分，即介进时间、处所、方向的，介进对象的，介进主动者的，介进原因的。下面分别介绍。

（一）表示介进时间、处所、方向

当、在、于、从、自、自从、打、由、往、向、朝、到、顺着、沿着

"当、在、于"组成的介词短语，表示动作进行的时间和处所。

"当"常和一个主谓短语（或复句形式）构成介词短语，修饰动词，用事件或情况的发生表示行动变化的时间。为了显示其时间性，在主谓短语后面常缀以

"时候、时、以后"等词，组成偏正短语或方位短语，再和"当"构成介词短语。例如：

（1）当我发现了中国革命的正确道路时，我便加入了中国共产党。（《母亲的回忆》）

（2）当陈伊玲镇静地站在考试委员会的几位声乐专家面前，唱完冼星海的那支有名的《二月里来》时，专家们不由得互相递了递赞赏的眼色。（《第二次考试》）

（3）当我赞叹说这手艺不容易学的时候，他又微笑了。（《"面人郎"访问记》）

（4）当这些饱经沧桑的老人把拐杖接到手里，他们昏花的老眼涌出泪水。（《依依惜别的深情》）

（5）当花瓣微微收拢，那就是夜晚来临了。（《我的空中楼阁》）

（6）每当我看到它，周总理那高大光辉的形象就浮现在我的眼前；每当我捧起它，就不由得回想起那激动人心的往事。（《一件珍贵的衬衫》）

（4）—（6）句中主谓短语之后都未用"时"等词，但也可以补上。（6）句中的"每"是"每次"的意思，它本是修饰短语中的"看"的，但又不好说"状语提到介词前"，我们不妨将"每当"看作一个复合的介进词。

下列两句中加点的"当"与上述用法不同：

（7）当她正想当街盘问他时，那人突然在一座外表寒伧的寓所前停了下来。（《最后的顾客》）

（8）主席随手拿起铅笔，当着他的面，在上面画杠杠，改错别字。（《毛主席关怀警卫战士学文化》）

（7）（8）句中的"当街""当着……面"仍可算介词短语，但"当"所介进的不是行动的时间，而是行动的处所、方式；而且和"当"组成介词短语的只是一个名词或简短的偏正短语，而不是一个较长的主谓短语。与此类似的还有"当场、当地、当头、当腰"等；"当"还可以和时间名词结合，表示时间，如"当年、当月、当今、当时、当初、当代、当前、当日、当中"等。这些双音节的经常结合使用的组合形式，事实上已经结合成一个名词，不必再把它看作介词短语。

"在"常和一个名词或名词性短语构成介词短语，修饰或补充动词，表示行动变化发生的处所和时间。在介词短语的尾部常有"上、下"等方位词，或"时候、地方"等时间、处所名词。例如：

（1）在他的夫人燕妮·马克思病重的时候，他被迫中断了科学工作。（《马克思的好学精神》）

（2）复试是在一星期后举行的。（《第二次考试》）

（3）无数颗星星在茫无崖际的宇宙中运动着。（《宇宙里有些什么》）

（4）我因为生计关系，不得不一早在路上走。（《一件小事》）

（5）我独自一人游荡在田野上。（《挖荠菜》）

（6）把一个字轻轻地刻在书桌上，实际是把一个坚定的信念深深地埋藏在内心里。（《早》）

（7）他们是处在人类最原始的蒙昧时代。（《人类的出现》）

（1）—（4）句中用"在"构成介词短语作状语，（1）（2）句中表时间，（3）（4）句中表处所。（5）（6）句中用"在"构成介词短语作补语，表处所，（7）句中"处"在现代汉语中，一般已不能独立运用，"处在"也可看作一个复合动词，后带偏正短语"……时代"作宾语。从总的情况看，"在……"作状语，表时间、表处所都是常见的；"在……"作补语，表处所是常见的，而表时间则极少见，要表示时间，一般须改用带有文言色彩的"于"。

下列句中"在"的用法与上述有所不同：

（8）没有地方可去，想在一个书店去做编译员。（《鲁迅自传》）

（9）我烧掉了朋友们的旧信札，就和女人抱着孩子走在一个客栈里。（《为了忘却的记念》）

（8）（9）句中的"在"和上述用法有所不同，它所介进的不是行动发生的处所，而是行动到达的处所，这里的"在"相当于"到"。此用法是近代汉语中"在"的用法的沿袭。例如：

（1）你不在前边去睡，却来我这后边作甚？（《西游记》第2回）

（2）今夜令薛蟠在秋菱房中去成亲。（《红楼梦》）

（3）正吃在热闹处，忽见几个做公的进来。（《金瓶梅》第14回）

（4）将挟的狐皮抓了，飞在云霄去了。（《醒世姻缘传》第3回）

（1）—（4）句中的"在"都可以换成现代汉语中的"到"，它所介进的是行动去往、到达的处所或时间，而且在介词短语后面常用一个趋向词"去"与"在"相呼应，更可显示出"在……"的"去往、到达"之意。此现象一般存在于现代的早期白话文中，今天亦很少见。

"于"是古汉语中的介进词，在现代汉语中仍沿用。用"于"构成的介词短语多用作补语，作状语很少。例如：

（1）我于一八八一年生于浙江省绍兴府城里的一家姓周的家里。（《鲁迅自传》）

（2）尼古拉·哥白尼于一七四三年二月十九日出生在波兰维斯杜拉河畔的托耳城。（《哥白尼》）

（3）《水经注》里提到的"旅人桥"，大约建成于公元二八二年。（《中国石拱桥》）

（4）考证之学，开始于前人，盛行于清代。（《鲁迅的治学方法》）

（5）一些拼命顽抗的丧身于刀枪之下。（《奠基礼》）

下列句中，"于"的用法值得研究。

（1）孩子们是多么善于观察这一点呵。（《我的老师》）

（2）有的同学能写通顺的记叙文，却不善于表达细腻的感情。（《怎样写读书笔记》）

（3）连她握笔的姿势都急于模仿。（《我的老师》）

（4）山路和山坡不便于行车，然而便于我行走。（《我的空中楼阁》）

（5）这种书目便于流传、翻阅和保存。（《打开知识宝库的钥匙——书目》）

（1）—（5）句中的"善""急""便"是带有文言色彩的性状词，"于……"说明"在……方面""善""急""便"。这里要强调指出的是，"善""急""便"等性状词都是单音节的，而且在现代汉语中一般不独立运用，因此，与其说"于……"是介词短语作补语，不如说"善于""急于""便于"都已结合成一个他动词，后面的名词性词语作宾语。

（6）意义大半起于实用。（《对于一棵古松的三种态度》）

（7）参观人数每年达二百多万，仅次于巴黎市中心的埃菲尔铁塔。（《凡尔赛宫》）

（8）海水治病的功能不逊于温泉。（《死海不死》）

（9）树的美丽也不逊于花。（《我的空中楼阁》）

（10）鲁迅在这两次辩论中反复提到自己的考证不同于藏书家。（《鲁迅的治学方法》）

（6）—（10）句中"于"的用法和（1）—（5）句有所不同的是"于"前面所被附加的大都是双音节的，甚至是四个音节的能独立运用的词或短语。这里的

"于"仍视为介词，和后面的加点部分构成介词短语，作补语。

"从、自、自从、打、由"组成的介词短语表示行动变化起始的时间、处所。

"从……"都是用在动词前作修饰成分。例如：

(1) 合浦珠的采捞，从汉代就开始了。(《珍珠赋》)

(2) 我……从六岁起读书。(《"面人郎"访问记》)

(3) 朵朵白云从我身边飘浮过去。(《泰山极顶》)

(4) 茶从嘴里进去，汗马上从身上出来。(《在烈日和暴雨下》)

(5) 那两本书……特地托丸善书店从德国去买来的。(《为了忘却的记念》)

(1) (2) 句中"从……"表示行动的具体起始时间。(3) —(5) 句中"从……"表示行动的起始处所。

"从……"由表示起始的处所引申而为表示较抽象的行动过程和行为的依据。例如：

(6) 人们总是从不断犯错误中增长知识的。(《说谦虚》)

(7) 你们是从被践踏、被蹂躏里，勇敢地生活下来的。(《蒲公英》)

(8) 从挂在她带上的一串钥匙和过分的给予农人的痛骂，乞乞科夫便断定了她该是一个女管家。(《泼留希金》)

(9) 善于从阶段意识去描写人物的立身行事。(《谈〈水浒〉的人物和结构》)

(6) (7) 句中的"从……"表示过程和经历。(8) (9) 句中的"从……"表示依据。

"自"是古汉语中的介词，在现代汉语中沿用。"自……"可以作状语，更多的是作补语。例如：

(1) 我国自古就有出产珍珠的盛名。(《珍珠赋》)

(2) 人自生下那天起就一天天地接近死亡。(《时钟》)

(3) 从外界进入人脑的信息，有百分之九十以上来自眼睛。(《眼睛的仿生学》)

(4) 这些水都来自"难老泉"。(《晋祠》)

(1) (2) 句中"自……"作状语，表示时间、处所。(3) (4) 句中"自……"作补语，表示处所。

"自从"是"自"和"从"结构而成的复合介词。用"自从"构成的介词短语只能作状语，表示行动开始的时间。例如：

（1）自从有阶级的社会以来，世界上的知识有两门。（《什么是知识》）

（2）自从党中央提出精兵简政这个政策以来，许多抗日根据地的党，都依照中央的指示，筹划和进行这项工作。（《一个极其重要的政策》）

（3）我自从入狱以来什么都没有吃过。（《二六七号牢房》）

"打"在现代口语中也可用作介词，相当于"从"。"打……"都用作状语，大都表示行动经由的处所。例如：

（1）毛驴一个一个打他眼前闪过。（《打粮站》）

（2）有个宪兵队长发现那口井的边上和井壁上的那些小窝儿很光滑，就推想一定有什么人常常打这儿上下。（《第比利斯的地下印刷所》）

（3）我晚上拉洋车的那些年，天天免不了打亨得利门口过。（《新手表》）

"由"沿袭自古汉语，在现代汉语中作介词，用它组成的介词短语，都充当状语，表示的意义有两点：

1.表示行动变化的起点，相当于"从"。例如：

（1）船由窄窄的小水口进入另一个湖。（《石湖》）

（2）由中山门开始的宽阔陵园大道，至陵前长六公里。（《巍巍中山陵》）

（3）马克思和恩格斯第一次把社会主义由空想变成科学。（《崇高的理想》）

（4）有些地方正在由四旁绿化、农桐间作逐渐向山地造林发展。（《一个好树种——泡桐》）

（1）（2）句中"由……"表示行动处所的起点。（3）（4）句中"由……"表示情况变化的起点。

2.表示行动的主动者。（参看下文"介进行动主动者"条）例如：

（1）一九〇六年，卢森堡发行一种由四十枚邮票组成的"小型张"。（《邮票的起源》）

（2）但那时邮寄信件的费用是由收信人付的。（《邮票的起源》）

（3）我同一切武器一样，是人制造的，由人操纵的。（《洲际导弹自述》）

"往、向、朝"组成的介词短语表示行动的方向和所趋向的处所。"往"沿袭自古汉语，带文言色彩，"向、朝"则较为口语化。"往……""向……"可以作状语，也可以作补语，"朝……"则只能作状语。例如：

（1）她一直往北方走。（《孟姜女》）

（2）铺子里的人争着往外跑。（《在烈日和暴雨下》）

（3）北京的白菜运往浙江……（《藤野先生》）

（4）让我们把目光投向无穷无尽的宇宙。（《宇宙里有些什么》）

（5）人朝上走，水朝下流。（《雨中登泰山》）

与"往、向、朝（朝着）"相似的介进词，在口语中还有"望、奔着、照准、劈"等。例如：

（6）他又抱了朱红的橘子望回走了。（《背影》）

（7）战士们的三只小船就奔着东南方向，箭一样飞去。（《荷花淀》）

（8）他劈头就问我……（《枣核》）

"到"组成的介词短语，用在动词后面表示行动所到达的处所或时间。这里的"到"不表示主语的行动。例如：

（1）不久，它落到地面上。（《蝉》）

（2）有的松树望穿秋水，不见你来，独自上到高处，斜着身子张望。（《雨中登泰山》）

（3）前几年出嫁到山那边去了。（《驿路梨花》）

（4）我们要坚持斗争到最后。（《坚强的战士》）

（5）在修道院一直呆到二十二岁。（《火刑》）

（6）盼到十一点半钟，天色转白。（《雨中登泰山》）

（1）—（3）句中"到……"表示行动到达的处所。（4）—（6）句中"到……"表示行动持续到的时间。

"到……"还可以用在性状词或动词后面，表示程度。例如：

（7）我还不料，也不信竟会下劣凶残到这地步。（《记念刘和珍君》）

（8）小孩的鼾声细到几乎听不见。（《夜》）

（9）通常一个鳞苞里有七八朵，也有个别多到十二朵的。（《花城》）

（10）现在一些大型图书馆的藏书多到几十万册、几百万册。（《打开知识宝库的钥匙——书目》）

（9）（10）句中的"到……"用数量表示性状变化的程度。

"到……"也可以用在表心理活动的动词或表示情况变化的动词（或短语）后面，表示程度。例如：

（11）我害怕到了极点。（《挖荠菜》）

（12）华大妈……生怕他伤心到要发狂了。（《药》）

（13）我一眼看见那小鸟的样子，更难过到几乎不敢再看第二眼。（《小

麻雀》）

（14）身体也似乎舒展到说不出的大。（《社戏》）

（15）刀伤缩小到几乎等于无。（《范爱农》）

"顺着、沿着"组成的介词短语，用在动词前面，表示行动所依循处所。例如：

（1）汽车顺着山坡转了个月牙形的弯。（《夜明星》）

（2）他沿着湖边走。（《牛郎织女》）

（3）那城墙沿着高高低低的山峰伸过去。（《孟姜女》）

"趁着、乘"组成的介词短语，用在动词前面，表示行动所利用的时机。例如：

（1）车站上的同志以为雷锋又是趁着出差的机会，在这里为大家服务。（《人民的勤务员》）

（2）我乘部队休息，又找附近老乡继续了解情况。（《大渡河畔英雄多》）

（二）表示介进对象

把、将、对、对着、于、对于、和、跟、同、与、凭、根据、照、靠、以、用、为、为了、替、给、通过、经过、随着、比、除了

"把"组成的介词短语，用在动词前面，表示行动的直接对象。例如：

（1）他把牛身上刷得干干净净。（《牛郎织女》）

（2）老栓便把一个碧绿的包，一个红红白白的破灯笼，一同塞在灶里。（《药》）

（3）他们把她教会了打韦斯脱牌。（《守财奴》）

（1）—（3）句中"把"后面的名词性成分都可以直接作其后动词的宾语，有的语法书中称之为用"把"将宾语前置。

这样用的"把"对后面的名词性成分大都含有"处置"意思，即"把它（如何如何）"。这样用时，要注意以下两点：

1．"把……"所修饰的动词，有的后面带有连带成分（带补语、趋向词、时态词"了"等）；有的前面有修饰成分（如"把脸一板""把大娘往屋里拉"）；有的词形有变化（如"把瓶子摇摇"）。总之，这个动词不能不附加任何条件地直接受"把……"的修饰。（戏剧中的唱词例外，如"高高兴兴把学上""手执钢鞭把他打"。）

2.“把……”所修饰的动词前面不能加“不、没”等否定副词和“能、该”等能愿词。这些词只能用在“把”的前面。可以说“他没把事情弄糟”“他没能把学生教好”，不可以说“他把事情没弄糟”“他把学生没能教好”。

下面各例中，“把”的用法和（1）—（3）句不同。

（4）老余把电筒在屋里上上下下扫了一圈。（《驿路梨花》）

（5）妈妈，你就把爱你女儿的心，去爱他们大家吧。（《党员登记表》）

（6）我把头从枕头上抬起来。（《暴风雨之夜》）

（7）他爬到凹道边，把头压在手臂上寻思……（《打粮站》）

（4）（5）句中“把”所介进的不是行动的对象，而是行动所使用的事物，“把”相当于“用”。（6）（7）句中的“把”所介进的是行动的主动者（或曰“施事”），这里的“把”对后面的名词性成分有一定的强调意味。

有的文学作品中，还把“把”的介进直接对象和介进行动所使用的事物，两种用法共用在同一句中。例如：

（8）这几位晚归的种地人，还把他们那粗朴的短歌，用愉快的旋律，从山顶上飘下来。（《风景谈》）

“将”是沿用的文言词。有时相当于“把”。例如：

（1）一直散到老栓立着的地方，几乎将他挤倒了。（《药》）

（2）我只觉得我四面有看不见的高墙，将我隔成孤身。（《故乡》）

有时相当于“用”。例如：

（3）孔乙己……将两个指头的长指甲敲着柜台。（《孔乙己》）

“管”在北方话中有时也用作介词，相当于“把”。例如：

（1）将军亲热地管这个青年人叫“小李子”，小李也毫不拘束地管这穿灰衣服的老同志叫起“老林”来了。（《普通劳动者》）

（2）因为傻二哥卖药糖，我们都管他妈妈叫“糖娘”。（《傻二哥》）

“对、对于、于”组成的介词短语，表示与动作相关的对象。用“对于、对”的介词短语，有时在末尾附着一个语气词“来说”。例如：

（1）我对荠菜，有着一种特殊的感情。（《挖荠菜》）

（2）从青年时代起，祖冲之就对天文学和数学发生了浓厚的兴趣。（《祖冲之》）

（3）社会主义建设事业对于我们来说，是个全新的事业。（《说谦虚》）

（4）扩大泡桐种植，对于发展国民经济具有重要意义。（《一个好树种——

泡桐》）

（5）有一件小事，却于我有意义。（《一件小事》）

（6）我这答话怕于她有些危险。（《祝福》）

（7）为医学而教的解剖学之类，怕于生物学也没有什么大帮助。（《藤野先生》）

（1）—（7）句中"对、对于、于"的用法相同，可以互相替换。用"对于"比用"对"语气稍缓和一些。"于"有文言色彩，多用于书面。（4）句中"对于"所介进的是行动相关的方面，"对于……"相当于"在……方面"，此用法与上述其他句稍有不同。另外，用"对、对于"组成的介词短语大都可以用在主语之前，而用"于"组成的介词短语，只能用在句中动词前。

在下列句中，"对、对于、于"的用法又与上述不同。

（8）他们……对我自上而下的望了几遍。（《清贫》）

（9）没有孔子牌位，我们便对着那扁和鹿行礼。（《从百草园到三味书屋》）

（10）他们对于铜丝好像画家对于笔下的线条，可以随意驱遣。（《景泰蓝的制作》）

（11）我将继续尽忠于我们的民族和人民，尽忠于我们民族的希望——中国共产党。（《母亲的回忆》）

（8）（9）句中的"对"相当于"向"，它组成的介词短语，表示动作所朝向的对象，而不是表示与动作相关的对象，这里只能用"对"，不能用"对于、于"。（10）句中"对于"后面的名词性成分，在意念上是动词"驱遣"的受事宾语，这也是与上述各句所不同的。（11）句中"于……"用在动词后作补语，这种用法是"对、对于"所没有的（此点参看本节的"当、在、于"组介词）。

"在"组成的介词短语，有时也可以表示与动作相关的对象，相当于"对、对于"。例如：

（1）跟着尚二叔打猎，在我是欢乐的节日。（《猎户》）

（2）在她，一件大事算是完了。（《项链》）

（3）在梁先生，也许以为给主子嗅出匪类，也就是一种"批评"……（《"丧家的""资本家的乏走狗"》）

"和、跟、同、与"组成的介词短语，表示共同参与行动的对象。例如：

（1）抗战以后，我才能和家里通信。（《母亲的回忆》）

（2）鲁镇的格局，是和别处不同的。（《孔乙己》）

（3）她要跟丈夫再见一面。（《孟姜女》）

（4）掌柜仍同平常一样，笑着对他说……（《孔乙己》）

（5）明知不对，也不同他们作原则上的争论。（《反对自由主义》）

（6）我竟与闰土隔绝到这地步了。（《故乡》）

（7）这两溜房子都是三层，都有许多拱门恰与教堂的门与圆顶相称。（《威尼斯》）

下列句中的"跟……"与上述用法不同：

（8）孟姜女把自己的事情跟老大娘说了。（《孟姜女》）

（8）句中的"跟"相当于"向、对"，介进行动所指向的对象。

"和、跟、同、与"等组成介词短语，常和"一样"等词语配搭，构成"和……一样"的格式［如上列（4）句］。"一样"是"一个样子"的意思，即"相同、同样"的意思，是动词（或性状词）性质，"和……"作它的修饰成分。从下列句中，可以清楚地看出"一样"的词性以及"和……"同它的关系。

（1）门坎跟玉泉山顶一样平。（《香山红叶》）

（2）直到变成棕色才同平常一样强壮了。（《蝉》）

（3）它和蜡烛、电灯发出的光不同。（《奇特的激光》）

（4）她一路上投宿的人家，有好多家情形跟她家相同。（《孟姜女》）

（5）咱爷俩一个样，我也是常常梦见你和同志们。（《夜明星》）

（6）只有一样沉勇而友爱的张静淑君还在医院里呻吟。（《记念刘和珍君》）

（1）—（6）句中的一样（一个样、一模一样、相同，否定形式用"不同"）在句中大都作谓语中心，前面可以加副词作状语。它前面可以加"和……"作修饰成分，也可以不用"和……"而单用。但"一样"是不能少的，少了它，句子就不通了。

"和……一样"与"像……一样"不同。前者是以"一样"为中心，前加介词短语作状语；后者是动宾短语"像……"后带语气词"一样"，表示比况，这个"一样"相当于"似的、一般"，在句中也可以不用。试比较下列两句：

（1）大海和昨天一样，平静，湛蓝。

（2）大海像疯了一样，翻腾，咆哮。

（1）句中的"一样"是动词（或性状词），充当谓语中心，不可少。（2）句中的"一样"是语气词，附着在动宾短语后面，也可以不用。（参看"语气词"一节）

下列两句中的"一样"也与"和……一样"用法不同：

（1）讨饭一样的人，也配考我么？（《孔乙己》）

（2）骷髅一样，摸着她的骨头会做恶梦！（《包身工》）

（1）（2）句中的"讨饭""骷髅"都是打比方，前面都可以加"像"，不能加"和"。这两个"一样"都可以换成"似的"或"一般"。如果前面加"像"，"一样"也可以不用。所以，这两个"一样"都是表比况意思的语气词。

"凭、仗着、根据、靠、借、就、用、以"组成的介词短语，表示行动凭借、依据的对象，这一组介词所适用的对象有共同之处，又有一些差异。试分别举例说明。

"凭、仗、靠、借"等主要介进行动凭借、倚仗的对象。例如：

（1）就这样凭劳动的双手，自力更生。（《记一辆纺车》）

（2）凭着神的名字起誓，我要问你一件事，你必须说实话。（《渔夫的故事》）

（3）我们借助淡淡的月光，在忽明忽暗的梨树林里走着。（《驿路梨花》）

"根据、按照、论"等主要介进行动依据的对象。例如：

（4）他根据前人和自己观测的结果，认为……。（《哥白尼》）

（5）就坚定不移地为当时的进步事业服务这一原则来说，我们祖先的许多有骨气的动人事迹，还有它积极的教育意义。（《谈骨气》）

（6）泉，论历史，实际倒是很老的。（《难老泉》）

"用、拿、以"等主要介进行动所采用的手段和方式。例如：

（7）我们要用马克思主义的积极精神，克服消极的自由主义。（《反对自由主义》）

（8）我想拿几颗饭粒诱它前来。（《小麻雀》）

（9）我向来是不惮以最坏的恶意，来推测中国人的。（《记念刘和珍君》）

（10）她们的身体，已经以一种奇妙的方式包给了叫做"带工"的老板。（《包身工》）

（7）（8）句中的"用"和"拿"在现代汉语中主要用作动词，在此不表示"使用"和"拿取"的具体动作，而是和后面的名词性词语共同表示行动的方式，这两个动词的意义明显虚化，而且它们都可以用"以"来替换，所以我们认为这里的"用"和"拿"是介进词，不是动词。

"以"是古汉语中的介词，在现代汉语中沿用。它除了上述介进行动方式用法外，还有其他用法。例如：

（11）他以医疗为职业。（《纪念白求恩》）

（12）狼以野兔为食。（《食物从何处来》）

（13）他们都以革命事业为重。（《刑场上的婚礼》）

（14）以煤气灯为中心，聚集了上万人。（《歌声》）

（15）我们以我们的祖国有这样的英雄而骄傲。（《谁是最可爱的人》）

（16）不断给敌人以严重的杀伤。（《遵义会议的光芒》）

（17）巫山十二峰，各峰有各峰的姿态，人们给它们以很高的评价和美的命名。（《长江三日》）

（18）它可能不如杨柳与桃李那么好看，但它却给人以启发、以深思和勇气。（《松树的风格》）

（19）在苦难的梦魇一样的日子里，鲁迅先生不止一次地给我以勇气和力量。（《琐忆》）

（20）由此上至祭堂前平台，全部砌以宽大的石阶。（《巍巍中山陵》）

（11）—（14）句中"以"和"为"配搭，构成"以……为……"的格式，"以"相当于"把"或"拿"，介进行动的具体内容或具体对象，就是"把（拿）……作为……"的意思，"以……"是介词短语，作"为"的状语。（15）句中"以"和"而"配搭，构成"以……而……"的格式，"以"相当于"因"，介进行动变化的原因，就是"因为……而……"的意思，"而"是顺承连词，"以……"是介词短语作"骄傲"的状语。（16）—（19）句中"以……"是介词短语作动词"给"的补语，补充说明行动的具体内容，在动补之间还夹有一个宾语，形成一个"动—宾—补"结构，如果去掉介进词"以"，则成为"动—宾—宾"（双宾语）结构。（20）句中"以……"是介宾短语作"砌"的补语，补充说明行动的结果。

"看"也可以用作介词，它组成介词短语，介进行动依据的对象，和"根据、按照"相当。例如：

（21）看穿戴便知是山里人。（《卖蟹》）

（22）科学家们在非洲坦桑尼亚发现一种不知名的植物，光看外表，不能决定它是属于哪一类。（《花粉》）

"为、为了、替、给"组成的介词短语，表示行动的目的和所为的对象。例如：

（1）为了六十一位同志的生命，现在我们只好麻烦中央，向首都求援。（《为了六十一个阶级弟兄》）

（2）在劳动的过程里，很少有人为了个人的什么斤斤计较。（《记一辆纺车》）

（3）这些材料不过是为适应这些观点而任意拼凑起来的。（《义理、考据和辞章》）

（4）人何必增添末路人的苦恼，为她起见，不如说有罢。（《祝福》）

（5）长期这样活动，就引起骨骼和韧带结构上的某些变化，为手和脚的进一步分化及两腿直立行走的进一步发展，准备了条件。（《人类的出现》）

（6）乡亲们都为他担忧。（《为了周总理的嘱托》）

（7）太阳……替黑云镶上了一道光亮的金边。（《海上的日出》）

（8）打起仗，我老是替你操心。（《打粮站》）

（9）老栓匆匆走出，给他泡上茶。（《药》）

（10）那些紫色的飘带给忧郁的花圈堆带来了某些活气。（《最好的顾客》）

（1）—（4）句中的"为了、为"介进行动的目的，这里的"为了、为"不能改用"替、给"。（4）句中的"起见"意义虚化，相当于一个语气词，常和"为"连用，构成"为……起见"格式，表示"为达到某种目的"的意思。（5）（6）句中的"为"介进行动所为的事和人，有"从旁相帮"的意思，（5）句中的"为"可改用"给"，（6）句中的"为"可改用"替"。（7）—（10）句中的"替"和"给"都介进行动所为的对象，它们都可以改用"为"（不能改用"为了"），也可以相互替换，用"替""从旁相帮"的意思更重，正因此，（10）句中的"给"不宜改用"替"。

另外，"为、替"所介进的一般是褒义的词语，"给"则适用于中性词语或不好的意思。例如：

（11）雾给人民生活、交通运输带来许多不便。（《从宜宾到重庆》）

（12）庄稼的敌人……给农业生产带来了莫大的灾害和损失。（《庄稼的朋友和敌人》）

（11）（12）句中的"给"都不能改用"为"和"替"。

下列句中的"为、为了、给"与上述用法不同：

（13）他们都为彼此对党无限忠贞而骄傲。（《刑场上的婚礼》）

（14）红十五军团的全体同志，都为这个光荣的会师欢欣鼓舞。（《奠基礼》）

（15）为了石像成功曾经开一个盛大的纪念会。（《古代英雄的石像》）

（16）治史决不是为了泥古，而是为了鉴今。（《鲁迅的治学方法》）

（17）党的一切政策，都是为着战胜日寇。（《一个极其重要的政策》）

（18）我们开会，作报告，作决议，以及做任何工作，都为的是解决问题。（《讲讲实事求是》）

（19）他给李江国吩咐了几句话，就带了五个战士向前爬去。（《打粮站》）

（20）它的左翅也许是被养着他的或是别个孩子给扯坏了。（《小麻雀》）

（21）吴劳模，你给指点指点吧。（《为了周总理的嘱托》）

（13）—（15）句中的"为、为了"介进行动发生的原因，相当于"因"。（16）（17）句中的"为了……""为着……"都充当谓语，介词短语是不能作谓语的，这里的"为了""为着"可看作是动词，后带宾语，陈述主语。（18）句中的"为的"是一个"的"字短语（已近于结合成词），表示"所为的目的"的意思，后面的"是"是表述词，判断前后词语是同一关系。（19）句中的"给"介进行动所指向的对象，相当于"向"或"对"。（20）（21）句中的"给"直接加在动词"扯""指点"前面，不组成介词短语，只表示对动词的强调语气，相当于一个语气副词。

"经过、通过"原本是动词，如"目光经过每一个人的脸""游行队伍通过主席台前"。"经过"还可用作名词，如"叙述了事件的经过"。近数十年常用作介进词。它们组成的介词短语表示行动之前经历的过程。例如：

（1）我经过多次的观察才知道这种危险是什么。（《蝉》）

（2）他经过半年的刻苦努力，终于掌握了俄文。（《马克思的好学精神》）

（3）经过一个没有什么吃食可以寻觅、因而显得更加饥饿的冬天，大地春回、万木复苏的日子重新来临了。（《挖荠菜》）

"随着"组成的介词短语表示动作进行所跟随、依循的对象。例如：

（1）随着山势，溪流时而宽，时而窄，时而缓，时而急。（《记金华的两个岩洞》）

（2）江随壁转。（《长江三日》）

（3）我的心随潭水的绿而摇荡。（《绿》）

"随着"如表示具体的"跟随"的动作，则不是介进词，而是动词。例如：

（4）海迪的父亲带领知青下乡插队，全家都随着从济南来到山东莘县十八里铺公社尚楼大队落户。（《生命的支柱》）

（4）句中的"随着"显然是动词，它和"来到""落户"是连谓关系。

"比、较"组成的介词短语表示性状比较的对象，大都用作性状词的修饰成分。例如：

（1）他在我们店里，品行比别人都好。（《孔乙己》）

（2）我看到的昆虫再没有比这个更奇妙的了。（《蝉》）

（3）松鼠的叫声很响亮，比黄鼠狼的叫声还要尖些。（《松鼠》）

（4）这只小猫较第一只更有趣，更活泼。（《猫》）

（5）山是一层比一层深，一迭比一迭奇。（《泰山极顶》）

（6）吴吉昌的病一天比一天严重了。（《为了周总理的嘱托》）

（7）在地质时代上，古人比新人为早。（《人类的出现》）

（8）古人……文化比新人为原始。（《人类的出现》）

（9）新换的毛比脱落的毛颜色深些。（《松鼠》）

（10）那时我只有十六岁，而我的同事们，比起我的年龄来，翻一番的寥寥可数，多数都是翻了两番以上的老头子们。（《幼学纪事》）

（1）—（10）句中"比（较）……"所修饰的都是性状词或性状词性的短语，其具体情形又有不同。（1）—（4）句中"比（较）……"所修饰的是以性状词为中心的偏正短语。（5）（6）句中的"一层比一层深"等可看作主谓短语作全句的谓语，"一层"即"一层的山"的意思，"比一层"是介词短语，修饰"深"。（7）（8）句中的"为"相当于一个表强调语气的副词，修饰性状词"早""原始"。（9）句中的"颜色深些"是性状词性的主谓短语，受"比……"的修饰。（10）句中，"比"后面的"起来"不表示具体趋向，也不表示时间，它只是表示这个介词短语的某种语气，"翻一番……老头子们"是复句形式的短语受"比……"的修饰。

（11）古人在发展的进程上比猿人又向前跃进了。（《人类的出现》）

（12）我们党的马克思列宁主义的修养，现在已较过去有了一些进步。（《学习》）

（11）（12）句中"比（较）……"所修饰的都是动词性短语。

"于"组成的介词短语也可以用在性状词后，表示比较的对象，这是古汉语形式的沿用。例如：

（1）石油是液体，比重小于水。（《石油的用途》）

（2）祖国的利益高于一切。（《祖国是我理想之本》）

（3）海水治病的功能不逊于温泉。（《死海不死》）

（4）花是美丽的，树的美丽也不逊于花。（《我的空中楼阁》）

（3）（4）句中的"逊"是"差"的意思，具性状词性，故其后的"于"与（1）—（3）句中的"于"，用法相同。

"除了、除开"等组成的介词短语表示行动所排除的对象。例如：

（1）人，每天除了要吃一定分量的水和盐以外，还要吃淀粉、蛋白质、脂肪。（《食物从何处来》）

（2）除了夜游的东西，什么都睡着。（《药》）

（3）这时候，除掉尾部，全体都出来了。（《蝉》）

（4）他除却赶紧去和假洋鬼子商量之外，再没有别的道路了。（《阿Q正传》）

"除了"等组成的介词短语，尾部常附着一个"以外"之类的词，这里的"以外"已不起方位词的作用，去掉它，句子的意思和结构都不受多大影响，用了它，可以更强调"排除的"意思，所以，它只相当于一个语气词。

（三）介进行动的主动者

被、叫、让、给、由

"被"组成的介词短语，用在动词前，介进行动的主动者。句首主语是行动的直接对象，处于被动地位。例如：

（1）巨浪被船头劈开。（《长江三日》）

（2）所有的珊瑚虫都被一根管子连接起来。（《珊瑚虫》）

（3）我……被这多种的亲属关系所缠绕。（《最好的顾客》）

（1）—（3）句都可以让"被"后面的名词性成分作主语，原主语后移作宾语，这样，全句则成为主动句。如（1）句可改为"船头劈开巨浪"。（3）句中在"被……"和所修饰的动词之间用一个"所"，构成"被（或为）……所"的格式。"所"附着在动词前，表示强调，相当于一个语气词。

口语中常用"叫、让、给"来介进行动的主动者，其作用和"被"相同。例如：

（4）羊叫狼吃了两只。（《猎户》）

（5）不要叫敌人汉奸捉活的。（《荷花淀》）

（6）不要让骄傲支配了你们。（《给青年们的一封信》）

（7）两边地里的庄稼给雨水冲洗得青翠水绿。（《百合花》）

下列句中"被"的用法与上列各例有所不同：

（8）万喜良被征出门。（《孟姜女》）

（9）用珊瑚制成的特种工艺品，被陈列在华贵的厅堂里。（《珊瑚岛》）

（8）（9）句中的"被"并未介进行动的主动者，不起介词的作用，而是直接修饰动词，使动词带上明显的被动语意，所以它应是一个语气副词。

"被"在古汉语中可作动词，此用法在现代书面语中仍偶有所见。例如：

（10）它们的叶子下面密被白色绒毛。（《杨树》）

（11）叶片厚且硬，叶面被有蜡质。（《杨树》）

（12）大家接着就预测他将被极刑，家属将被连累。（《范爱农》）

（10）（11）句中的"被"是覆盖的意思。（12）句中的前一个"被"是"遭受"的意思。

"被"用于被动句，介进主动者；"把"用于主动句，介进受动者，一般说，它们不能共用于同一个句子结构中。如"我被眼前盛大、热烈的场面把我惊呆了"。此句中两种结构杂糅，可据语境需要选用其一，或用"被"，则删去"把我"，或用"把"，则删去"我被"。但当"被"介进的主动者所发出的行动涉及到句首主语所指整体对象的某一部分时，可以"被""把"共用在同一句子结构中。例如：

（13）一轮金红的太阳，不知被哪个画家把颜色调配得这样合适。（《野景偶拾》）

（14）一名男子在海滨游泳时，被鲨鱼把一条腿咬得鲜血淋漓。

这样用要注意三点：①只能"被……"包涵"把……"不宜"把……"包涵"被……"，（14）句如说成"……把一条腿被鲨鱼咬……"，其中的"把"就应删去不用；②主要动词前后有较多的连带成分，"把"所介进的受施对象，一般不宜回到动词后作宾语，（14）句如说成"……被鲨鱼把一条腿咬伤了"，这按今天的语言习惯，就可说成"……被鲨鱼咬伤了一条腿"，而采用"动补宾"结构；③句子主语和"把"后的名词性成分有领属关系，即整体和部分的关系，只有这样，"把"后的名词性成分和主语才能在意义上都是行动的受施对象。

"由"作介词，介进行动所经由的对象，即行动的主动者，或者说，"（某事）归（某人去做）"《现代汉语词典》。例如：

（1）祖母是家庭的组织者，一切生产事务由她管理分派。（《母亲的回忆》）

（2）包身工由带工带进厂里。（《包身工》）

（3）两条道由你拣。（《白毛女》）

"由"虽然也介进行动的主动者，但表示的被动关系不像"被"那样明显。

这样用的"由"，常有人误用作"有"。例如：

"我们这一辈人，只能完成一定历史时期的任务，下一阶段就要有年轻的来接替了。"（《光明日报》1982.2.10 "老骥的情怀——访南大名誉校长匡亚明"）此句中的"有"应改为"由"。

"有"是动词，表示具有或存现的意思。试比较下列两句：

今天的会议由他主持。

今天的会议有他参加。

前句中，"由他"是介词短语，作"主持"的状语，"会议"和"主持"是被动关系的主谓结构；后句中是兼语结构，"他"是"有"的宾语，又是"参加"的主语。

（四）介进行动原因

因为、因、由于

"因为、因、由于"作介词，都是和一个名词或名词性短语组成介词短语，表示行动变化的原因。例如：

（1）一天，雷锋因公出差。（《人民的勤务员》）

（2）按说，我不应当因为自己的别扭，就拦住你们的高兴。（《龙须沟》）

（3）但是灾难不因为中国农民的和平就不降临到他们身上。（《母亲的回忆》）

（4）物候现象的南北差异的日数因季节的差别而不同。（《大自然的语言》）

（5）他游无忧宫时，因为语言文字的隔阂，不住地问这个问那个。（《朱自清先生》）

（6）由于自己的不慎，蹭破点皮。（《一件珍贵的衬衫》）

（7）阴山南北和黄河渡口一带的汉代古城，不是由于经济的原因，而是由于军事的原因建筑起来的。（《内蒙访古》）

（2）—（6）句中的"别扭""和平""不慎"本是性状词，在此前面都加了定语，共同组成名词性偏正短语，所以，这三个词也都具有了名词性。(7) 句中，两个"由于……"组成联合短语，"不是……而是"加以关联，共同修饰"建筑起来"。上列句中，在介词短语和被修饰的动词之间，常用"而"来关联。

如果"因为、因、由于"等的后面是主谓短语或动词、性状词性的词语，那么我们就可以把前后两部分看成复句的两个分句，"因为"等就是连词了。例如：

(8) 在华南，有些离开大陆的岛屿，由于人们筑起了堤坝，和大陆连起来了。(《土地》)

(9) 由于受到视野和视敏度的限制，在高空飞行的飞行员单凭肉眼很难发现和识别地面目标。(《眼睛与仿生学》)

(10) (焦裕禄) 从来没有因为肝疼影响工作。(《鞠躬尽瘁》)

(11) 田野里的禾苗因一场夏雨刚过而变得生机盎然。(《云赋》)

(12) 因为暴怒而显得乌黑的脸膛也变得稍微明朗了些。(《云赋》)

(8)(9) 句是因果复句，(10)(11) 句是因果复句的紧缩。(12) 句中的"因为……乌黑"是紧缩复句形式的短语作定语。这些句子中的"因为、因、由于"都是连词而不是介词。

"鉴于"本为动词，是"觉察到、考虑到"的意思。现从其在语言中的使用情形看，已近于一个介词或连词。例如：

(1) 鉴于过去的教训，不要起哄，不要当成运动来搞。(《如何用彻底的唯物主义精神对待党的领导》)

(2) 鉴于不正之风在一个时期相当盛行，纠正不正之风，要注意这么一些问题。(《如何用彻底的唯物主义精神对待党的领导》)

(3) 鉴于党在国家和社会生活中的领导地位，党更加需要向党的一切组织和党员提出严格的要求。(转引自《现代汉语词典》)

(1)(3) 句中的"鉴于"后接一个名词性短语，有"根据……"或"从……来看"的意思，介进行动的原因或依据，完全相当于一个介词。(2) 句中的"鉴于"后接一个主谓短语，则成为一个表原因的分句，"鉴于"相当于一个连词。

二、介进词的语法形式

(一) 介进词的词形特点

介进词没有形态上的标志，也没有重叠变化的形式。

（二）介进词的组合能力和句法功能

1.介进词作为一类结构词，无实在的词汇意义，不能单独充当句子成分，不能单独回答问题。我们可以说"清泉从山上欢腾而下""火舌顺着墙向上蹿"，不能说"清泉从欢腾而下""火舌顺着向上蹿"。如果问："清泉是从山上流下来的吗？"可以回答："是的。"或者回答："是从山上流下来的。"但不能回答："从。"如果问："火舌顺着墙向上蹿吗？"回答："是的。"或回答："是顺着墙向上蹿。"不能回答："顺着。"也不能回答："向。"

许多介进词有时候单独陈述句子的主语，表示具体的行动变化，就成为一般动词，不是介进词了。例如：

（1）我从十二岁起，便在镇口的咸亨酒店当伙计。（《孔乙己》）

（2）你们看，那东西还在呢！（《驿路梨花》）

（3）他向着大方凳，坐在小凳上。（《风筝》）

（4）我的决不邀投稿者相见，其实也并不因为谦虚。（《为了忘却的记念》）

（1）—（4）句中的加点词，都是动词，不是介进词。

因为介进词都是由动词虚化而来，有很多介进词今天仍然保留动词的用法。对于这些词，可视为兼属动词和介进两类。

2.介进词的组合能力和句法功能就是后带名词性词语，组成介词短语，修饰或补充动词、性状词，充当状语或补语。（例句见"介进词的分类"部分）

"当、从、自从、朝、顺着、沿着、把、将、对、和、跟、同、与、凭、根据、照、靠、用、为、为了、替、通过、经过、随着、比、除了、被、叫、让、由、因为、由于"等组成介词短语，都是用在动词、性状词前面，作状语（详见前例）。有少数介进词组成介词短语，如用在动词及其宾语后面，这个介进词就可表示主语的行动变化，而成为一般动词，它和前面的动词之间是连谓关系。例如：

"用"："我们用桐子油点灯。""我们点灯用桐子油。"

"给"："他给我写了一封信。""他写了一封信给我。"

"靠"："他靠打葡萄糖维持生命。""他维持生命靠打葡萄糖。"

上述的"用、给、靠"等词，在前句中是介进词，在后两句中是动词。

"比"组成的介词短语，偶尔也用在性状词后面，作补语。例如：

中秋过后，秋风一天凉比一天。（《孔乙己》）

此句中的"凉比一天"就是"比一天凉"的意思。这种用法是古汉语形式的沿用，在现代汉语中很少见。

"在、自、往、向、于、以"等组成介词短语既可用在动词前作状语，又可用在动词后作补语（详见前例）

"到"组成介词短语，我们认为，它都是放在动词、性状词后面，充当补语（《详见介进词分类部分》）。如果"到……"放在动词前边，"到"就成为一般动词了，因为这时它表示实际行动，陈述主语，和后面的动词之间是连谓关系。例如：

（1）丧事完毕，父亲要到南京谋事，我也要回北京念书。（《背影》）

（2）他每天早上到海边去捕鱼。（《渔夫的故事》）

（3）我就是到八十岁，还得叫您吴大姐！（《高山下的花环》）

（1）（2）句中的"到……"表示所到达的处所，（3）句中的"到……"表示时间的变化。它们都表示主语的行动变化，是动宾短语而不是介词短语。（1）句中和"到南京"相对应的"回北京"，更显示出"到"的动词性质。

"到……"放在动词后面，除了前面说的作补语之外，还有下面的情形：

（4）老头儿……轻手轻脚地上楼到妻子房里。（《守财奴》）

（5）第二日上午便须渡江到浦口。（《背影》）

（6）她跟着公婆送丈夫到村口。（《孟姜女》）

（7）此后便有人主张打电报到北京，痛斥满政府的无人道。（《范爱农》）

（8）这一点以后当再讨论到。（《〈物种起源〉导言》）

（9）等到前肢离开地面，完全用后肢行走并支持全身重量时，前、后肢就发生了决定性的分化。（《人类的出现》）

（10）一九五〇年五月六日，李四光从国外回到了北京。（《地质之光》）

（11）我一定要带着几分杂志去到主子面前表功。（《"丧家的""资本家的"乏走狗"》）

（12）全城的人战战兢兢地生活了十年到十五年。（《装在套子里的人》）

（13）银白杨，树姿美，抗病虫害的性能强，有的能活三百到六百岁。（《杨树》）

（5）—（7）句中"到"和前面的动词之间都夹有宾语（介词短语作补语，一般都紧连在动词之后），而且（5）（6）句中的"到"都表示主语的行动，所以此两句中的"到"应是动词，和前面的动宾短语构成连谓短语，作全句的谓语；

（7）句中的"到"情形特殊，它不表示兼语"人"的行动，而是补充说明"打电报"所要"到达"的处所，此结构可改说成"把电报打到北京"，所以，这句中的"到"可看作介词。

（8）（9）句中的"到"，和前面的动词结合很紧，它不表示具体"到达"的意思，只是强调前面行动的已然时态，而且，这里的"到"都读轻声，在句中可有可无，去掉它，句子的结构和语意基本上不受影响，可将它看作构词的虚语素，和前面的动词结合成一个词。

（10）（11）句中"到"都是紧连在一个单音趋向词后面，两者意义相近，可任去其一而句子结构和语意无大碍，这里的"到"相当于一个语素，和前面的单音趋向动词结合成一个同义并列结构的动词。

（12）（13）句中的"到"用在作补语的主谓短语中充当此主谓短语中的谓词，这里的"到"应是动词。

"从……到……"结构，有的书中认为这是两个"相连的介词短语"，表示处所、时间或者事物的起止。对此，我们有不同看法。例如：

（1）从门到窗子是七步。（《二六七号牢房》）

（2）去年冬天，我从英德到连县去。（《松树的风格》）

（3）在生物进化过程中，蛇类经历了从无到有、从少到多的过程。（《蛇岛》）

（4）从百草园到三味书屋。（文章标题）

（5）对于新的事物，总是从不认识到认识，到认识得更多一些，从无知到有知。（《说谦虚》）

（1）句中的"从……到……"作主语。（2）句中的"从……到……"作谓语。（3）句中的"从……到……"作定语。（4）句中的"从……到……"单独作文章标题。（5）句中的"从……到……"作复句中的分句。如果说，"从……到……"是两个相连的介词短语，那么，这两个介进词把后面的名词性词语介绍给谁呢？在现代汉语中，名词性词语可以直接作主语、谓语、定语的，无需介词介绍。而且，在（4）（5）句中两个介词短语单独充当文题和复句中的分句，这就更难以用介进词的性能来加以解释了。以（2）句为例我们认为，其中的"到"显然是表示主语"我"的行动的，"连县"是"到"后的处所宾语，"从英德"是介词短语作"到"的状语，表示行动的起点，而且后接趋向词"去"，补充说明行动的趋向，这就更显示出"到"的动词性。所以，"从……到……"结构实际上是"状动宾"结构，它在（1）—（5）句中分别充当主语、谓语、定语，以及文章标题和复句中的分句。

下列句中"从……到……"的用法更能说明此处的"到"是动词不是介词：

（6）从那时候起，一直到现在，我对这个问题的探讨始终没有间断。（《〈物种起源〉导言》）

（7）对课也渐渐加上字去，从三言到五言，终于到七言。（《从百草园到三味书屋》）

（8）一个从尘土飞扬、寒风凛冽的北方初到南方的人会有什么感受呢？一个从雾都伦敦回到晴朗的北中国的人，又会有什么想法呢？（《一幅恬淡明丽的春之图——读老舍的〈济南的冬天〉》）

（9）船由窄窄的小水口进入另一个湖。（《石湖》）

（10）前年从太湖的洞庭东山回苏州，路过石湖。（《石湖》）

（11）上自穹苍，下至船前的水，自浅红至于深翠，幻成十色。（《寄小读者》）

（12）……于是看小旦唱，看花旦唱，看老生唱，看不知什么角色唱，看一大班人乱打，看两三个人互打，从九点多到十点，从十点到十一点，从十一点到十一点半，从十一点半到十二点，——然而叫天竟还没有来。（《社戏》）

（6）句中将"从……到……"扩展开，"从……"后加趋向动词"起"作所修饰的中心语，"到"前加副词"一直"作状语，这里的"到"显然是表示时间变化的动词，"从那时候"则是此变化的起点。（7）句中"从三言到五言"和"终于到七言"，是两个处于同一层次的相承接的分句，后者承前省去了变化的起点"从五言"，"到"之前又加时间副词"终于"作状语。（8）句中前一个问句中的"到"前面加时间副词"初"（相当于"刚"）作状语，后一问句中用动词"回到"居于"到"的位置和"由……"相连。（9）（10）句中也是用动词"进入""回"替代"到"和"从……"相连。（11）句中"自"相当于"从"，"至"即"到"的意思，"至于"也显然用作动词。（12）句中用四个"从……到……"结构充当四个分句，不可想象，这里的"从……"和"到……"是两个介词短语，而致使这一系列的分句都没有一个谓语中心。

介词短语作状语，有时为了强调，常常将它放在主语前面，这样用时，它不仅修饰句中作为谓语中心的动词，而且对全句也有一定的修饰作用。例如：

（1）在你们中间，我感到自己是一个对社会有用的人。（《生命的支柱》）

（2）由于他的宣传影响，我才参加了革命。（《九个炊事员》）

（1）（2）句中的加点部分就是置于主语前面的介词短语。

3.介进词不能后带"着、了、过"表示时态。

试比较下列句子：

（1）我竟与闰土隔绝到这地步了。（《故乡》）

（2）我一直支持到了贝柴克宫。（《二六七号牢房》）

（3）船随山势左一弯，右一转。（《长江三日》）

（4）渡船随着汹涌的水浪颠簸前进。（《大渡河畔英雄多》）

（1）（3）句中的"到、随"后面都没带"了"和"着"，（2）（4）句中的"到"和"随"后面分别带"了"和"着"，两者在句中所起的作用和表示的意义基本一样，这里的"了"和"着"不表示时态，只作为构词的一个虚语素，和前面的"到、随"结合成一个词，这里的"到"和"随"也就不能因为后面有"了"和"着"而被认定为动词。

为什么"到、随"等少数介进词可以和"着、了"等结合成词呢？其原因可能是这些介进词都是从动词演化而成的，人们在使用过程中，还会不自禁地像对待动词那样对待它，当说到此处，语气需略微舒缓时，便信口用上一个"着"或"了"，这纯属习惯使然。尽管有时"着""了"的使用，似乎确有意思，它前面的介进词也似乎确有动性，但只要是符合介进词的组合规则，那么这个介进词就不能看作动词，这里的"着、了"也只能是构词的语素，而不能当作时态词。例如：

（5）我们应当向他学习，我们应当同着他前进。（《鲁迅的精神》）

（6）我要和着你，和着你的声音，和着那茫茫的大海，一同跳进那没有边际的没有限制的自由里去！（《雷电颂》）

（7）好似哪里飞来的一把神镰突然停在了那里。（《云赋》）

（5）句中的"同着"和"他"组成介词短语修饰"前进"。（6）句中的三个"和着"各自和后面的名词性词语组成介词短语，修饰"跳进"。（7）句中的"在了"和"那里"组成介词短语补充说明"停"。

下一句中的"同着"用法与（5）句不同：

（8）大堰河，含泪的去了！同着四十几年的人世生活的凌侮，同着数不尽的奴隶的凄苦，同着四块钱的棺材和几束稻草，同着几尺长方的埋棺材的土地，同

着一手把的纸钱的灰。大堰河，她含泪的去了。(《大堰河——我的保姆》)

(8) 句中的五个"同着"及其后的名词短语像是组成五个介词短语。但它们和前后的两个谓词"去"在结构上联系不怎么紧密，在语意上有一定的独立性。我们认为，这里的"同"是动词，"着"是时态词，后面的名词短语作宾语，五个"同着……"充当两重复句中的五个分句。

4. 介进词不能受副词修饰。

介进词没有实在意义，在句中只起结构上的作用，因此，它是不能受副词修饰的。如果介进词能接受副词的修饰，那么，这就不是介进词，而是用作动词了。例如：

(1) 还没到放学的时候，他就走了。(《装在套子里的人》)

(2) 现在，故乡的春天又在这异地的空中了。(《风筝》)

(3) 不能全靠别人，家里的事，你就多做点。(《荷花淀》)

(1) —(3) 句中的"到、在、靠"都受副词修饰，而且都有实在意义，在句中直接陈述主语，也不起介绍引进的结构上的作用，所以它们都是动词，不是介进词。

有时，介进词前面有副词或其他修饰成分，但这不是修饰介进词的，而是修饰介词短语后面的动词（或性状词）的，它们和介词短语一起充当动词前面的多项状语。例如：

(1) 有一件小事，却于我有意义。(《一件小事》)

(2) 我们这一代人一定要用自己的双手，搬掉落后和贫穷。(《土地》)

(3) 毛驴一个一个打他眼前闪过。(《打粮站》)

(4) 解放以来，党和国家一直对陵园十分关注。(《巍巍中山陵》)

(5) 就在雪山群峰的围绕中，一片奇丽的千里牧场展现在你的眼前。(《天山景物记》)

(6) 早在三千多年以前，我国就有了最早的文字。(《从甲骨文到口袋图书馆》)

(1) —(6) 句中的"却""一定要""一个一个""一直""就""早"等词语，不是修饰紧连着的介进词"于""用""打""对""在"等，而是分别修饰后面的动词"有""搬掉""闪""关注""展现""有"。这几个词语都可以移到被修饰的动词前面仍可说得通，只是由于受多项状语语序的影响，语意的侧重点有些变化或在语气上稍觉不自然。如（1）句可说成"有一件小事，于我却有意义"。

也有少数单音副词（或性状词）很像是修饰后面的介进词的。例如：

（7）单凭勇敢和大胆是成不了大事的。（《青年必须掌握科学》）

（8）远在二十五年前，我读到过一部诗集《雪朝》。（《朱自清先生》）

（9）中国猿人头骨远比现代人低。（《人类的出现》）

（10）她的惊人的事业心，远比她惊人的毅力更加伟大。（《生命的支柱》）

（7）句中的"单"相当于"只"，表示行动的范围；（8）句中的"远"相当于"早"，表示行动时间的久远；（9）（10）句中的"远"相当于"更"，表示性状程度差异之大。这两个词在古汉语中都是性状词，在现代汉语中已成为（或近于）副词。它们在此处的用法都带有文言色彩，不适于口语，所以也不能移到后面的动词和性状词之前，看上去，它们和紧连着的介进词关系密切，对此，我们的想法是，把它和介进词视为一个整体，当作一个双音节的介进词。

5.介进词有时作为一个语素和别的语素结合成一个词。例如：

想到、看到、用来、用以、得以、处在、处于、在于、位于、敢于、善于、便于、属于、急于、限于、用于、介于、习惯于、无愧于、从小、从中、当时、教给、送给

上列各词，在分析句子时，不能将它们拆开来理解为两个词。

第二节 连接词

连接词在词、短语、句子之间起关联作用，并显示所连接部分之间的种种关系。

一、连接词的分类

根据连接词所显示的不同关系，可以将它分为两大类。

（一）表示联合关系

所连接的各个部分，相互间平等并列，无主从、偏正之分，每一部分都是说话人所要表示的一个主要意思。联合关系的连词又可以分为并列关系、承接关系、递进关系、选择关系四类。

1.表示并列关系。所连接的各个部分，无先后、轻重之分，是同时具有或呈

现的几个意思。这样的连接词有"和、跟、同、与、及、以及、而、一面（一边）……一面（一边）……"等。

"和、跟、同、与"用法相同，连接并列的词、短语。"与"沿袭自古汉语，文言色彩浓重，多用于书面；"跟"则多用于口语，较为通俗；"和、同"介于文白之间，"和"在口头、书面都通用，"同"则主要用于书面。例如：

（1）组织上和同志们对他的身体一直很关心。（《鞠躬尽瘁》）

（2）大厦里面和城里的一切都寂静了。（《火烧敌军司令部》）

（3）赵州桥高度的技术水平和不朽的艺术价值，充分显示了我国劳动人民的智慧和力量。（《中国石拱桥》）

（4）它对它自己和对人都没有信心。（《小麻雀》）

（5）他把研究和演算数学当作一种休息。（《马克思的好学精神》）

（6）马克思几乎每天从上午九时到下午七时都在这里读书和找资料。（《马克思的好学精神》）

（7）开着窗子的煤业联合公司大厦，沉浸在黑暗和睡梦中。（《火烧敌军司令部》）

（8）任其下去，求得和平和亲热。（《反对自由主义》）

（1）—（8）句中都用"和"连接两个词或短语，构成联合短语，在（1）（2）句中充当主语；在（3）句中充当主语和宾语的中心语；在（4）句中充当状语；在（5）句中后带"数学"作宾语，共同组成动宾短语，又和介词"把"构成介词短语作状语；在（6）句中充当谓语的中心语；在（7）句中和"中"构成方位短语，又和介词"在"构成介词短语作补语；在（8）句中充当宾语。

（9）二黑跟小芹两人一到区上就放开了。（《小二黑结婚》）

（10）你怎么可以这样对待你的妻子跟孩子！（《守财奴》）

（11）错误同真理，失败同成功，像睡梦同清醒，黑夜同黎明一样紧密相连。（《"畏惧错误就是毁灭进步"》）

（12）解放后，全国大规模兴建起各种形式的公路桥与铁路桥。（《中国石拱桥》）

（13）这场辩论反映了科学与反科学、进步与保守两种势力的斗争。（《祖冲之》）

（9）—（13）句中用"跟、同、与"连接两个词或短语，构成联合短语，在（9）句中和"两人"构成复指短语，充当主语；在（10）（12）句中充当宾语的中心语；在（11）句中充当主语；在（13）句中由两个用"与"的联合短语组成一个大的联合短语，又和"两种势力"构成复指短语，充当定语。

"和"还可以连接三个以上的并列成分，只在最后两个成分之间用一个"和"就行。例如：

（1）马克思……还以毕生的精力，重新探讨、批判和检验了人类丰富的文化遗产。（《马克思的好学精神》）

（2）这时有人划了火柴，一霎时照亮了那人的脸、香烟和手指。（《火烧敌军司令部》）

（3）我们……细心地观察着道路、山头、村庄和河流。（《奠基礼》）

"和、跟、同、与"有时也用作介词（见介词部分）。如果所连接的两个部分地位平等，将它们互相调换，句子的基本意思不变，这时的"和"等就是连词；如果所连接的两个部分地位不等，以前者为主动者，后者为参与行动的对象，它们不能互相调换，这时的"和"等就是介词。试就下列两句进行比较区别：

（1）宏儿和我靠着船窗，同看外面模糊的风景。（《故乡》）

（2）周副主席和干部们一一握手。（《奠基礼》）

（1）句中的"宏儿""我"是共同行动的，不分主次，既不是"宏儿"来找"我"，也不是"我"去找"宏儿"，将二者位置调换，说成"我和宏儿"，也不影响句子结构和句意的表达，所以（1）句中的"和"是连词，不是介词。（2）句中显然是以"周副主席"为行为的主动者，"干部们"是参与行动的对象，是"周副主席"找"干部们""一一握手"的，如将"干部们"移到句首，则句意大变，而且"周副主席"只有一个，和后面的状语"一一"意思矛盾，所以（2）句中的"和"是介词，不是连词。

为了划清连词和介词的界限，有人主张让"和、与"和"跟、同"分工，前者作连词，后者作介词，这只是主观上的设想，还要看语言的发展趋势而定。

"及、以及、连同"所连接的部分，前面的比后面的较为重要，是说话人的主要意思，后者是连带的部分，其实也是不可少的部分。例如：

（1）根据猿人骨骼化石及和它们在一起发现的兽骨和石器的研究，中国猿人生存的时代属旧石器时代的早期。（《人类的出现》）

（2）社会实践及其效果是检验主观愿望或动机的标准。（《文艺批评的标准》）

（3）那壮丽的柱廊、淡雅的色调以及四周层次繁多的建筑立面，组成了一幅庄严绚丽的画图。（《雄伟的人民大会堂》）

由（1）—（3）句可以看出，"以及"等前面所关联的可以是一个部分，也可以是两个、三个甚至更多部分的并列。

"而"表示并列关系可以连接两个意义倾向一致的性状词。例如：

（1）他是一个高而瘦的老人。（《从百草园到三味书屋》）

（2）十几年来，他走过了一条光荣而又布满荆棘的道路。（《为了周总理的嘱托》）

（3）说话时态度镇静，亲切而又从容。（《琐忆》）

"而"也可以连接并列的肯定、否定两方面的意思。例如：

（4）我们在这个运动中开展了正确的而不是歪曲的，认真的而不是敷衍的批评和自我批评。（《批评和自我批评》）

（5）对同志对人民不是满腔热忱，而是冷冷清清，漠不关心，麻木不仁。（《反对自由主义》）

（6）它不是写在有限的纸上，而是写在无限的宇宙之间。（《科学的春天》）

（5）—（6）句中的"不是""而是"，许多语法书中说它是表示并列关系的连接词，其实在此真正是连接词的只有"而"，"不"和"是"只是起关联作用的副词和表述词。"不是……而是""不……而"等，说它们是关联词语是可以的，说它们是连接词则失之偏颇。

"既"和"又"配合，连接两种并列的同时具有的性状或情况，许多语法书中也把它当作连接词，其实这也只是两个起关联作用的副词。例如：

（1）真是既团结，紧张，又严肃，活泼。（《记一辆纺车》）

（2）寨子里既没粮，又没水。（《奠基礼》）

（3）这个名字既堂皇又响亮，同时又可以表示它从前不过是一匹凡马。（《堂吉诃德》）

"一边（边）……一边（边）""一面……一面"等也表示并列关系，连接两个同时进行的行动。例如：

（1）他边吃边向身边的战士称赞野菜的味道。（《草地晚餐》）

（2）边走边观察，边观察边研究。（《奠基礼》）

（3）圆规一面忿忿的回转身，一面絮絮的说。（《故乡》）

有时只用一个"一面"，另一句隐含着"一面"的意思。例如：

（4）我一面应酬，偷空便收拾些行李。（《故乡》）

也可以连用三个"一面"，连接三个同时进行的行动。例如：

（5）老栓一面听，一面应，一面扣上衣服。（《药》）

下句中的"一面"不是连接词：

他的旁边，一面立着他的父亲，一面立着他的母亲。（《药》）

这句中的"一面"有实在的意义，表示桌子的一边，主要不起关联作用，应是表处所的名词。

2.表示承接关系。所连接的各个部分在时间、行动或意义上前后衔接，有先后之分，次序一般不能颠倒。这样的连接词有"于是、继而、从而、以便"等。例如：

（1）瓶里冒出一股青烟，飘飘荡荡地升到空中，继而弥漫在大地上。（《渔夫的故事》）

（2）哥白尼推翻了亚里士多德以来从未动摇过的地球是宇宙的中心、日月星辰都绕地球转动的学说，从而在实质上粉碎了上帝创造人类，又为人类创造万物的那种荒谬的宇宙观。（《哥白尼》）

（3）老大臣注意地听着，以便回到皇帝那里去时，可以照样背出来。（《皇帝的新装》）

从（1）—（3）句中可以看出，表示承接关系的连接词，所连接的部分大都是复句中的分句。（3）句中的"以便"，许多语法书中叫它为表示目的关系的连词，即它后面的意思是它前面行动的目的。我们认为，目的关系也是意义上的衔接，应该说是承接关系中的子类，故而将"以便"归入承接关系一类。

"而"也可以连接在行动或意义上相承接的部分。例如：

（1）过去，多少劳动者为了土地而进行了连绵不断的悲壮斗争。（《土地》）

（2）我仿佛看见了民族的精神化身而为他们两个。（《风景谈》）

（3）个人的悲剧扩大而成为了民族的悲剧。（《甲申三百年祭》）

（4）他一定要继续照耀下去，而人们一定会在他那温暖的光辉里生活下去。（《二六七号牢房》）

（1）句中的"而"连接状语和中心语。（2）（3）句中的"而"连接紧缩复句中的两个谓语部分。（4）句中的"而"连接两个句子。

"否则、不然"表示反向承接的关系，所连接的两个部分，后者是前者相反行动的结果。例如：

（1）幸而车夫早有停步，否则伊定要栽一个大斤斗。（《一件小事》）

（2）它是胡涂了，昏迷了，不然它为什么要从烟筒里面出来呢？（《小麻雀》）

（3）我们一个人只吃一个吧，要不然老太太该埋怨我们了。（《母亲》）

3.表示递进关系，所连接的各个部分有轻重之分，说话人对后者的意思比前者更为强调。这样的连接词，有"不但（不仅）……而且""并且""并""甚至"等。

有时是"不但（不仅、不单、不只）"和"而且（并且、甚至）"成对地配合使用，这样，递进的语意更强。例如：

（1）这种桥不但形式优美，而且结构坚固。（《中国石拱桥》）

（2）校舍里非常寂静，似乎他每走一步不仅校舍里可以听见，甚至全城都能听见。（《火烧敌军司令部》）

（3）红旗不但没被砍倒，反而插到山尖上了。（《太行青松》）

由（2）（3）句可见，用"甚至"连接的两部分，后者比前者意思更为突出，更加强调。"反而"并不表示转折关系，而是将相反的两个意思加以对比，更突出后者，这里的"反而"可以用"而且""甚至"替换，只是用"反而"语意更强。

有时前面不用"不但"，只在后一意思前用"而且""甚至""反而"等表示递进，这与用"不但"相较，显得语气稍弱。例如：

（4）先前的紫色圆脸，已经变作灰黄，而且加上了很深的皱纹。（《故乡》）

（5）……教我惭愧，催我自新，并且增长我的勇气和希望。（《一件小事》）

（6）如此浩荡的海水中竟没有鱼虾、水草，甚至连海边也寸草不生。（《死海不死》）

（7）爸爸妈妈看着孩子在风雨中那么大胆，没有责备，反而喜展眉间。（《我们爱韶山的红杜鹃》）

也有只在前头用"不但（不单）"后面不用"而且"的。例如：

（8）不单咱家没有钟，整个大杂院，哪家都没有钟。（《新手表》）

（8）句中"整个……哪家都没有……"已经含有递进的意思，这样，更适合人物的身份。

"何况、况且、而况"等也属于递进关系的连接词。它们都用于连接复句中两个语意递进的分句。前一分句摆出比较超常的情况，后一分句则说明较此更甚的情况。在说出此更甚情况之前，用"何况"等提出造成此情况的缘由，后面更甚情况可略而不说，让读者（或听者）自去理解，形成悬念，递进语气更为强烈。例如：

（9）天儿越晴，水藻越绿，就凭这些绿的精神，水也不忍得冻上；况且那长枝的垂柳还要在水里照个影儿呢。（《济南的冬天》）

（10）我们这白篷的航船，本也不愿意和乌篷的船在一处，而况并没有空地呢……（《社戏》）

在一段话中，还有连用三个递进连接词，表示三层递进关系的。例如：

（11）他满身灰尘的后影，刹时高大了，而且愈走愈大，须仰视才见。而且他对于我，渐渐的又几乎变成一种威压，甚而至于要榨出皮袍下面藏着的"小"来。（《一件小事》）

从上述情形看，递进关系的连接词主要用于连接复句中的分句。在语言实践中，它也常常连接词、短语或句子的。例如：

（12）他的研究成果，在今天以至今后，都会在生产斗争和科学实验中长久地放出光彩。（《卓越的科学家竺可桢》）

（13）他们贡献出所有的精力，甚至最宝贵的生命。（《松树的风格》）

4.表示选择关系。所连接的各个部分是不确定的，供选择的。这样的连接词，有"或、或者"等。例如：

（1）我就悄悄把书一放，挑水或放牛去了。（《母亲的回忆》）

（2）出现了高层云，往往在几个钟头内便要下雨或者下雪。（《看云识天气》）

（3）这在国方的伟人们看来，颇似奇迹，或以为夸张。（《清贫》）

（4）这样看来，喜欢搞理论而不愿意进行观察和实验，可以有两种动机，或者是追求虚无缥缈的美感，或是逃避辛勤劳动。（《谈谈虚和实的关系》）

（1）和（2）句中的"或、或者"连接短语，（3）和（4）句中的"或者、或是"连接复句中的分句。

下列句中"或者"的用法与上述各例不同：

（5）车夫毫不理会，——或者并没有听到，——却放下车子，扶那老女人慢慢起来。（《一件小事》）

（6）她总觉得害怕，以为或者就是来找她和孩子的。（《夜》）

（5）句中两个破折号间的"或者……"也可看作独立语中的插入语，是对上一分句意思的补充说明。(6) 句中的"或者"是"或许、也许"的意思，表示未定。

(二)表示偏正关系

所连接的两部分，说话人的意思只在其中的一部分，另一部分是为了说明这一部分，一正一偏，一主一从。偏正关系的连接词又可以分为转折关系、假设关系、条件关系、因果关系、取舍关系等小类。

1. 表示转折关系。所连接的两部分内容意义相反，说话人的主要意思在后者，前者是为了突出说明后者的，前为偏，后为正。这样的连接词有"虽然……但是、可是、然而、固然、尽管、即使、哪怕"。

有时是"虽然(固然、尽管、即使、哪怕)"和"但是、然而"成对地配合使用，前者表示"让步"，承认某种事实，后者表示语意的逆转，这样，转折语气更强。例如：

(1) 虽然我一见便知道是闰土，但又不是我这记忆里的闰土了。(《故乡》)

(2) 我们这些卖票的，开车的，虽说有个职业，其实全是"在业游民"。(《新手表》)

(3) 警卫员……尽管心里有些舍不得，也只好端着稀粥向病号那边走去。(《草地晚餐》)

(4) 在我看来，花木灿烂的春光固然可爱，然而，瓜果遍地的秋色却更加使人欣喜。(《秋色赋》)

(5) 《天体运行》出版以后，即使是宗教的革新者马丁·路德也骂哥白尼是疯子。(《哥白尼》)

(6) 哪怕你后来有余钱，根据需要想添置些什么，也不会让那些东西塞住你的心了。(《新手表》)

(7) 那"老虎团"纵然人多，却吃不住这种混战。(《"老虎团"的结局》)

(8) 任是睁大了眼睛，竭力张望，也望不见山海关。(《雄关赋》)

(5) (6) 句中的"即使、哪怕"有时候提出的是假设的情况，有些语法书中说它是假设关系连词，可是，它所连接的两部分内容意义相反，这与假设关系不同，而且它所提出的情况，也有不是假设的，而是事实[如(5)例，再见复句部分]。因此，我们认为，还是根据它所连接的两部分内容之间的关系，将它归入转折连词为好。

（3）（5）—（8）句中，开头用了"虽然"等连接词，后面没用连接词"但是"，而是用副词"也、却"等表示转折的意思。

有时候，开头不用"虽然"之类的连接词，只是先叙述某种事实，接着用"但是"等表示后一部分与前一部分意思相逆转，"但是、然而"表示的转折语气较强，"可是、不过"表示的转折语气较弱。例如：

（9）我的母亲很高兴，但也藏着许多凄凉的神情。（《故乡》）

（10）往常他骑车比谁都快，可是这一天很慢。（《鞠躬尽瘁》）

（11）这就是白杨树，西北极普通的一种树，然而决不是平凡的树。（《白杨礼赞》）

"虽然"等转折关系连接词主要连接复句中的两个分句，有时也可以连接一个句子中的主语和谓语，或状语和中心语。例如：

（12）即使是宗教的革新者马丁·路德也骂哥白尼是疯子。（《哥白尼》）

（13）任是这似铁的雄关，也有被攻破的时候。（《雄关赋》）

（14）他也真怪，即使在最晴朗的日子，也穿上雨鞋，带着雨伞。（《装在套子里的人》）

（15）即使她写字的时候，我们也默默地看着她。（《我的老师》）

（16）即令是为了证实一个不重要的事实，他也要到大英博物馆走一趟。（《义理、考据和辞章》）

（12）（13）句中连接主语和谓语。（14）（15）句中连接状语和中心语，（16）句中的"为了……事实"是状语提到主语前（有的语法书中叫全句修饰语）。

2.表示假设关系。所连接的两部分内容，前者是假设的前提，后者是在此前提下产生的结果，说话人的主要意思在后不在前，前为偏，后为正。这样的连接词有"如果……那么、假使、假如、要是、若是、若、倘使、倘"等。例如：

（1）如果说瞿塘峡像一道闸门，那么巫峰简直像长江上一条迂回曲折的画廊。（《长江三日》）

（2）若是地球不是宇宙的中心，那么无数古人相信的事实就成为一场空了。（《哥白尼》）

（3）这时你会真心佩服昔人所造的两个字"麦浪"，若不是妙手偶得，便确是经过锤炼的语言精华。（《白杨礼赞》）

（4）倘肯多花一文，便可以买到一碟盐煮笋……（《孔乙己》）

（5）倘使我能够相信真有所谓"在天之灵"，那自然可以得到更大的安慰。

（《记念刘和珍君》）

（6）假若敌人再在同口安上据点，那和端村就成了一条线，淀里斗争形势就变了。（《荷花淀》）

由上述各句可见，假设关系的连词所连接的都是复句中的两个分句，前面用"如果"等，后面则用连接词"那么、那"或副词"就、便"等相配合。

3.表示条件关系。所连接的两部分内容，前者提出条件，后者是在此条件下产生的结果，说话人的主要意思在后不在前，前为偏，后为正。这样的连接词有"只有、只要、除非、无论、不管"等。

"只有"等提出了实现结果需具备的必要条件，没有这个条件，则不会有如此的结果。例如：

（1）只有穿长衫的，才踱进店面隔壁的房子里，要酒要菜，慢慢地坐喝。（《孔乙己》）

（2）只有不畏劳苦沿着陡峭山路攀登的人，才有希望达到光辉的顶点。（《马克思的好学精神》）

（3）他既不关心他的军队，也不喜欢去看戏，也不喜欢乘着马车去游公园——除非是为了去炫耀一下他的新衣服。（《皇帝的新装》）

（1）（2）句中用"只有"提出必要条件，然后用副词"才"与之配合，引出结果，它们所关联的可以是复句中的两个分句，也可以是单句中的主语和谓语，或状语和中心语。（3）句是条件和结果的倒置，先摆出结果，再用"除非"提出唯一的条件，"除""非"是否定之否定，相当于肯定的"只有"，这样的偏正倒置，是为了强调这个条件。

"只要"等提出了实现结果需具备的充分条件，有了这个条件，就一定能有下述结果。例如：

（4）只要伤员告诉我一声好，那我就不知道该怎么快乐了。（《截肢与输血》）

（5）只要活着一分钟，就要为人类放出一分钟的光和热。（《鞠躬尽瘁》）

"无论、不论、不管"等，排除实现结果需具备的任何条件，也就是不需任何条件，都能实现预期的结果。例如：

（6）无论什么时候拾级登山都会心旷神怡。（《晋祠》）

（7）不论是大街上还是小河边，那遍地伸手可及的葡萄，竟没有一颗丢失的。（《秋色赋》）

（8）不管刮多大风，下多大雨，你得抱着票兜子在厂门外蹲着。（《新手表》）

（6）—（8）句中的"无论"等所提出的条件中，常用"怎样、什么"表示任指的代词以概指条件的普遍性，在说到结果时，则常用"都、一直"副词相配合以显示其必然性。

"尽管"一般用来表示转折关系（见前），而在下句中则不同：

（9）尽管你是怎样的咆哮，你也不能把他们从梦中叫醒。（《雷电颂》）

"尽管"表示转折关系时摆出的意思都是定指的，常用"这样、这么"等指示代词，后面则常用"但是"等与之配合，表示意思的逆转。（9）句中的"尽管"则是用表示任指的疑问代词，排除一切条件，后面用副词"也"与之配合，表示结果出现的必然性，这与无条件连接词"无论、不管"的用法相同。所以，（9）句中的"尽管"不表示转折关系，而是表示条件关系。

4.表示因果关系。所连接的两部分内容，前者表示原因，后者表示在此原因下产生的结果，说话人的主要意思在后不在前，前为偏，后为正。这样的连接词有"因为（由于）……所以、之所以……是因为、既然……那么、因此、因而"。

"因为……所以"等，前者表示原因，后者表示结果，例如：

（1）这是因为物质条件困难，夹板不够，所以长成畸形的。（《截肢和输血》）

（2）由于各拱相联，所以这种桥叫联拱桥。（《中国石拱桥》）

（3）一九二五年三月十二日，孙中山先生因肝癌医治无效，病逝于北京。（《巍巍中山陵》）

（4）古老的洞庭，由于历代反动统治阶级不加治理，洪水常常泛滥。（《珍珠赋》）

（5）知识的海洋是无穷无尽的，学习是无止境的。因此，在学习上一定要抓紧时间，分秒必争；一定要虚心，决不能自满。（《给青少年的一封信》）

（6）以个人利益放在第一位，革命利益放在第二位，因此产生思想上、政治上、组织上的自由主义。（《反对自由主义》）

（1）（2）句中"因为（由于）""所以"配合使用，明确表示因果关系。（3）（4）句中只在前面用"因（由于）"表示原因，后面的结果自现。（5）（6）句中的"因此"就是"因为如此"的意思，用在后一意思之前，兼表原因和结果。

"之所以……是因为"是因果倒置，先说结果，后指明原因，说话人的主要意思在原因，即以正为偏，以偏为正。例如：

（7）散文之所以比较容易写，是因为它更接近于我们口语中的语言。（《散文重要》）

（8）这不但是杀害，简直是虐杀，因为身体上还有棍棒的伤痕。（《记念刘和珍君》）

（8）句中先摆出结论，只在后面用"因为"指出原因。

"既然……那么"表示推断因果关系，先用"既然"提出一个事实作根据，后面则是由此推出的结果。例如：

（9）他既然这样完全失掉了理性，就发生了哪个疯子头脑里都不曾有过的一种奇想。（《堂吉诃德》）

（10）哥哥嫂子既然扔开他像泼出去的水，他又何必恋恋不舍呢？（《牛郎织女》）

5.表示取舍关系。对所连接的两部分内容进行比较衡量，决定取一舍一，有的先取后舍，有的先舍后取，说话人的主要意思在后不在前，前为偏，后为正。这样的连接词有"宁肯、与其"等。例如：

（1）她宁肯自己挨饿，也要把最后的几升米匀给贫苦的农友。（《我们爱韶山的红杜鹃》）

（2）他宁愿自己多忍受点艰苦，也不愿吃掉自己敬爱的首长的稀粥。（《草地晚餐》）

（3）与其这样舍混下去，倒不如让她明白了，会从这里产生出抵抗的力量。（《母亲》）

（4）工农的年轻一代在这样的学校里，与其说是受教育，倒不如说是受资产阶级的奴化。（《论学习共产主义》）

（1）（2）句中取前舍后，主要意思在舍。（3）（4）句中舍前取后，主要意思在取。

二、连接词的语法形式

（一）无实在意义的连接词

连接词无实在意义，不能单独回答问题，也不能用肯定否定相叠的方式表示疑问。

(二)起关联作用的连接词

连接词只起关联作用，它和所连接的部分之间没有陈述、支配、修饰、补充等关系，它独立于句子结构之外，充当句中的独立成分。例如：

(1) 可是秘密就在这口井里。(《第比利斯的地下印刷所》)

(2) 要是不立即做手术，这伤员很快就会死亡。(《截肢和输血》)

(1)(2)句中的"可是""要是"和后面的句子不发生结构上的联系，去掉它们，句子的结构和意义基本上不受影响，只是上下文之间的关联不明显。(1)句用了"可是"，显示出此句与上文之间的转折关系。(2)句用了"要是"，显示出两分句之间的假设关系。

(三)连接词的演变

连接词都是由别类词演变来的，虽然从字面上可以看出每个语素的实在意义，但是它和整个词的作用无关。如"不过"不是"不超过"的意思，而是表示上下文之间的转折关系；"尽管""哪怕"不是"尽量多管管""哪个害怕"的意思，而是表示先承认某种事实，再将句意转向相反方面；"无论"不是"没有评论"的意思，而是表示排除一切条件。

下列句中的"只有""可是""不论""不管"等，都不是连词，而是各语素独立成词，用了它的原意：

(1) 江南的雪，可是滋润美艳之至了。(《雪》)

(2) 食物不论，力气是不惜的。(《祝福》)

(3) 贪官污吏，光管升官发财，不管农民死活！(《反割头税的斗争》)

(1)—(3)句中的"有""论""管"都是动词，分别受副词"只、不光"的修饰；"可"和"是"也是两个表示强调语气的副词，各自递加地修饰形容词"美艳"。

有些连接词可以明显看出它的整体作用与每个语素的原意有关，弄清其每个语素的意义，可以有助于我们理解整个词的关联作用。例如：

(1) 除非你去请，他才来。

(2) 除非你去请，他不来。

(1)(2)句的第二分句中用了两个意义相反的副词"才"和"不"，但其实际句义却是相同的。这是为什么？问题的关键在于须弄清连接词"除非"的实际意义。（1）句中"除非"的语素意是"除去不是"，否定之否定，还是肯定，相当于表示必要条件的连接词"只有"，全句的意思是"只有你去请，他才来"。（2）句中的"除非"表示对所提条件的排除，相当于"除去"或"除了"，即"除了你去请，他不来"，"除了……不"也是否定之否定，仍为肯定，即"只有你去请，他才来。"

像这样须弄清每个语素意义的连接词还有：

"否则"——"不这样，就……"

"甚至"——"更进一层，到了……"

"不但"——"不只"

"固然"——"本来这样"

"即使"——"就让""就叫"

第三节　粘着词

粘着词附着在句中词或短语的后面，表示词语之间的某种结构关系。这样的词有"的、地、得"等。

一、"的"(de)

"的"附着在修饰名词（或名词性词语）的词、短语后面，显示这个词或短语对后面的名词性词语起修饰和限制的作用。例如：

（1）地上本没有路，走的人多了，便也成了路。（《故乡》）

（2）勤劳的家庭是有组织有规律的。（《母亲的回忆》）

（3）上车干一天，月底才发给你这一天的工钱。（《新手表》）

（4）清贫，洁白朴素的生活，正是我们革命者能够战胜许多困难的地方！（《清贫》）

（5）这在母亲心里是多么惨痛悲哀和无可奈何的事啊！（《母亲的回忆》）

（6）这是令人赞叹的奇迹。（《珍珠赋》）

（1）—（3）句中修饰名词的有各类基础词以及称代词，它们和名词之间用了"的"，就更突出地显示其对名词的修饰作用。（4）—（6）句中修饰名词的是各种短语，它们和名词之间必须用"的"，否则句子就不通，或产生歧义。

一些动词或动词性短语修饰名词，而且此动词和被修饰的名词之间在意义上可能发生动宾关系或其他关系，这时，在修饰语和名词之间必须用"的"，否则就会产生歧义。例如：

（7）他……特别欣赏桥栏柱上刻的狮子。（《中国石拱桥》）

（8）给重病人预备的红灯，他从来也没有用过。（《鞠躬尽瘁》）

（9）我乘坐的解放牌汽车向投宿地马可沟飞奔。（《夜明星》）

（10）雷锋了解老人找儿子的急切心情。（《人民的勤务员》）

（11）他舍不得写好的蜡纸。（《挺进报》）

（7）—（9）句如去掉加点部分中的粘着词"的"，"刻狮子""预备红灯""乘坐解放牌汽车"则都成为动宾短语，在意义和结构上都与原句大不相同。（10）（11）句如去掉"的"，则会误以为"儿子""好"分别是修饰"心情""蜡纸"的，这在意义和结构上，也与原句不符。

有些名词前的修饰语和该名词之间，有时用"的"，有时又不用，用"的"是为了强调修饰成分，或为了凑音节，不用"的"则使语句收到简洁、通畅之功效。例如：

（1）新手表。（课文标题）

（2）上身是你妈用他一件旧衣裳改成的小棉袄。（《新手表》）

（3）人民解放军的革命化建设和战备工作取得重大的进展，民兵工作出现了新的面貌。

（4）……使社会主义革命和社会主义建设进入了新的发展时期。

（5）这是民国六年的冬天。（《一件小事》）

（6）一九六四年春天，他到地委开会。（《鞠躬尽瘁》）

（1）（2）句中的"新""旧""小"都是单音节的性状词，它们和被修饰的名词之间没有用"的"，不会产生歧义，而且读起来更觉简洁、通畅。（3）（4）句中的两个"新"和被修饰的名词之间却用了"的"，一是为了强调修饰成分；二是求得与上下文之间在音节上的协调。（3）句因为前一分句中有"重大的发展"这两个双音词的组合，所以后一分句则需相应地用"新的面貌"这四个音节与之配合；（4）句因为在"新"与时期之间还有一个修饰成分"发展"，所以"新"后面必须用"的"，既可以避免产生"新发展"的歧义，又可以使"新"成为双音节，与"发展时期"的四个音节相称。（5）（6）两句词语组织情形类似，前者用"的"，语气更委婉、深沉，后者语气更简洁、明快。

名词和它的修饰成分之间，在不引起歧义又不需强调修饰成分的情况下，为了语言简洁，则可不用"的"。例如：

(1) 他来兰考之前患过慢性肝病。(《鞠躬尽瘁》)

(2) 顺着木头梯子爬上去。(《第比利斯的地下印刷所》)

(3) 这是一位藏族老阿爸。(《夜明星》)

(4) 他白天是个代理厂长，晚上就成了印刷工人。(《挺进报》)

(5) 这个村子里，设着敌人一个大粮站。(《打粮站》)

(6) 独有这一件小事，却总浮在我眼前。(《一件小事》)

(1) —(6) 句中"慢性"和"肝病"之间，"木头"和"梯子"之间，"藏族"和"老阿爸"之间，"代理"和"厂长"之间，"印刷"和"工人"之间，"敌人""大"和"粮站"之间，"小"和"事"之间，"我"和"眼前"之间，都没有用"的"，表示的意思不受影响，如果加上个"的"，意思也不变，但不用"的"更简洁。

有些情况下，名词和它的修饰语之间，根本不能加"的"，用了"的"就不合汉语的习惯，甚至产生歧义。例如：

(1) 不一会，北风小了。(《一件小事》)

(2) 她的嘴抿成一条线，一绺白发紧贴在额角上。(《罗盛教》)

(3) 这消息，立刻传遍全村。(《罗盛教》)

(4) 大兄弟，你叫什么名字？是哪个单位的？(《人民的勤务员》)

(1) 句中的单音方位词"北"，(2) 句中的数量短语"一条""一绺"，(3) 句中的单音指示代词"这"，(4) 句中的疑问代词"什么""哪个"，它们和后面被修饰的名词之间，都不能加"的"，用"的"就会产生歧义。

如果名词前的修饰成分不止一个，哪个带"的"，哪个不带"的"，可根据表意的需要和各修饰成分的具体情形而定。例如：

(1) 今日洞庭……简直是一个用珍珠缀成的崭新世界。(《珍珠赋》)

(2) 这是他专为亲人准备的仅有的一碗酥油茶呀。(《夜明星》)

(3) 我……却见一个凸颧骨，薄嘴唇，五十岁上下的女人站在我面前。(《故乡》)

有时被修饰的名词不出现，"的"就和前面的修饰成分组成"的"字短语，完全相当于一个以名词为中心的偏正短语，包含、代替了这个被修饰的名词。

例如：

(1) 这来的便是闰土。(《故乡》)

(2) 那坐在后面发笑的是上学年不及格的留学生。(《藤野先生》)

(3) 黄的是土，未开垦的荒地。(《白杨礼赞》)

(4) 这时候光亮的不仅是太阳，云和海水，连我自己也成了光亮的了。(《海上日出》)

有时候，"的"也可附着在修饰动词、性状词的词语后面，对此，我们需作特殊分析。例如：

(1) 对于他的死，我是很悲痛的。(《纪念白求恩》)

(2) 小屋的出现，点破了山的寂寞。(《我的空中楼阁》)

(3) 谷物和矿藏显示着大地的富饶，抗日战争的业绩歌颂着人民的英勇。(《难老泉》)

(1) —(3) 句中的加点部分都是动词或性状词前带修饰语，它们之间用了粘着词"的"。这里的动词、性状词并不表示具体的行动变化或性状，而是表示事件或情况，这属于名词的意义范畴，所以这里的动词、性状词实际上已具有名词的性质，它前面的修饰语是定语而不是状语，其间的粘着词是"的"而不是"地"，它们组成的偏正短语是名词性的而不是动词、性状词性的。

"之"是沿用的文言词，它也可以用在名词的修饰语后面，相当于"的"。不过"之"在现代汉语中已不能自由运用，它常和别的词、短语结合成一个词或一个固定短语。例如：

(1) 心里涌起一股重返故乡的亲切之感。(《夜明星》)

(2) 这块……土地同亲爱的祖国仅仅是一江之隔。(《罗盛教》)

(3) 我要把有限的生命，投入到无限的为人民服务之中去。(《人民的勤务员》)

(4) 我之所以要搞天文科研，不是为了要搞出点什么"名堂"来猎取名利……(《探索星空奥秘的年轻人》)

(1)(2) 句中的"亲切之感""一江之隔"可看作固定短语。(3)(4) 句中的"之中""之所以"是一个词，前者是方位词，后者是标志结果的连接词。

"之"作为粘着词还可以用在语意上有主谓关系的两个词语之间，使这个主谓短语失去独立性，这是古汉语中的一种句式在现代汉语中的沿用。例如：

（5）它的身体机构之巧妙也足使人惊奇。（《蜘蛛》）

（6）中国之大，比这美得多的所谓风景区，数也数不完。（《风景谈》）

（7）今天，我们为实现"四化"而奋斗，这是中华民族历史上从未有过的创举，其任务之艰，难度之大，更需要亿万人民，特别是青年一代百折不回地去奋斗。（《理想的阶梯》）

（5）句中的加点部分，因用了"之"，使这个主谓短语变成了偏正短语，充当句子的主语。（6）（7）句中的加点部分虽用了"之"，但这个主谓短语有一定的独立性，仍未失去其主谓短语的性质，用"之"只使其失去了独立单句的地位，成为承接复句中的一个分句。

二、"地"（de）

"地"附着在修饰动词或性状词的词、短语后面，显示这个词或短语对后面的动词、性状词性词语起修饰作用。例如：

（1）他坐下来，一边认真地听，一边详细地记着笔记。（《鞠躬尽瘁》）

（2）这时，雷震仿佛突然地衰老了下来。（《高山下的花环》）

（3）他们的知识也是比较地不完全。（《什么是知识》）

（4）母亲这样地整日劳碌着。（《母亲的回忆》）

（1）—（4）句中修饰动词、性状词的是性状词、动词、副词和代词，修饰成分和中心词之间都用了"地"，如去掉"地"也可以说得通，但用了"地"更能显示出前后词语之间的修饰关系，对修饰语具有一定的强调意味。

有时，相同的词或短语，在不同的句子里，有的带"地"，有的不带"地"。例如：

（5）炮声渐渐地平息下来。（《奠基礼》）

（6）故乡的山水也都渐渐远离了我。（《故乡》）

（7）由于祖冲之的儿子祖暅（gèn）之再三地坚决请求，又经过实际天象的校验，才得以正式颁行。（《祖冲之》）

（8）汽车很快开到了医院。（《一件珍贵的衬衫》）

（5）（7）句中用"地"，更突出了修饰语的修饰作用，（6）（8）句中不用"地"，句子更显紧凑、简洁，用与不用主要根据具体的语境和说话人表意的需要而定。

有时候，在动词和它前面的修饰语之间必须用"地"。例如：

（1）推着车，艰难地向前走。（《鞠躬尽瘁》）

（2）他能批判地接受前人的科学遗产。（《祖冲之》）

（3）她狂热地、兴奋地跳舞。（《项链》）

（4）拿起一个丢在地上的皮带盘心子，不怀好意地叫她顶在头上。（《包身工》）

（1）—（4）句中都是动词、性状词或动词、性状词性的短语修饰动词，这些修饰语和中心词之间必须用"地"，否则不仅不能标明它们之间的修饰关系，而且会产生歧义，使句中结构关系混乱。

也有时在动词、性状词和它们的修饰成分之间，一定不能用"地"，否则就不合汉语习惯，影响句子通顺。例如：

（1）活到一百岁，享有天大的福，也不要把它磨掉。（《新手表》）

（2）摸黑走路，脚底下还得多留神。（《新手表》）

（3）冰窟窿里一阵晃动，只见伸出两只小手。（《罗盛教》）

（4）几阵凉风过去，阳光不那么强了。（《在烈日和暴雨下》）

（5）风全住了，路上还很静。（《一件小事》）

（6）额上的皱纹也比过去深了，密了。（《草地晚餐》）

（7）周大勇带领战士们向东南方走。（《打粮站》）

（1）句中表示比喻意义的名词修饰性状词，（2）句中单音性状词修饰动词，（3）句中数量短语修饰动词，（4）句中代词修饰性状词，（5）句中单音副词修饰动词、性状词，（6）（7）句中介词短语修饰性状词、动词，在上述情况下，修饰成分和中心词之间不能用"地"。

下面列举的是"的"和"地"用在同一句中，仔细辨别它们的不同用法：

（1）我们在无限的激动中深深地怀念。（《我们爱韶山的红杜鹃》）

（2）主席……亲切地伸出大而有力的手。（《奠基礼》）

三、"得"（de）

"得"附着在动词、性状词和它们的补充成分之间，显示其补充与被补充的关系。

有时候，动词、性状词和它们的补充成分之间的"得"是可用可不用的。例如：

（1）我的故乡好得多了。（《故乡》）

(2) 人影子都照得出来。(《草地晚餐》)

(3) 由于母亲的聪明能干，也勉强过得下去。(《母亲的回忆》)

(1)—(3)句中分别是单音动词、单音性状词和双音趋向词作补充成分，它们和中心词之间的"得"都可以去掉不用，用了"得"更凸显其补充关系，不用"得"，语句则更显简洁紧凑。(2)(3)句中的趋向词作补充成分，用"得"还表示"可能"的意思，即行动变化有实现的可能，但未必已成事实；而不用"得"，则行动已经实现。

有时候，动词、性状词和它们的补充成分之间必须用"得"，以显示它们之间补充与被补充的关系，否则语句就不通，甚至产生歧义。例如：

(1) 山上的气候……变化大得很。(《泰山极顶》)

(2) 那颜色红得可爱。(《海上日出》)

(3) 他哆嗦得像风雨中的树叶。(《在烈日和暴雨下》)

(4) 都苦得他像一个木偶人了。(《故乡》)

(5) 就连桥上的石栏石板也雕刻得古朴美观。(《中国石拱桥》)

(6) 苦涩得使人难受。(《草地晚餐》)

(1)(2)句中副词"很"和性状词"可爱"作性状词的补充成分，说明性状的程度。(3)—(6)句中各种短语充当动词、性状词的补充成分，说明行动变化和性状变化的结果和状态，这里的"得"是不可少的。

也有时候，动词、性状词和它们的补充成分之间一定不能用"得"。例如：

(1) 这件事已经过去四年多了。(《一件珍贵的衬衫》)

(2) 早在十三世纪，卢沟桥就闻名世界。(《中国石拱桥》)

(3) 实在标致极了。(《藤野先生》)

(1)—(3)句中充当动词、性状词补充成分的，分别是介词短语、数量短语、表处所的名词和程度副词"极"，这些词语和中心词之间不能用"得"。

下列句中的"得"不是粘着词：

(1) 再往里，天山越来越显得优美。(《天山景物记》)

(2) 偶尔也听得有草虫在叫。(《风景谈》)

(3) 自己懒得动脑筋。(《不动脑筋的故事》)

(4) 朝鲜少年得救了。(《罗盛教》)

(5) 夜里两点就得动身。(《新手表》)

(6) 姑娘……织得一手好彩锦。(《牛郎织女》)

（7）他家的东西偷得的么？（《孔乙己》）

（8）有一件小事……使我至今忘记不得。（《一件小事》）

（1）—（3）句中的"显得""听得""懒得"都结合成一个动词，是"显出""听到""懒于"（不愿意）的意思。（4）句中的"得"作动词，是"得到"的意思。（5）句中的"得"（děi）是能愿词，表示"必须"。（6）（7）句中的"得"表示"可能"，和前面的动词结合成一个动词（或看作前面动词的补充成分）。（8）句中的"不得"是（6）（7）句中"得"的否定形式，作动词的补充成分。

第四节　表述词

表述词在现代汉语中只有一个"是"。"是"作为起结构作用的表述词，无任何实在的词汇意义，它用在两个名词性词语中间，显示二者之间的表述关系，即判断或标明前者等于或属于后者。例如：

（1）鲁迅就是《阿Q正传》的作者。

（2）位于（南京）东郊钟山南麓的中山陵园，是中国人民伟大的革命先驱——孙中山先生的陵墓所在。（《巍巍中山陵》）

（3）我（许晓轩）永远是一个共产党员。（《挺进报》）

（4）香山红叶是北京最浓最浓的秋色。（《香山红叶》）

（1）（2）句中"是"判断两名词性词语之间是相等的关系，前者和后者的位置可以调换。（3）（4）句中"是"判断前者是后者中的一个，两者的位置不能调换。

在古代汉语中表示两名词性词语之间的表述关系，一般不用"是"，而是直接将二者连用，或用语气词"也""者……也"显示判断。二者之间要用逗号隔开，有明显的语音停顿。例如：

（5）刘备，天下枭雄。（《通鉴》"赤壁之战"）

（6）南阳刘子骥，高尚士也。（陶渊明《桃花源记》）

（7）陈胜者，阳城人也。（《史记·陈涉世家》）

此现象在现代汉语中偶有沿用，不多见。一般用于说明时间、处所、籍贯等情况。句式都比较简短，两名词性词语间一般有较短的语音停顿。例如：

（8）今儿年三十啦。（《白毛女》）

（9）这好地方嘛。（《梁生宝买稻种》）

（10）母亲姓鲁，乡下人。（《鲁迅自传》）

在现代汉语中，表示两名词性词语之间的表述关系（即名词性词语作谓语），一般少不了"是"，否则，句子就会失去判断，表述的意思，前后成分之间就连接不起来，句子就不通了。例如：

（11）那时，天津是热闹的工业城市。（《傻二哥》）

（12）海光，是海洋生物发出光亮的自然现象。（《海光》）

（13）理想是青年朋友最爱谈的话题。（《理想的阶梯》）

（14）时间是最公正的裁判员。（《谈诚实》）

（15）她们的饮食是两粥一饭。（《包身工》）

（11）—（15）句中的"是"在现代汉语中，一般不能少。

"是"用作表述词，还可以表示两名词性词语之间的其他关系。例如：

（16）周围是半人高的木栅栏。（《第比利斯的地下印刷所》）

（17）（山上空气稀薄，）到处是白花花的积雪。（《七个炊事员》）

（18）这的确是一个极可怕的严寒天气。（《快乐王子》）

（19）我们这个院子都是穷苦人家。（《傻二哥》）

（20）松树的花粉是球形。（《花粉》）

（16）（17）句中前一个名词表示处所，后一个名词性短语表示此处所呈现的事物。（18）（19）句中后面的名词性短语表示前者所出现的情况。（20）句中后者表示前者的形状特征。

但我们偶尔也会看到该用"是"而不用的句子。例如：

什么大司命，什么少司命，你们的天大的本领就只有晓得播弄人！什么湘君，什么湘夫人，你们的天大的本领也就只晓得痛哭几声！（《雷电颂》）

此段话中，在两个"就"后面可以加"是"。

由上述情况可见，"是"用作表述词，正是适应从古代汉语到现代汉语、名词性词语作谓语演变的需要而出现的一种句法现象。由此也可看出，在用"是"作表述词的句中，真正作谓语、陈述主语的是"是"后面的名词性词语而不是"是"，"是"只是将两个名词性词语结构起来，显示它们之间的表述（或陈述）与被表述的关系。

而今语法界普遍认为，这样用的"是"是判断动词，和后面的名词性词语组成动宾短语，共同充当谓语。其实，这种"主—是—谓"结构，和一般的"主—

动—宾"结构是不同的。如"我是人"和"我打狗"两例中，"我"和"人"是主谓关系，"我"和"狗"是主宾关系，"人"直接陈述主语，"狗"则是"打"的支配对象，并不直接陈述主语。将这两种结构形式视为一律，是不符合语言事实的。

"是"用作表述词，前面常紧连着副词或其他的状语成分。例如：

（21）回到家里已经是吃夜饭以后了。（《党员登记表》）

（22）古人不可能去的，以为最险的地方，鲫鱼背，阎王坡，小心壁等等，今天已不再是艰险的，不再是不可能去的地方了。（《黄山记》）

（23）在小村里，一家的客，几乎也是公共的。（《社戏》）

"是"作为表述词，只起结构作用，说它还能受副词修饰，能带状语，这在理论上是讲不通的。我们认为，这里的副词或其他的状语成分，并不是修饰"是"的，而是对后面充当谓语的名词性词语有一定的支配作用。此现象和古汉语中"即、乃、非、则"等副词用在名词性词语前类似。例如：

（24）梁父即楚将项燕。（《史记·项羽本纪》）

（25）吕公女乃吕后也。（《史记·高祖本纪》）

（26）民死亡者，非其父兄，即其子弟。（《左传·襄公八年》）

（27）至于髋髀（kuān bì）之所，非斤则斧。（贾谊《陈政事疏》）

（28）环滁皆山也。（欧阳修《醉翁亭记》）

（24）—（28）句中"即、乃、非、则、皆"等是"就是、乃是、不是、都是"的意思。

这种副词用在名词性词语前的现象，在现代汉语中也有沿用。例如：

（29）敌人不下二百人，而我们只几个人。（《大渡河》）

（30）满山皆树。（《我的空中楼阁》）

（31）生存着蝮蛇的小小孤岛，世界上就此一处。（《蛇岛》）

（32）这样的漫漫长夜，已经二十年了。（《一种云》）

（29）—（32）句中的"只、皆、就、已经"等副词都直接用在名词性词语前，其间都可以加一个"是"，不用"是"，读时就需有短暂的语音停顿。此情况也足以说明（21）—（23）句中"是"前面的副词或其他状语成分不是修饰"是"的，而是和"是"共同判断前后两名词性成分之间的表述关系。（参看副词的组合能力部分）

除了用作表述词外，在现代汉语中，"是"还有其他多种用法。

一、用在动词、性状词性词语前

表示对行动变化或性状的强调，相当于语气副词。例如：

(1) 茶花是美啊。(《茶花赋》)

(2) 哎呀，是香，怪不得叫香山。(《香山红叶》)

(3) 孟姜女又是怕，又是恨。(《孟姜女》)

(4) 我们中国人是有骨气的。(《谈骨气》)

(5) 济南的冬天是没有风声的。(《济南的冬天》)

(6) 花是美丽的，树的美丽也不逊于花。(《我的空中楼阁》)

这里的"是"可以去掉，去掉它，句子的基本意义和结构不变，只是语气稍弱。"是"和后面的动词、性状词性的词语之间是修饰与被修饰的关系。句末（或动词、性状词性词语尾部）常用语气词"的"与之配合使用，使强调、确认的语气更明显。这种"是……的"式与用作表述词的"是"后接名词性的"的"字短语不同，其区别表现在以下两方面：

1.在语意上，前者说明主语怎么样了，即具有什么行动变化或性质状态，"是"对此强调和确认；后者则说明主语是什么，即等于或属于什么人、事、物，"是"对此表示判断，显示主谓之间的表述关系。有时候，孤立地看一个句子，很难判定是前者还是后者，那就要联系上下文，看其基本语意倾向是什么。

2.在结构上，前者中的"是"和"的"可以去掉（去掉其中之一，或两个都去掉），句子的结构和基本语意不变，只是语气有所减弱；而后者中的"是"和"的"都不宜去掉，在比较简短的句子中，去掉"是"，让后面的"的"字短语直接作谓语，主谓间作短暂的语音停顿，还可勉强说得通，如果去掉"的"，句子的结构和语意就完全变了，另外，在此"的"字短语后面，都可轻易地补上一个名词。

试比较下列各组句子。

(1) 那公开的考试是在一间古色古香的大厅里举行的。(《第二次考试》)

(2) 陵园的设计是通过方案竞赛入选的。(《巍巍中山陵》)

(3) 正义是杀不完的，因为真理永远存在！(《最后一次讲演》)

(4) 那喷涌的水源，那长流的碧波，永远是活泼泼的，青春常在的。(《难老泉》)

(5) 大自然是崇高、卓越而优美的。(《黄山记》)

（1）—（5）句中"是"和"的"都可以去掉，且后面都不宜加上一个名词，全句说明主语怎么样了，即有什么行动变化或性质状态。

（6）火塘里的灰是冷的。（《驿路梨花》）

（7）厨房里的设备都是现代化的。（《雄伟的人民大会堂》）

（8）尚二叔是打猎的。（《猎户》）

（6）—（8）句中"是"用作表述词，后接一个名词性的"的"字短语。这里的"是"和"的"一般不宜去掉，全句说明主语"属于什么"。

（9）三妹是最喜欢猫的。（《猫》）

（10）它们在海洋植物界却是微不足道的。（《海洋与生命》）

（11）摸黑在烂泥里钻，是很危险的。（《普通劳动者》）

（12）在建设工作中，犯一些错误，有一些缺点，是难免的。（《说谦虚》）

（13）使荔枝北移，将来也许不是完全不可能的。（《南州六月荔枝丹》）

（9）—（13）句孤立地看，可以作两种分析。一是将"是"看作表述词，后接一个"的"字短语，说明主语属于什么（人、事物），"的"后面都可加上一个名词"人、生物、屋子、事"等；二是将"是"看作表强调语气的副词，"的"是表陈述、确认的语气词，全句说明主语"怎么样"，即具有什么行动变化或性状，这里的"是"和"的"都可以去掉，不影响句子的结构和基本语意。究竟应作哪种分析，要结合上下文，看句子的基本语意倾向而定。如（9）句的原文是：

三妹是最喜欢猫的，她常在课后回家时逗着猫玩。

联系后一分句，可见前一分句主要是说三妹有什么兴趣爱好，而不是说三妹是一个怎样的人。因此（9）句适宜作第二种分析。

二、用在作主语的名词性词语前

表示对此人或事物的强调，相当于语气词。例如：

（1）是共产党、毛主席带领咱过上好光景哩！（《〈东方红〉的故事》）

（2）是我救了你的命啊！（《渔夫的故事》）

（3）是你们自己来的，并没有请你们来。（《多收了三五斗》）

（4）在这茫茫的旷野里，是谁点亮了这盏灯呢？（《罗盛教》）

（1）—（4）句中的"是"也可以去掉，去掉它，句子的结构和基本意义不变，只是语气稍弱。这里的"是"和后面的名词性词语不是修饰关系，也不起表述作用，而是附着关系，读轻声。

这样的句子，都可以将后面的谓语部分移到句首，加个"的"，成为"的"字短语作主语。如（1）句可说成：

带领咱过上好光景的是共产党毛主席。

在此句中"是"用作表述词，判断、标明主谓之间相等的关系。而改变成（1）句主语成了谓语，"是"即失去表述的对象，只起强调主语（后面的名词性词语）的作用了。

三、"是"和其他词连用。

例如：

（1）他的一只手就像是干枯的落叶。（《快乐王子》）

（2）我那时真是聪明过分。（《背影》）

（3）老栓，就是运气了你。（《药》）

（4）反正坐着也是出汗，不如爽性出去试试。（《在烈日和暴雨下》）

（5）老通宝家，连十二岁的小宝也在内，都是两日两夜没合眼。（《春蚕》）

（6）《天体运行》出版以后，即使是宗教的革新者马丁·路德，也骂哥白尼是疯子。（《哥白尼》）

（7）不只是白天常听见有人唱，深夜里也常有人在胡同里大声唱戏。（《傻二哥》）

（1）—（7）句中的"是"，从表意来看，以它前面的词为主，"是"仅表示一点强调语气，或凑成双音节，去掉它，前面的词可以单独在句中起作用，句子结构和基本意思不受影响。我们认为，这里的"是"实际上已和前面的词结合成一个词，"是"只相当于一个虚语素，"像是""算是"是动词，"真是""就是""也是""都是"是副词，"即使是""不只（不仅）是"是连词。

四、其他。

例如：

（1）红叶就在高头山坡上，满眼都是。（《香山红叶》）

（2）吃鲜荔枝蜜，倒是时候。（《荔枝蜜》）

（3）想看茶花，正是好时候。（《茶花赋》）

（4）可真是海市，你该上去逛逛才是呢。（《海市》）

（5）那老道客气地陪着不是。（《泰山极顶》）

（6）这是我的不是，人家走路都没出一滴汗，因为我跟他说话，却害他出了这一头大汗。（《百合花》）

（7）不是下午要赶车的话，我们还会待下去。（《雨中登泰山》）

（8）这些文字是刻在乌龟壳和扁平的骨头上的，所以叫做甲骨文。（《从甲骨文到口袋图书馆》）

（9）我没去部队，是想等春节时来。（《壮士横戈》）

（10）在地球上，温带和亚热带区域里，年年如是，周而复始。（《大自然的语言》）

（1）—（3）句中的"是"相当于一般动词，表示存在、遇到等意思。（4）—（6）句中加点的"是"表示"对、正确"的意思，是性状词。（7）—（9）句中的"是"表示原因，相当于"因为"，是连词，（7）（8）句是前因后果，（9）句是前果后因。（10）句中的"是"相当于"此"，是古汉语中的指示代词。

（11）地球上的悬崖峭壁有的是。（《从宜宾到重庆》）

（12）厂里屋子倒有的是。（《新手表》）

（13）我们有的是洋钱。（《多收了三五斗》）

（14）各地方多的是洋米洋面。（《多收了三五斗》）

（11）—（14）句中的"有的是""多的是"，有人把它看作一个固定的短语，但对它的内部结构未作分析。仔细观察一下，前两句中的"有的是"和后两句中的"有的是""多的是"并不相同。

（11）（12）句可说成"地球上有的是悬崖峭壁""厂里倒有的是屋子"，就和（13）（14）句的结构相同了。（13）（14）句也可说成"我们洋钱有的是""各地方洋米洋面多的是"，就和（11）（12）句结构相同了。这两组句子的结构虽可互换，但语序不同，其结构形式也不同。

（11）（12）句还可说成"地球上的悬崖峭壁是有的""厂里屋子倒是有的"，这样说的"是"显然属于上述的副词用法。如果将"是"的位置后移，成为"有的是"，这个"是"仍表示强调，而且语气比"是有的"更强。所以（11）（12）句中的"是"应看作副词，在"有的"后面作补语，"的"是表陈述语气的语气词。

（13）（14）句中的"是"则不同，它不能移到"有的"前面。它在句中不可少，少了它，句子就不通了。"是"在此判断"有的""多的"和后面的名词之间是相等的关系，属于表述词。"的"是结构词中的粘着词，和"有""多"构成"的"字短语，和后面的名词"洋钱""洋米洋面"组成主谓短语，作全句的谓语。

（11）（12）句中的"有的是"和（13）（14）句中的"有的是""多的是"，朗读时停顿也不同，前者三个音节连读中间没有停顿，后者在"有的""多的"后需作短暂停顿。由此也可看出，这两种组合，其内部结构是不同的，笼统地把它看作一个固定短语是不妥的。

古代汉语中的"为"表示判断，相当于现代汉语中的表述词。例如：

"此为何若人？"王曰："必为有窃疾矣。"（《墨子·公输》）

用"为"作表述词，在现代书面语中也偶有沿用。例如：

（1）瞿塘峡为三峡最险处。（《长江三峡》）

（2）繁冗拖沓为作文病忌。（《简笔和繁笔》）

（3）第一枚邮票的图案是英国女王维多利亚的头像。邮票为黑色。（《邮票的起源》）

第三部分　词的组合

　　词是能独立运用的最小的语言单位。孤立的一个词只能表示一个简单的概念，只有将两个以上的词按一定的方式组合起来，才能达意传情、交流思想。

第一章　组合手段与组合形式

第一节　组合手段

　　汉语词的组合，主要依靠两方面的手段，即关系意义和语序、结构词，前者着眼于意义内容，后者着眼于结构形式。

一、关系意义

　　汉语词很少有形态变化，词的组合主要是词所表示的意义的组合。这里的意义不是指个别词具体的逻辑意义（词汇意义），而是指语言的全部词语中词与词搭配所产生的同一类型的关系意义。如"老张吃饭""老张看书""老张穿衣服""老张捉鱼"四个短语中，说的是老张的四个不同的行为，但这四个行为和"老张"之间都存在着同一种关系，即陈述与被陈述的关系；在"吃饭""看书""穿衣服""捉鱼"四个短语中，说的是四个不同的行动和四个不同的物件的搭配，但这些行动和物件之间存在着同一种关系，即支配与被支配的关系。这种关系意义正是汉语词组合依据的主要手段。

　　两个词，只有在能产生某种关系意义时，才可以组合，否则就不能组合。如，可以说"人吃鸡""黄鼠狼吃鸡"，但不能说"大树吃鸡"，因为"大树"不能发出"吃"这个行动，也就是说，二者之间不能产生陈述与被陈述的关系。再者，可以说"喝茶""喝酒"，但不能说"喝饭"，因为"喝"这个动作要求其对象须是液体的东西，它和"饭"之间不能产生支配与被支配的关系。这种关系意义虽不是指具体的逻辑意义，但词具体的逻辑意义，对词与词能否组合而产生某种关系意义，具有一定的制约作用。

同一种关系意义有时可表示不同的逻辑意义关系。如"鸡不吃了"，可以是"鸡不吃食"的意思，也可能是"人不吃鸡"的意思。前一种，"鸡"是施事；后一种，"鸡"是受事，无论是施事或受事，"鸡"和"吃"之间都是被陈述者和陈述者之间的关系。

有时，同样的两个词组合在一起，可能产生不止一种关系意义。如，"天大"，"天"和"大"之间，可以是陈述和被陈述的关系（"天大还是地大？"），也可以是修饰与被修饰的关系（"天大的福气"）。

因此，在辨识词与词的组合关系时，必须将词语的逻辑意义和词与词之间的关系意义，将整个短语的实际意义（即说话人所要表达的意思）和词语之间可能产生的关系意义（有时不止一种），结合起来考察，使二者一致而不矛盾，这样，才能对语句的意义内容和结构形式作出正确的分析。

在汉语词的组合中，所产生的关系意义，一般不外以下七种，即陈述、支配、修饰、补充、联合、复指、附属等关系。

陈述关系包括陈述与被陈述两部分。被陈述部分即陈述的对象，在句法结构中就是主语；陈述部分是对陈述对象进行陈述，在句法结构中就是谓语。能作为陈述对象的都是人、物体、事件，名词是表示人、物、事的，所以主语常由名词充当，其他词语作主语，必须能表示人、物、事，即在意义上具有事物性。对陈述对象进行陈述，也就是说明人、物、事怎么样了，即说明人、物、事有什么行动变化，谓语由动词性词语充当；说明人、物、事具有什么性状，谓语由性状词性词语充当；说明人、物、事数量多少，谓语由数量短语充当；判断人、物、事等于什么或属于什么，谓语由名词性语词充当，主谓之间用表述词"是"标明其表述关系。

支配关系包括支配和被支配两部分。支配者表示某种行动变化，是谓语的中心语，也叫述语，由动词性词语充当；被支配者是行动变化涉及的对象，在句法结构中是宾语，能作为涉及对象的都是人、物体、事件，所以宾语经常由名词性词语充当，其他词语充当宾语，要求具有事物性，常常为表示事件、情况，即具有名词性。

　　修饰关系包括修饰和被修饰两部分。被修饰者是人、物体、事件，修饰者说明这是什么样的人、物、事，在逻辑上，是给人、物、事的具体概念增加内涵，既修饰它的形象，又限定它的外延、范围，在句法结构中是定语和中心语的关系，中心语由名词性词语充当，定语则可由性状词、动词、数量短语、名词等充当。被修饰者是行动变化、性质状态，修饰者则说明行动变化怎么进行、有什么结果，性质状态达到什么程度，是对行动变化、性质状态加以具体描述，在句法结构中是状语和中心语的关系，中心语由动词或性状词充当，状语可以由性状词、动词、名词、副词、数量短语、介词短语等充当。

　　补充关系包括补充和被补充两部分。被补充者是行动变化或性状，补充者说明行动变化的结果、时间、处所、动量或性状的程度，在句法结构中是补语和中心语的关系。中心语由动词、性状词充当，补语则可由性状词、动词、表动量的数量词代替上述词语的代词、少数程度副词以及表时间、处所的介词短语充当。

　　联合关系包括并列的两个或更多个部分。可以是人、物、事之间的联合，可以是行动变化之间的联合，可以是性状之间的联合，也可以是数量之间的联合等。在句法结构中，相互联合的部分往往组成一个整体（联合短语），充当句子的某种成分。

　　复指关系包括指同一对象的紧连在一起的两部分不同的词或短语。相互复指的两个部分从不同的角度对同一对象加以指称说明。在句法结构中，两部分构成一个整体（复指短语），充当句子的某种成分。

　　附属关系包括附属和被附属两部分。被附属部分是表意的主体，在句法结构上大都是一个独立的、完整的句子；附属部分在意义上从属于这个主体，给主体增添一些附加意义，在结构上则独立于主体之外，与主体之间不发生陈述、支配、修饰、补充、联合、复指等关系。在句法结构中，称之为独立语。

　　以上七种关系意义是形成句法结构的基础，也就是说，在汉语语法中，词语之间的关系意义决定句法结构。

　　词语组合所产生的种种关系意义也是有层次的，一般说，陈述与被陈述处于第一层次，支配及修饰、补充则分别处于第二、第三层次。第一、第二层次体现出短语和句子的主干，第三层次则体现出主干上的枝叶。

二、结构形式

(一)语序

语序是汉语词组合的重要手段。同样的几个词，排列顺序不同，它们相互间的关系就不同，表达的意思也不同。"一件小事"，以"小事"为中心，"一件"修饰"小事"，"小事一件"，"小事"是陈述对象，"一件"对"小事"进行陈述；"展翅蓝天"，"蓝天"补充"展翅"，"蓝天展翅"，"蓝天"修饰"展翅"。再如：

(1) 汽车快开了。

(2) 汽车开快了。

(3) 快开汽车了。

(1) 句说汽车怎么样了——"快开了"，"快"修饰"开"。(2) 句说汽车开得怎么样——"快了"，"快"补充"开"。(3) 句可以理解为某人"快开汽车了"，也可以理解为时间到了，"快开汽车了"，"开"支配"汽车"。

在汉语中，语序是关系意义的重要表现形式，词语之间不同的关系意义要求有不同的语序，一般说，被陈述者在前，陈述者在后；支配者在前，被支配者在后；修饰者在前，被修饰者在后；被补充者在前，补充者在后；联合关系中的几个部分是并列的，无所谓先后；复指关系中的两个部分，先后顺序是固定的，大都是概指称谓在前，具体称谓在后；附属关系中，独立语的位置可以在句首，可以在句中，也可以在句尾。一旦语序有了变化，这说明词语之间的关系意义也有了变化，它们所充当的句子成分也就不同。

宾语在动词后是支配对象，移到动词前（或主语前），则成了陈述对象，充当主语。例如：

(1) 身体要保重啦，冷热要留心啦……（《孟姜女》）

(2) 我们什么也不要。（《谁是最可爱的人》）

(3) 这样的傻事谁肯干。（《多收了三五斗》）

(1) 句中的"身体""冷热"放在"保重""留心"后面，是动词的支配对象，作宾语；移到动词前，则成为陈述对象，作主语。(2) 句中的"什么"放在"要"后面，是支配对象，作宾语；移到"要"前，则成为陈述对象，和"也不要"构成主谓短语，作全句的谓语。(3) 句中的"这样的傻事"放在"干"后面，是支配对象，作宾语；移到"谁"前，则成为陈述对象作全句的主语，"谁肯干"是主谓短语，作全句的谓语。

某些补语在动词、性状词后，起补充说明作用，移到动词、性状词前，则起修饰作用，成为状语。例如：

(1) 我那时真是聪明过分。(《背影》)

(2) 这好极！(《故乡》)

(3) 辛辛苦苦一辈子。(《蚕和蚂蚁》)

(4) 我独自一人游荡在田野上。(《挖荠菜》)

(1)(2)句中"过分"本是性状词，在此表示性状的程度，相当于一个副词，和"极"都是程度副词，分别作性状词"聪明""好"的补语；(3)句中的"一辈子"是表时间的数量短语作补语；(4)句中的"在田野上"是介词短语作补语。以上的补充成分如移到中心词前，则都成了修饰成分，作状语。

定语在中心语前，起修饰作用，移到中心语后，则对原中心语进行陈述，成了谓语。如在"三五斗粮食""好人"中，"三五斗""好"分别修饰"粮食""人"，是定语；而在"粮食三五斗""人好"中，"三五斗""好"则分别陈述"粮食""人"，成了谓语。再如：

(1) 她一手提着竹篮，内中一个碗，空的。(《祝福》)

(2) 小草偷偷地从土里钻出来，嫩嫩的，绿绿的。(《春》)

(1)(2)句中的"空的""嫩嫩的，绿绿的"，如分别移到"碗""小草"前，则成为名词前的修饰成分，作定语，而放在名词后面，并用逗号隔开，则是对名词的陈述，作进一步解说，充当承接复句中的一个分句。

状语在中心语前，起修饰作用，移到中心语后面，相互间的关系意义就不同了。例如：

(1) 她一阵兴奋。(《孟姜女》)

(2)(小船)往荷花淀里摇。(《荷花淀》)

(3) 他一个人住在一间矮小的茅屋里，孤单单地。(《猎户》)

(4) 那是标志着全国人民对伟大领袖爱戴的歌，又是人民群众自己创作的歌。谁不喜欢呢？从心里，从灵魂深处。(《歌声》)

(1)(2)句中的"一阵""往荷花淀里"放在"兴奋""摇"前面，都起修饰作用，是状语；移到动词后面，则起补充说明的作用，是补语。(3)(4)句中的"孤单单地""从心里，从灵魂深处"，如果分别移到"住""喜欢"前面，都起修饰作用，是状语；现在放在句子后面，并用逗号(甚至句终点号)隔开，则是对上句意思的进一步解说，"孤单单地"在(3)句中充当承接复句中的第二分句，作谓语，主语"他"承前省略；"从心里，从灵魂深处"在（4）句中用在问号外面，应是一个独立的句子，仍作状语，其他残缺的句子成分承前省略。

对于上述语序变化情形，许多语法书中有"变式"的说法，如定语、状语后置，主谓倒置，过去还有宾语前置（只是没有人提出"补语前置"）。我们认为，这些后置的定语、状语和前置的宾语，虽然还保留有原来作定语、状语、宾语时的基本意思，但那只是从词汇意义（逻辑意义）的角度来看的，从句法语义的角度来看，语序变了，词语之间的关系意义也变了，在语气和表述重点上，和原来大不一样，如果仍然说它是定语、状语、宾语，是不符合语言事实的。

至于"主谓倒置"的说法，也是值得商榷的。例如：

（1）起来，不愿做奴隶的人们！

（2）出来吧，你们！

（3）多么幸福啊，新中国的青年！

（1）句中的"不愿做奴隶的人们"即使移到"起来"前面，也不是主语，它和"起来"之间都用逗号隔开，这显然是在向对方呼喊，应该是附属成分（独立语）中的呼语。（2）句中的"你们"移到"出来"前面，的确是主语，但移到谓语后，且用逗号隔开，显然也成为向对方打招呼，也应是呼语。（3）句中的"新中国的青年"移到"多幸福"前面，也确是主语，而放在谓语后面，则是对原陈述对象的强调，表达了说话人的强烈感情，从表意和语序来看，都和在句首大不一样，像"怎么会这样，天哪！"中的"天哪"，我们觉得，说它是独立语中的感叹语更为确切。

据上述情况，我们认为，从句法语义来看，还是不提什么"变式"的好。既然语序变了，词语间的关系意义也变了，就应作不同的分析。这样，既符合句子的实际意思，又维护了汉语的基本语序，从内容到形式都是顺理成章的事。

在汉语中，相同的词语，同一种语序，有时可以表示不止一种关系意义。例如：在"群众拥护"中，名词和动词之间可以是被陈述与陈述的关系（即主谓关系）（"群众拥护的事"），也可以是修饰与被修饰的关系（定中关系）（"得到群众拥护"）；再如在"参考资料"中，动词和名词之间可以是支配和被支配的关系（动宾关系）（"我是在参考资料，而不是照抄资料"），也可以是修饰与被修饰的关系（定中关系）（"一份参考资料"）。因此，在词与词的组合中，语序固然重要，但起决定作用的仍然是关系意义。

（二）结构词

结构词（虚词）也是汉语词组合的一个重要手段。不同的关系意义可以用不同的结构词来表示。同样的几个词，同样的语序，用了不同的结构词，表现出关系意义就不同。例如，"爸爸和妈妈"，中间用了并列连词"和"，两个名词之间是联合关系中的并列关系；"爸爸或妈妈"，中间用了选择连词"或"，两个名词之间是联合关系中的选择关系。再如"向雷锋同志学习"，用了一个介进词"向"，"雷锋同志"则成了"学习"的修饰成分，二者之间是状语和中心语的关系，如果不用"向"，二者之间则是被陈述与陈述的关系（主谓关系）。

宋玉柱先生在分析"打得敌人抱头鼠窜"一语时（见《中学语文教学》1979年9月号），认为"打"的对象是"敌人"，"敌人"又是"抱头鼠窜"的主动者，因而称之为"带'得'兼语句"。在此，宋先生忽视了粘着词"得"表现关系意义的作用。这个"得"标明它后面的部分和前面的动词之间是补充与被补充的关系，"敌人抱头鼠窜"应是主谓短语作"打"的补语，补充说明行动的结果，我们觉得这样理解，是符合句子原意的。

在"他头疼"中，有人认为"头"是主语，"他"是"头"的定语，二者之间等于有个粘着词"的"。其实，这里用不用"的"，大不一样。用了"的"，"他"当然是"头"的定语，"头"成了全句的主语中心；而这里没有用"的"，语义关系就不同了，在全句中，作为陈述对象的不是"头"，而是"他"，不是说"头"怎么样了，而是说"他"怎么样了，"头"只能作为"疼"的陈述对象，二者组成主谓短语"头疼"，共同陈述全句的主语"他"。

上述两例说明，在词的组合中，用了结构词，就一定要按结构词的作用来分析词与词之间的关系意义；如果没有用结构词，不能当作有结构词来看待，否则，就会仅从逻辑意义出发，而把语义关系理解错。

第二节　组合形式

词和词组合在一起，有两种形式，即短语（词组）和句子。

一、短语

由两个以上的词组成不带语调的语言备用单位。短语和词同为造句单位。

（一）短语

短语至少需由两个词构成（如"身体健康""认真学习"），也可以由更多的词构成（如"我的最后一堂法语课"、"李宝堂在园子里看着别人下果子，替别人下果子"），所以，短语不一定很短。

（二）短语的功能

绝大多数短语，带上语调即可成句，有的是完整的主谓句（如"雷锋谦虚地微笑着""焦裕禄的肝病，越来越重了"），有的是省去了某个结构成分的省略句（如"别吵吵，分马了""我见到一个战士，在防空洞里，吃一口炒面，就一口雪"），有的是不具备主谓两部分的非主谓句（如"起风了""好一派迷人的秋色"）。

短语在句子结构中，常常相当于一个词，它可以作为一个整体，充当句子的各种结构成分。例如：

（1）父亲和母亲担心地望着女儿。（《生的伟大，死的光荣》）

（2）我急得大哭。（《故乡》）

（3）他向市委建议减少一个工作同志。（《挺进报》）

（4）送他入院的同志不相信这个诊断。（《鞠躬尽瘁》）

（5）魂灵的有无，我不知道。（《祝福》）

（1）—（5）句中的加点部分，分别是联合短语作主语，偏正短语作补语，动宾短语作宾语，兼语短语作定语，主谓短语作谓语。

二、句子

句子能表达一个相对完整意思的语言使用单位。有语调，句尾用句终标点（。?!）。大都由一个短语构成，也可由一个词充当。

所谓"完整的意思"，是指听话人明白说的是什么意思，是什么人（事、物、处所、时间），他（它）怎么样了，即一般具备主谓两部分。

所谓"相对完整"，指说明一个意思即可，如果由此而提出其他一些问题，那就不是一个句子所能说清楚的了。

"使用单位"是指用于交际的语言单位。用于交际就必须能表达说话人的某种意图，或陈述事实、观点，或提出问题，或提出要求，或抒发强烈感情，因此就必然带有陈述、疑问、祈使、感叹等语气、语调。语调在口语中可以由语音变化听得，在书面语中，只能看句终标点得知。

第三节　短语和句子的内部结构

一、短语和句子内部结构的一致性

短语和句子的不同，主要表现在有无语调上。两个或两个以上的词组合在一起，有语调（看句终标点），就是句子，没有语调，就是短语。因此，撇开语调不论，由一个短语构成的句子，和构成这个句子的短语，其内部结构情形是完全一样的，句子的主、谓、宾、定、状、补等结构成分，也就是构成句子的短语的主、谓、宾、定、状、补等结构成分。

二、词语之间的关系意义决定短语和句子的结构格局

被陈述者与陈述者之间形成了主语和谓语的结构关系，支配者与被支配者之间形成了动词（述语）和宾语的结构关系，修饰者和被修饰者之间形成了定语、状语和中心语的结构关系，被补充者与补充者之间形成了中心语和补语的结构关系。汉语句法的六种基本结构成分就是由陈述、支配、修饰、补充四种关系意义决定的。

主、谓、宾、定、状、补六种成分出现在短语和句子中，其分布的层次是不同的，一般说，主语和谓语在第一层，述语和宾语在第二层，定语、状语、补语和中心语在第三层。层次小的先组合，层次大的后组合。"主—谓—宾"是句子的主干，是结构上的框架，定语、状语、补语是主干上的枝叶，是表意的重点。

第二章　短语和句子的结构成分

第一节　主语和谓语

一、什么是主语和谓语

主语是在句首作为谓语陈述对象的词或短语，分析句子时，我们可以问：句

中说的是什么人，或什么事物？能回答这个问题的词语，就是句子的主语。

谓语是陈述主语的，说明主语所表示的人或事物"怎么样"了，即说明这个人或事物有什么行动变化，或具有什么性状，或数量多少，或等于什么、属于什么。谓语的位置一般都在主语之后。

我们可以将初步认定的主语和谓语放在一起，看它们是否配搭得当，即互相间有没有陈述和被陈述的关系，以此来确认主语和谓语。例如：

（1）卖豆浆的聋子也回去了。（《社戏》）

（2）我的很重的心忽而轻松了。（《社戏》）

（3）刚去的当晚是个阴天。（《荔枝蜜》）

（4）当时群众对抗战胜利的热烈心情，是谁也不会觉得过分的。（《挥手之间》）

（1）句中说的是"卖豆浆的聋子"，是主语，这个人怎么样了？"回去了"这是谓语，谓语说明主语有什么行动。（2）句中能和"轻松"搭配的，不是"我"，而是"心"，谁的心？什么样的心？"我的很重的心"这是个偏正短语作主语，"忽而轻松了"又是个偏正短语作谓语，说明主语具有什么性状。（3）句中"刚去的当晚"是个表示时间的偏正短语作主语，"是个阴天"判断主语是什么天气，正好主谓搭配。（4）句中"群众"像是主语，其实不然，和谓语搭配，"谁也不会觉得过分"的不是"群众"，而是"心情"，"当时"群众"对抗战胜利""热烈"是逐一递加在"心情"前面的定语，共同组成一个较长的偏正短语作主语，"谁……过分"是主谓短语作谓语，对主语进行评述，"是……的"表示强调和确认。

动词性词语作谓语，主语常常是主动者（施事）。但也有不少句子里，主语是行动的对象，是被动者（受事），这样的句子，一般叫它被动式。例如：

（1）路口都封锁起来了。（《生的伟大，死的光荣》）

（2）地中海沿岸被称为西方文明的摇篮。（《向沙漠进军》）

（3）细雨烟似地被秋风扭着卷着。（《一面》）

（1）句主语和谓语之间，可以从意义看出其被动关系。（2）句用一个相当于副词的"被"直接修饰动词，显示主谓之间的被动关系（参看介词"被"章节）。（3）句用一个介词"被"引进主动者，主谓之间的被动关系就更明显了。

二、什么可以作主语

主语作为陈述对象，都是表示人、物、事的，所以名词和代替名词的代词经常作主语。

（1）李毛驴又悲又喜。（《分马》）

（2）蜜蜂是渺小的，蜜蜂却又是多么高尚啊！（《荔枝蜜》）

（3）事实是客观存在的。（《谈谈虚和实的关系》）

（4）这是十几年以前的事了。（《小桔灯》）

数量词代表人或事物时，也可以作主语。例如：

（1）三百来户都欢天喜地。（《分马》）

（2）恰巧有一群小孩也来看茶花，一个个仰着鲜红的小脸，甜蜜蜜地笑着。（《茶花赋》）

（3）孩子们呵着……小手，七八个一齐来塑雪罗汉。（《雪》）

动词、性状词也可以作主语，但这时它们已不表示具体的行动变化和性状，而是把此行动变化和性状当作事件、情况来看待，它们的意义和功能已完全相当于一个名词，具有了名词的性质。例如：

（1）学习是你们对祖国、对人民的一种神圣的责任。（《给青少年的一封信》）

（2）失败是成功之母。（《坚强的战士》）

（3）冷是小事。（《打粮站》）

这样作主语的动词、性状词，常常可以带定语，组成偏正短语，共同作主语。例如：

（4）这场罪恶的叛乱给牧民带来多么深重的灾难呀！（《夜明星》）

（5）如此的迫害怎能忍受？如此的恶毒怎能轻饶？（《周总理办公室的灯光》）

（6）我们的苦难不能感动他的心肠。（《西里西亚的纺织工人》）

能表示人或事物的各种短语也可以作主语。例如：

（1）按一按衣袋，硬硬的还在。（《药》）

（2）在无边的旷野上，在凛冽的天宇下，闪闪地旋转升腾的是雨的精魂。（《雪》）

（3）送人的，被送的，都含着眼泪。（《孟姜女》）

（4）空中，屋顶上，墙壁上，地上，都白亮亮的。（《在烈日和暴雨下》）

（5）采莲是江南的旧俗。（《荷塘月色》）

（6）栽培茶花一定也很难吧？（《茶花赋》）

（7）不远就是飞机场。（《挥手之间》）

（8）再进去就是我那朋友的房间。（《小橘灯》）

（9）走过去是七步，走过来是七步。（《二六七号牢房》）

（10）想得、说得、做得偏了一些是难免的。（《要造成一种民主风气》）

（11）如果把像啄木鸟的构造，它的足、尾、嘴、舌如此巧妙地适应于捉取树皮里面的昆虫，仅仅归因于外界的条件是不合理的。（《〈物种起源〉导言》）

（12）不食嗟来之食这个故事很有名。（《谈骨气》）

（13）走路的人口渴了摘一个瓜吃，我们这里是不算偷的。（《故乡》）

（14）我不见他，已是三十多年。（《狂人日记》）

（15）哪里是山，哪里是房屋，哪里是菜园，我终于分辨出来了。（《灯》）

（1）（2）句是"的"字短语作主语，（3）（4）句是联合短语作主语，（5）（6）句是动宾短语作主语，（7）（8）句是偏正短语作主语，（9）（10）句是动补短语作主语，（11）句是"状动宾"结构的短语作主语，（12）句是复指短语作主语，（13）（14）句是主谓短语作主语，（15）句是复句形式的短语作主语。

时间、处所词语作主语，谓语可以用表述词"是"判断主语等于什么或属于什么，可以用性状词语说明主语的性状。例如：

（1）祥林嫂先前最忙的时候也就是祭祀。（《祝福》）

（2）包裹里是亲手给丈夫做的寒衣。（《孟姜女》）

（3）屋里漆黑。（《驿路梨花》）

时间、处所词语作主语，谓语说明处所、时间的性状，常常由性状词性的主谓短语充当。例如：

（4）那时生活条件十分艰苦。（《深情忆念周伯伯》）

（5）沙漠地区空气干燥。（《向沙漠进军》）

（6）天山上奇珍异品很多。（《天山景物记》）

三、什么可以作谓语

动词作谓语，说明主语有什么行动变化。例如：

（1）科学的春天到来了。（《科学的春天》）

(2) 北风呼啸。(《截肢和输血》)

(3) 太阳出来了。(《海上日出》)

性状词作谓语，说明主语具有什么性状。例如：

(1) 身体矫健，四肢轻快。(《松鼠》)

(2) 形体壮丽，建筑精美。(《故宫博物院》)

(3) 脸色凄惨。(《夜》)

数量词作谓语，说明主语数量多少。例如：

(1) 小事一桩。(《普通劳动者》)

(2) 每月工钱五百文。(《祝福》)

(3) 糙米五块，谷三块。(《多收了三五斗》)

(4) 他给他们茴香豆吃，一人一颗。(《孔乙己》)

(5) 这是一个长方形的地穴，宽五步，长十步。(《第比利斯的地下印刷所》)

(3) 句中的"三块""五块"说明主语的价格。(4) 句中的"一颗"说主语的所得。(5) 句中的"宽""长"是"宽度""长度"的意思，相当于名词的性质，所以"五步""十步"是谓语，不是补语。

名词性词语作谓语，在现代汉语中，一般要求用表述词"是"连接。判断主语等于什么或属于什么。(参看表述词一节)例如：

(1) 纺织厂工人的三大威胁，就是音响、尘埃和湿气。(《包身工》)

(2) 花香鸟语，草长莺飞，都是大自然的语言。(《大自然的语言》)

(3) 祖冲之(429—500)是我国南北朝时代的杰出的科学家。(《祖冲之》)

名词性词语作谓语，为了简洁起见，有时也可以不用"是"，也有时在"主—动—宾"结构中，省去作谓语中心的动词，于是只剩下名词性词语直接作谓语了。例如：

(1) 中间歪歪斜斜一条细路。(《药》)

(2) 今天晚上，很好的月光。(《狂人日记》)

(3) 满屋子灰洞洞的烟。(《谁是最可爱的人》)

(4) 今儿年三十啦。(《白毛女》)

(5) 最使我吃惊的，后边几排一向空着的板凳上坐着好些镇上的人。(《最后一课》)

(1) —(5) 句在朗读时，主谓之间应有短暂的停顿。

称代词代替动词、性状词、名词，也可以作谓语。例如：

（1）我国天然石油的远景怎么样？（《地质之光》）

（2）怎么啦！老弟！（《暴风雨之夜》）

（3）你怎么啦……（《筑路》）

（4）穿的是蓝衣服，眉眼就是那样。（《老杨同志》）

动词性、性状词性、名词性的各种短语都可以作谓语。例如：

（1）大堰河，含泪的去了！（《大堰河——我的保姆》）

（2）我这样地活着，我也这样地死去。（《快乐王子》）

（3）家里很穷。（《渔夫的故事》）

（4）桌上一盏油灯，眼前几张诚恳、亲切的脸。（《灯》）

（5）泡桐成长很快。（《一个好树种—泡桐》）

（6）她那灿烂的声音和深沉的感情惊动了四座。（《第二次考试》）

（7）他们感慨活过了几个时代，从来没有见过这样的军队，这制作万花桶和龙头拐杖的军队。（《依依惜别的深情》）

（8）这屋很小很暗。（《小橘灯》）

（9）那里沙多风大。（《向沙漠进军》）

（10）这里的水，多、清、静、柔。（《晋祠》）

（1）—（3）句都是状中短语作谓语。（4）句是定中短语作谓语。（5）句是中补短语作谓语。（6）（7）句都是动宾短语作谓语。（8）—（10）句都是联合短语作谓语。

主谓短语作谓语有下列几种类型：

1.大主语（全句的主语）和小主语（作谓语的主谓短语中的主语）有领属关系，小主语属于大主语的构成部分或某种表现形态。例如：

（1）别里科夫脸色从发青变成发白。（《装在套子里的人》）

（2）祥林嫂比初来时神气舒畅些。（《祝福》）

（3）反冲锋一个接着一个。（《"老虎团"的结局》）

（4）领头的名叫刘志丹。（《王贵与李香香》）

（1）（2）句中在大主语和小主语之间如果用了结构词"的"，则不是主谓短语作谓语，而是定中短语作主语。（3）句中是数量词作小主语，"一个"就是"一个反冲锋"的意思。（4）句中"领头的"是"的"字短语作大主语。

2.大主语是行动的施事（主动者），小主语是行动的受事（受动者）。例如：

（1）野花野草，什么形状也有。（《雨中登泰山》）

（2）他活着别人就不能活的人，他的下场可以看到。（《有的人》）

（3）一道稍微繁难的数学题，我憋住了。（《幼学记事》）

（1）—（3）句中在意念上，小主语都是行动的受事，提到动词前，则成为陈述对象。

3.大主语是行动的受事，小主语是行动的施事。例如：

（1）魂灵的有无，我不知道。（《祝福》）

（2）当时的谈话我已经忘却。（《为了忘却的记念》）

（3）跟爸爸一块干活，她喜欢。（《牛郎织女》）

（4）他说的什么我没大听清。（《百合花》）

（5）松树的花粉，中医称为松花粉。（《花粉》）

（1）—（5）句中在意念上，大主语是行动的受事，提到主语前成为陈述对象。（5）句中是兼语提到句首充当大主语。

4.大主语表示处所、时间，谓语说明此处所、时间某一方面的情状。例如：

（1）锅内热气腾腾。（《草地晚餐》）

（2）日出后的草原千里通明。（《天山景物记》）

（3）里边殿堂楼阁，亭台桥坊，足有三百多项名胜古迹。（《难老泉》）

（4）春天，大地苏醒。（《春蚕到死丝方尽》）

5.小主语或谓语中的宾语、兼语由代词充当，称代大主语。例如：

（1）劳动以后收获的愉快，那是任何物质享受都不能比拟的。（《记一辆纺车》）

（2）贫困、饥饿和疾病，这就是你们的报酬。（《母亲》）

（3）四年黑暗中的苦工，一个月阳光下的享乐，这就是蝉的生活。（《蝉》）

（4）珊瑚岛，这是多么富于诗意的名字！（《珊瑚岛》）

（5）衣裳，服饰，颜色，一切都那样逼真。（《难老泉》）

（6）一片蓝，那是墙；一片白，那是窗。（《我的空中楼阁》）

6.其他。例如：

（1）"谦受益，满招损"，这两句格言流传到今天至少有两千多年了。（《说谦虚》）

（2）早，这个字散发着幽香，放射着光芒。（《早》）

（3）人们，黑纱缠臂。（《一月的哀思》）

（4）福兴楼的清燉鱼翅，一元一大盘。（《祝福》）

（1）（2）句中小主语复指大主语，两者之间有逗号隔开。（3）句中谓语说明主语某方面的情状。（4）句中谓语说明主语的价格。

复杂谓语指在一个单句（或复句的一个分句）的谓语中，有不止一个陈述主语的谓语中心语的结构形式，我们姑且称之为复谓短语作谓语。其中的两个以上的谓语中心语大都由动词性词语充当，也可由性状词性或其他词性的词语充当。根据其谓语中心语和主语之间以及谓语中心语和谓语中心语之间的不同关系，可以将复杂谓语分为两种格式。

1.连谓式。两个或更多个谓语中心语各自直接陈述同一个主语，按时间先后或语意顺序连续排列，次序不能任意变动。例如：

（1）李毛驴牵着自己的毛驴慢慢地走回家去。（《分马》）

（2）三个孩子……凑了点钱买车票回家。（《"面人郎"访问记》）

（3）西红柿吃起来甘脆爽口。（《菜园小记》）

（4）浪头卷起来比小山还高。（《海市》）

（5）街上黑沉沉的一无所有。（《药》）

（6）店里空荡荡没有一个顾客。（《一面》）

（7）部队……一天一夜一百四十里的急行军是够疲劳的了。（《大渡河畔英雄多》）

（8）花开起来颜色深红。（《茶花赋》）

（9）我盼爹爹心中急。（《白毛女》）

（10）（人家的闺女有花戴，）爹爹钱少不能买。（《白毛女》）

（11）走路的人口渴了摘一个西瓜吃……（《故乡》）

（12）（像回故乡一样，）带着浓浓的怀想我们踏进了山西。（《难老泉》）

（1）（2）句中的谓语是两个以上的动词性词语连续。（3）（4）句中的谓语是动词性词语和性状词性词语连续。（5）（6）句中的谓语是性状词性词语和动词性词语连续。（7）句中的谓语是名词性词语和性状词性词语连续，"急行军"是"进行了……急行军"的意思。（8）（9）句中的谓语是动词性词语和主谓短语连续。（10）（11）句中的谓语是主谓短语和动词性词语连续。（12）句中的谓语是两个动词性词语连续，但主语后出现。按实际语序，也可分析为动词性短语和主谓短语连续，大主语蒙后省略。

连谓式中两个以上的谓语中心语是各自直接陈述同一主语的，所以其中的任何一个谓语中心语都可以单独和主语组合成短语或句子。如（1）句中可以说"李毛驴牵着自己的毛驴"，也可以说"李毛驴慢慢地走回家去"。（5）句可以说"街上黑沉沉的"，也可以说"街上一无所有"。（9）句中可以说"我盼爹爹"，也可以说"我心中急"。

连谓式中两个以上的谓语中心语可各自直接陈述主语，同时它们之间在意义上又有这样那样的联系。

a.表示先后发生的连续动作。例如：

（1）（那人）摘下帽子走上了楼梯头的小平台。（《最好的顾客》）

（2）二嘎子手执小红旗飞跑而来。（《龙须沟》）

（3）他在清华任教休假到伦敦住了一年。（《朱自清先生》）

b.前者表示后者的行动方式。例如：

（1）老孙头翻身骑在儿马的光背上。（《分马》）

（2）船在浪头上摇摆着前进。（《长江三日》）

（3）船一下像流星随着怒涛冲去。（《长江三日》）

（2）（3）句中的"摇摆着""像怒涛"，有人主张将它分析为后面动词的状语，理由是带"着"的或"像……"都是修饰后面动词的。我们认为，"着"表示行动的时态是时态词，"像"动词，它们都不是状语的标志，状语的标志只有一个：结构词"地"。当然，"……着"和"像……"表示行动方式，对后面的动词有一定的修饰作用，但它们都直接陈述主语，它们的主要功能还是作谓语。

c.后者是前者的行动目的。例如：

（1）身子就躲在尾巴底下歇凉。（《松鼠》）

（2）他们在戏台下买豆浆喝。（《社戏》）

（3）丞相文天祥组织武装力量坚决抵抗。（《谈骨气》）

d.前者是后者的行动原因。例如：

（1）李四光听了心潮澎湃。（《地质之光》）

（2）我和他都被约去讲演。（《朱自清先生》）

（3）卖豆腐赚下了几个钱。（《白毛女》）

e.前者是后者的行动依据。例如：

（1）我们有力量打破这个黑暗。（《最后一次的讲演》）

（2）我有权利保留自己的意见。（《一封终于发出的信》）

（3）他有可能成为我们时代的语言艺术大师。（《作家要铸炼语言》）

（1）—（3）句中前一个谓语中心都用动词"有"。

f. 前者是后者行动的处所、时间。例如：

（1）江流至此变得特别凶恶。（《长江三日》）

（2）这个刚满周岁的男孩子，比蒲公英迟一年来到我家的。（《蒲公英》）

（3）这一工作已经提前完成。（《向沙漠进军》）

g. 后者是由于前面的行动而获得的感受或具有的性状。例如：

（1）猛烈的西北风……吹到脸上像刀削似的。（《孟姜女》）

（2）长幼伯叔妯娌相处都很和睦。（《母亲的回忆》）

（3）这么大年纪的一个老人，爬起山来不急，也不喘。（《香山红叶》）

h. 后者是前者行动的结果。例如：

（1）马蹄落地得得响。（《王贵与李香香》）

（2）（一个从小失去听觉的人，）他的嘴巴就只能说几声"噢噢！啊啊！"成为一个哑巴。（《听觉的作用》）

连谓式复杂谓语常和一些类似的句式混淆不清。例如：

（1）战士们下河抓小鱼，到山坡上找野菜充饥。（《奔向海陆丰》）

（2）三四人径奔船尾，拔了篙，点退几丈，回转船头，驾起橹，骂着老旦，又向那松柏林前进。（《社戏》）

（3）飞机再有七分钟就到你县。（《为了六十一个阶级弟兄》）

（4）这十几里地，紧走也得两个钟头。（《新手表》）

（5）他生气地侧过头去望着窗外。（《第二次考试》）

（6）雷震痛苦却又坦然地望着对方。（《高山下的花环》）

（7）场内气氛紧张得简直要爆炸了。（《金杯之光》）

（8）他俩劳动惯了。（《母亲的回忆》）

（9）这时太阳已升起了老高。（《奠基礼》）

（10）我离家是很突然的。（《母亲》）

（11）羊群走路靠头羊。（《王贵与李香香》）

（12）爹出门去躲账整七天。（《白毛女》）

（1）（2）句中在连续的行动之间有逗号表停顿，将全句的意思分割开来，是承接复句，而不是连谓式单句。（3）（4）句中连续的行动之间有起关联作用的副词，将两层意思连接起来，是紧缩复句，不是连谓式单句。（5）（6）句中在前一动词或性状词性短语后面用结构词"地"，表明它和后面的动词之间是状语和中心语的关系。(7) 句中在"紧张"和"简直要爆炸"之间有结构词"得",表明前后两部分之间是中心语和补语的关系。(8)(9) 句中虽未用"得",但"惯"和"老高"分别说明"劳动"和"升起"的结果,而不是陈述主语,所以,它们也都是中心语与补语的关系。(10) —(12) 句都是主谓短语作主语,"很突然"的陈述对象不是"我",也不是"离家",而是"我离家";"靠头羊"的陈述对象不是"走路",也不是"羊群",而是"羊群走路";"整七天"的陈述对象不是"躲账",也不是"爹出门去",而是"爹出门去躲账"。

2. 延伸式。两个谓语中心语直接陈述的对象不同,前者直接陈述全句的主语,后者直接陈述前者所支配的宾语(即兼语),后者是由前者延伸出来的,前者为因,后者为果,后者间接陈述全句主语。例如:

(1) 这排排串串的珍珠使天上银河失色,叫满湖碧水生辉。(《珍珠赋》)

(2) 眼睛颇细,四周刻着纤细的皱纹形成永久的笑意。(《夜》)

(3) 它有彩色光晕如镜框,中间一明镜可显见人形。(《黄山记》)

(4) 家里一定种地很多吧?(《老杨同志》)

(5) 却不可小看温顺的兔子,惹出祸来还真不小呢!(《兔》)

(6) 中央偏北处,置有这位伟大革命家的白大理石像一尊。(《巍巍中山陵》)

(7) 定下个日子腊月二十三。(《王贵与李香香》)

(1)(2) 句及(3) 句的第一分句中,都是前一动词性词语延伸出后一动词性词语。(4)(5) 句中前一动词性词语延伸出后一性状词性词语。(6) 句中前一动词性词语延伸出后一数量短语。(3) 句的第二分句中,一个作谓语的名词性短语("一明镜")延伸出一个动宾短语。(7) 句中一动词性短语延伸出一个表时间的名词短语(腊月二十三)。

延伸式复杂谓语的第一个谓语中心常由表"使令"意义的动词充当,即构成"使之然"的格式。例如:

(1) 清新的空气使我觉得呼吸的是香。(《我的空中楼阁》)

(2) 这支柱,支持这个病残青年在无情的现实中奋斗。(《生命的支柱》)

(3) 郭全海邀老王太太到草垛子跟前。(《分马》)

(4) 可怜的人啊,现在要他跟这一切分手,叫他怎么不伤心呢?(《最后一课》)

(5) 结婚才一个月,官府就征万喜良去当差。(《孟姜女》)

延伸式复杂谓语的第一个谓语中心有很多是由"非使令"意义的动词充当的，它们构成"允之然"的格式。例如：

（1）我们昆明的青年决不会让你们这样蛮横下去的！（《最后一次讲演》）

（2）咱们都把马牵到这儿来，听凭她挑选。（《分马》）

（3）把牦牛杀了，留下牛皮牛肉做干粮。（《草地晚餐》）

（4）这虾照例是归我吃。（《社戏》）

（5）她又把两支小曲子唱给他们听。（《孟姜女》）

（6）这是一条幽僻的路，白天也少人走。（《荷塘月色》）

（7）有一支志愿军的部队向敌后猛插。（《谁是最可爱的人》）

（8）没有人关心他们的劳动条件。（《包身工》）

延伸式复杂谓语也会和一些类似的句式混淆不清。例如：

（1）风推动沙丘，缓慢前进。（《向沙漠进军》）

（2）分明有一圈红白的花，围着那尖圆的坟顶。（《药》）

（3）大家都叫她祥林嫂。（《祝福》）

（4）我相信历史会对一切作出说明。（《一封终于发出的信》）

（5）她恨时间太短。（《孟姜女》）

（6）炮弹掀起一个巨浪，打得小船剧烈地晃荡起来。（《大渡河畔英雄多》）

（7）画上的情景常常引起我对眼前这位老人当时境况的联想。（《普通的人，伟大的心》）

（8）这是我最后一次给你们上课了。（《最后一课》）

（1）（2）句是承接关系的复句，它和延伸式复杂谓语不同的就是在兼语后面用了逗号，有了语音停顿，使句子意思舒缓，变为两个行动过程。（3）句中"她"和"祥林嫂"是动词"叫"后带的双宾语，一个是行动的直接对象，一个是行动的具体内容。（4）（5）句中的谓语部分，是主谓短语作宾语，"相信""恨"的不是"历史""时间"，而是"历史……说明""时间太短"这两个主谓短语，这种句式和延伸式复杂谓语很相似，其主要区别是："延伸式"的两个谓语中心之间有延伸关系，即前因后果的关系，而主谓短语作宾语的句式中，全句的谓语中心和主谓短语中的小谓语之间则没有这种关系。（6）句中"打"后面是一个主谓短语作补语，它和延伸式复杂谓语的区别是在动补之间有一个作为补语标志的粘着词"得"。（7）句中"引起"后带偏正短语作宾语，"我"和"对……境况"是递加在中心词"联想"前的两个定语。（8）句中表述词"是"后面的是一个主谓短语陈述主语"这",说明主语等于什么。

复杂谓语还有更为复杂的情形。

1.连谓式和延伸式共用。在同一个谓语中共用了两种形式。例如:

(1) 中途部队休息,他们要烧开水给指战员们喝。(《九个炊事员》)

(2) 是我,提名要你当全国政协委员的。(《地质之光》)

(3) 周总理患病期间,"四人帮"竭力阻挠总理的老战友、老同志去看望他。(《深情忆念周伯伯》)

(4) 父亲鼓励邵华去江陵农村参加"四清"。(《我们爱韶山的红杜鹃》)

(5) 卫兵来提郑瑾去过堂。(《坚强的战士》)

(1)(2)句中是连谓式套接延伸式,(3)(4)句中是延伸式套接连谓式,(5)句中是连谓式套接延伸式,后面又接连谓式。

2.二重延伸,即延伸之后又延伸。例如:

(1) 周大勇让李江国指挥战士们顺一条垄坎隐蔽下来。(《打粮站》)

(2) 让战士们去叫李江国、马全有来。(《打粮站》)

(3) 他们派人来传我去。

(1)句中是二重延伸,(2)(3)句中是两次延伸之间夹有连谓。

3.连谓式和延伸式融合。即同一个复谓形式中兼有连谓和延伸两种关系。例如:

(1) 要开饭了,他们就拉着我进了饭厅。(《深情忆念周伯伯》)

(2) 我们请老向导领着我们顺着南坡上山。(《香山红叶》)

(1)句中"进了"既是"我"的行动,也是"他们"的行动,整个谓语部分,从"我们"看,是连谓式,从"我"看,又是延伸式。(2)句中"上山"的不仅有"我们",也包括老向导,整个谓语部分,从"老向导"看,是延伸套接连谓,从"我们"看,是二重延伸。

复句形式作为一个整体也可以充当谓语。意义上的整体性正是这种句式的特征。充当谓语的复句形式结合很紧,一般不能将其中的各个分句分离开来,各自再和全句的主语组合成独立的分句,如果勉强这样做,整个句意就要受到一定的影响。从主语和谓语在意义和结构形式上的关系看,复句形式作谓语有以下几种类型。

1.主语是谓语的受事。谓语行动的涉及对象提到句首,作为陈述对象,这样,谓语部分的整体性就很明显了。例如:

(1) 介绍信上的字，要是人类，就得用很好的显微镜才能看见。(《蚕和蚂蚁》)

(2) 至于全年二十四个节气都发生在哪一天和什么时辰，编书人未能画成图象，他们自然也就辨认不出了。(《幼学纪事》)

(1) 句中主语"……字"在意念上是"看见"的对象（受事），"要是人类"是假设的前提，它不能和全句主语组合，而是和后面的分句结合成一个假设复句形式作谓语。(2) 句中"至于"是表话题转换的语气词，主语"……时辰"是"辨认不出"的对象（受事），"编书人未能画成图象"是"辨认不出"的原因，两分句结合成一个因果复句形式作谓语。

2. 谓语称代主语。主语所说的人、事物，在谓语部分有代词称代它，这样更能显示出谓语部分是作为一个整体陈述主语的。例如：

(3) 那些剥削、欺压、愚弄别人的剥削者、野心家和政治骗子，他们不但自己要尽弄虚作假、欺哄诈骗的鬼把戏，还不准别人说真话，迫使别人说假话，以便搅混一池水，从中取利。(《谈诚实》)

(4) 早，这个字散发着幽香，放射着光芒。(《早》)

(5) 商品这东西，千百万人天天看它，用它，但是熟视无睹。(《什么是知识》)

(3) 句中"他们"称代"那些……骗子"。(4) 句中"这个字"复指"早"；如果"早"后的逗号移到"字"后，"早这个字"就是"复指短语"（同位短语）作主语，此句则成为一个并列复句，而非复句形式作谓语的单句。(5) 句中"它"称代"商品这东西"。

3. 总说和分说。总说部分是主语，分说部分是谓语。主语表达的内容约等于谓语部分各分句形式小主语意思的相加。所以，对主语来说，谓语部分是一个不可分割的整体。例如：

(6) 站在桥头的两棵老榕树，一棵直立，枝叶茂盛，另一棵却长成奇异的S形，苍虬多筋的树干斜伸向溪中，我们都称它为"驼背"。(《故乡的榕树》)

(7) 所谓平整，一是铜丝跟涂上的色料一样高低，二是色料本身不允许有一点儿高高洼洼。(《景泰蓝的制作》)

(8) 飞来峰上层层叠叠的树林，有的绿得发黑，深极了；有的绿得发蓝，浅极了，亮极了。(《西湖漫笔》)

(6) 句中"一棵"加"另一棵"等于全句主语"两棵"。(7) 句中"一"

"二"所说的，是主语"平整"的全部内容。（8）句中两个"有的"分说主语"……树木"绿的情形。这种类型的句子，充当谓语的，都是一个并列复句形式。

中学语文课本的"语文知识"中谈到解说复句时举了这样的例子：

紫禁城有四座城门：南面有午门，北面有神武门，东西有东华门、西华门。

此句中冒号前面是个主谓短语，冒号后面是个并列复句，所以这是个两重解说复句。如果把第一分句改为"紫禁城的四座城门"这个偏正短语，整个句子就和第三种类型完全一样了。这个偏正短语成为后面部分的陈述对象，充当谓语的自然就应该是个并列复句形式了。

4.谓语从多方面陈述主语。此类型近于第三类。例如：

（9）一九六四年二月六日，温度1℃—4.4℃，气压七六四毫米，地上积雪半寸。（《卓越的科学家竺可桢》）

（10）他的旁边，一面立着他的父亲，一面立着他的母亲。（《药》）

（11）古老的济南，城内那么狭窄，城外又那么宽敞。（《济南的冬天》）

（12）野花野草，什么形状也有，什么颜色也有。（《雨中登泰山》）

（9）句中谓语说明2月6日这一天的气候情况。（10）句中谓语说明"旁边"两面的情况。（11）句中谓语说明济南城内外的情形。（12）句中谓语说明野花野草形状颜色的多样。

（13）故宫建筑群规模宏大，形体壮丽，建筑精美，布局统一。（《故宫博物院》）

（14）他脸上的皮肉松弛下垂，面色发灰，鼻子窄长。（《最好的顾客》）

（13）（14）句中全句陈述对象应分别是"故宫建筑群""他"，后面的部分从不同角度对主语加以描述，我们可以把主语后面部分看作一个并列复句形式作谓语，大主语和几个小主语之间有领属关系。也有人把这样的句子看作并列复句，后面各分句的主语承前省略。此观点有一定道理。不过我们还是认为，把这样的句子看作并列复句形式作谓语的单句更符合语意事实，说后面分句主语省略，是很勉强的。

5.谓语有共用的成分。这共用的成分更显示出后面复句形式的整体性。例如：

（15）你难道不肯陪我过一夜，做一回我的信差么？（《快乐王子》）

（16）一个真正的人，总是以诚为荣，以伪为羞，不隐藏真相，不掩过饰非，心口如一，磊落光明。（《谈诚实》）

（17）现在，她又身披戎装，手执金戈，在扼守这重关要塞了。（《雄关赋》）

（15）—（17）句中，"难道不肯""总是""又"都是后面复句形式共用的状语。（15）—（17）句尾部的语气助词"么""了"也是谓语部分所共用的，这更能显示出谓语部分的整体性。这一类型，如着眼于状语和中心语的关系，看作偏正短语作谓语，似乎更合理。

复句形式作谓语要和联合短语区别开。复句形式在意义上表示的是复句所具有的两层意思，在形式上不像联合短语那样整齐、简短，许多复句形式中的组成部分可能较长，结构形式也不完全一致。而作谓语的联合短语，在意义上，其几个部分综合起来表示某一方面的意思，是一层意思；在形式上，则是结构整齐、简短，各组成部分之间常无停顿标志，或只有顿号表示短促的停顿，一般不用逗号表示停顿。例如：

（18）这里的水，多、清、静、柔。（《晋祠》）

（19）它分布广、材质好、用途多。（《一个好树种——泡桐》）

（20）松鼠的窝……又干净又暖和。（《松鼠》）

（21）日光可以用来发电，取热，煮水，做饭。（《向沙漠进军》）

（18）（19）句中作谓语的联合短语，其组成部分之间用顿号表示短促停顿。（20）句作谓语的联合短语中，组成部分之间没有语音停顿。（21）句中"发电""取热""煮水""做饭"四个动宾短语之间虽有逗号隔开，但因为它们结构整齐、简短，共同说明"日光"的用途，而且前面共用了两个状语"可以"和"用来"，所以还应是联合短语，着眼于它前面的两个状语，也可看作是偏正短语作谓语。

再说一下"复句形式"这个名称。因为《提要》及中学语文课本中都用了这个名称，所以我们也就照搬了。不过《提要》及《课本》对不成句的词与词的组合，都叫"短语"，唯独对这个却叫"形式"，显得与众不同。而且有"复句形式"，也该有"单句形式"。看来，这个名称是不很妥当的。我们试着给它起个名字，叫"复主谓短语"（对"主谓短语"而言），不知当否。起码也应叫它"复句形式短语"，与其他"短语"一致起来。

第二节　宾语和补语

宾语和补语都是行动变化后面的连带成分，二者在性质和功能上有很大不同。

一、什么是宾语

宾语是行动变化后面所支配和涉及的对象，回答"（动）什么（人、事物、处所）"的问题，都由名词性的词或短语充当。

宾语所表示的意义有多种。有的表示行动变化的直接对象，即行动的接受者。例如：

（1）我要高声赞美白杨树。（《白杨礼赞》）

（2）他是最佩服李四光的。（《地质之光》）

（3）论身体，您不比我们年轻人。（《草地晚餐》）

有的表示存在、出现、消失的对象。例如：

（4）花园的四周围着一道高墙。（《快乐王子》）

（5）以后又多少年，才来到了人。（《黄山记》）

（6）三岁上就死了娘。（《白毛女》）

有的表示行动变化所支配涉及的处所。例如：

（7）光明就在我们眼前。（《最后一次的讲演》）

（8）小船窜进了荷花淀。（《荷花淀》）

（9）她那灿烂的音色和深沉的感情惊动了四座。（《第二次考试》）

有的表示行动变化所使用的工具。例如：

（10）没有被子盖，便盖着稻草过夜。（《奔向海陆丰》）

（11）他下决心学写仿宋字，刻钢板。（《挺进报》）

有的表示行动变化的结果。例如：

（12）他长着一副黑里透红的脸膛。（《谁是最可爱的人》）

（13）下面是海边的沙地，种着一望无际的碧绿的西瓜。（《故乡》）

（14）小山整把济南围了个圈儿。（《济南的冬天》）

有的表示行动变化所涉及的具体内容。例如：

（15）我越来越感觉到谁是我们最可爱的人！（《谁是最可爱的人》）

（16）有人丢给他一碗饭，说："嗟，来食!"……（《谈骨气》）

（17）不管做哪种学问，总不外乎"摆事实、讲道理"六个字。（《谈谈虚和实的关系》）

还有的表示行动的主动者。例如：

（18）他……动着嘴唇，却没作声。（《故乡》）

（19）半夜淋了大雨。（《驿路梨花》）

（20）大家饿着肚子跪香。（《求雨》）

他动词经常带宾语，自动词一般不带宾语。但根据表达意思的需要，有些自动词有时候也带宾语。（见动词部分）例如：

（1）卡瑞尔很高兴他的强制手段的成功。（《二六七号牢房》）

（2）我在破获秘密的满足中，又很愤怒他的瞒了我的眼睛，这样苦心孤诣地来偷做没出息孩子的玩艺。（《风筝》）

（3）远远地还听见敌人飞机的叹息，大概是在叹息自己的命运：为什么不到抗日的战线上去显显身手呢？（《老山界》）

一般说，只有动词才能带宾语，但有时候着眼于某种性状的变化，这个性状词就相当于动词，后面也可带宾语。例如：

（1）华大妈也黑着眼眶，笑嘻嘻的送出茶碗茶叶来。（《药》）

（2）便道上果然有间小屋还亮着灯。（《醉人的春夜》）

（3）我把成渝紧紧地抱起来，用我的脸暖了暖他的脸蛋。（《夜走灵官峡》）

有时候，名词活用作动词，后面也可以带宾语。例如：

（1）老栓，就是运气了你！（《药》）

（2）他似乎从来没有经验过这样的无聊。（《阿Q正传》）

（3）坚持四项基本原则绝不会障碍思想解放。（《鸟飞鱼跃的联想》）

有时候某些短语作为一个整体，后面带宾语。例如：

（1）吃了用了人家的东西，不说清楚还行？（《驿路梨花》）

（2）平坦大地上傲然挺立这么一株或一排白杨树。（《白杨礼赞》）

（3）它们那种不畏风霜的姿态却使人油然而生敬意。（《松树的风格》）

（1）句中联合短语带宾语。（2）（3）句中成语（固定短语）带宾语。

有些动词后面可以带两个宾语，前一个大都指人，回答"谁"的问题，是行动的直接对象；后一个指事物，回答"什么"的问题，是行动涉及的具体内容。这种结构形式叫"双宾语"，前一个叫近宾语，后一个叫远宾语。能带双宾语的都是既能以人作为直接对象，又能以事物作为涉及对象的动词，如"告诉、指示、送、给"等。例如：

（1）我给了他十个铜子的小费。（《我的叔叔于勒》）

（2）放她？行！还我二十块钱，两年的伙食、房钱。（《包身工》）

（3）人们都叫伊"豆腐西施"。（《故乡》）

（4）……放进石槽里几个铜钱。（《香山红叶》）

（5）那里的石岛已高出水面十二米多。（《珊瑚岛》）

（1）—（3）句中近宾语大都指人；（4）（5）句中近宾语指处所。（1）—（5）句中远宾语表示事物或物量；（3）中远宾语表示称说的具体内容。

宾语的位置都在行动变化之后，而有的词语在意念上是某动词的受事，是宾语，但它的位置却在动词之前，有的甚至在主语之前，某些语法书中叫它宾语前置。我们认为，宾语必须在动词后边，如果它提到动词之前，就不符合宾语的表示法了，也就不应该仅从意义出发，仍然把它看作宾语。语序变了，词与词之间的关系意义也会随之改变，应将结构形式和关系意义结合起来考虑作不同的分析、处置。（参看"组合手段"和"主语谓语"部分）例如：

（1）刘胡兰把想到的事都安排妥了。（《生的伟大，死的光荣》）

（2）穷人连嘴都顾不上。（《〈东方红〉的故事》）

（3）我们什么也不要。（《谁是最可爱的人》）

（4）这一切，我很熟悉。（《二六七号牢房》）

（5）酒喝干了，饭吃过了。（《多收了三五斗》）

（6）革命烈火是扑不灭的。（《生的伟大，死的光荣》）

（1）句中"把……事"是介词短语作"安排"的状语。（2）句中"嘴都顾不上"是主谓短语作谓语，"连"是语气词，附着在小主语"嘴"前表强调语气。（3）句中"什么也不要"是主谓短语作谓语。（4）句中"这一切"是意念上的受事宾语提到主语前，作全句的主语，后面是主谓短语作谓语。（5）（6）句则是公认的被动式的句子，意念上的宾语"酒、饭、革命烈火"在句首，作为陈述对象，充当主语。

二、什么可以作宾语

宾语作为行动变化所涉及的对象，都是表示人或事物的，所以充当宾语的常常是名词或代替名词的代词。例如：

（1）在苍茫的大海上，狂风卷集着乌云。（《海燕》）

（2）自然界也有侵略者。（《荔枝蜜》）

（3）给人民作牛马，人民永远记住他！（《有的人》）

数词和量词代表人或事物，也可以作宾语。例如：

（1）你们以为打伤几个，杀死几个，就可以了事。（《最后一次讲演》）

（2）住户不满三十家。（《社戏》）

（3）海水竟似湖光，蓝极绿极，凝成一片。（《寄小读者》）

动词、性状词也可以作宾语，但这时他们一般不表示行动、性状，而是把这种行动、性状当作事件、情况来看，它们的意义和语法特点已完全相当于一个名词，这也就是《暂拟系统》所说的"动词、形容词名物化"用法中的一种（另一种是作主语，见主语部分）。例如：

（1）周总理……目光当中充满了关切，充满了爱护。（《一件珍贵的衬衫》）

（2）我们有力量打破这个黑暗，争取到光明。（《最后一次的讲演》）

（3）他……更相信地动学说的正确。（《哥白尼》）

（4）我又懂得一件他们的巧妙了。（《狂人日记》）

（5）门柱有二十五米高。（《雄伟的人民大会堂》）

（1）句中的动词"关切""爱护"和（2）句中的性状词"光明"直接充当宾语，这些词前面也都可以加上一个定语（如"深深的关切""无微不至的爱护""即将到来的光明"），组成偏正短语作宾语。（3）—（5）句中都是动词、性状词充当宾语中心，前面加定语。（5）句中的"高"是"高度"的意思，它前面的表物量的数量短语是定语而不是状语。

表示心理活动的动词，以及少数不表示具体动作的动词，像是可以带没有"名物化"的动词、性状词作宾语。例如：

（1）主席摘下帽子，注视着送行的人群，像是安慰，又像是鼓励。（《挥手之间》）

（2）里面……一点不觉得窄。（《第比利斯的地下印刷所》）

（1）（2）句中"安慰""鼓励""窄"原本分别是动词、性状词，它们在此分别作"像是""觉得"的宾语。而"安慰""鼓励"后面还可以加上宾语，说成"像是安慰大家，又像是鼓励大家"；"窄"前面也可加程度副词作状语，说成"……不觉得太窄"，学界有一种观点，正是以此为由，说动词、形容词（性状词）作宾语仍未失去其原有的语法特点。其实这后带宾语的动词、前加状语的性状词和（1）（2）句中作宾语的动词、性状词词性是不同的，是两种不同的概念。（1）句中的"安慰、鼓励"是一种神情、心意，具有名词的意义，它们前面都可以加物量词语"一种"作定语；而它们后面又带了宾语时，则组成动宾短语，共同充当宾语，名物化的就不是单个儿动词，而是整个动宾短语。如果以"安慰大家"中的"安慰"仍具有动词性质来证明（1）句中的"安慰"也具有动词性质，这是犯了逻辑上偷换概念的错误。同理，"不觉得太窄"中，"太窄"是一个偏正短语作宾语，不能以其中的"窄"具有性状词性质来证明（2）句中的"窄"仍具有性状词性质。

这种动词短语、性状词短语整体作宾语（作主的见前面主语部分）的现象，在实际的语言运用中是不少见的，例如：

（3）我们喜欢喝凉水。（《蚕和蚂蚁》）

（4）公差催着赶快走。（《孟姜女》）

（5）我感到又羞恼，又冤屈！（《挖荠菜》）

（6）我觉得很难过。（《小麻雀》）

（3）句中"喝凉水"是动宾短语作宾语。（4）句中"赶快走"是以动词为中心的偏正（状中）短语作宾语。（5）句中"又羞恼，又冤屈"是由两个以性状词为中心的偏正（状中）短语构成联合短语作宾语。（6）句中"很难过"是以表心理状态的性状词为中心的偏正（状中）短语作宾语。

（7）便不管四叔的皱眉，将她留下了。（《祝福》）

（8）他终于忘记我的不好。（朱自清）

（7）句中"皱眉"是动宾短语前加定语，共同组成名词性偏正短语作宾语。（8）句中的"不好"是以性状词"好"为中心的偏正（状中）短语前加状语，共同组成偏正（定中）短语作宾语。由此两例更可看出其中"皱眉"和"不好"的名词性。

能表示人或事物的短语也可以作宾语。例如：

（1）泪水模糊了她的眼睛。（《生命的支柱》）

（2）小姑娘从鼻子里哼出一声笑。（《卖蟹》）

（3）在铅灰色的水泥楼房之间，摇曳赏心悦目的青翠；在赤日炎炎的夏天，注一潭诱人的清凉。（《故乡的榕树》）

（1）—（3）句中是以名词性词语为中心的偏正（定语）短语作宾语，（2）（3）句中此偏正短语中的中心语原本是动词、性状词性的，在此已具有了名词性质（即名物化了）。

（4）这天打海岸的部队决定晚上总攻。（《百合花》）

（5）女人们尤其容易忘记那些不痛快。（《荷花淀》）

（4）（5）句中是以动词、性状词为中心的偏正（状中）短语作宾语，其中心词虽仍具动词、性状词的性质，但整个短语已具有了名词的性质。

（6）织女……等于关在监狱里。（《牛郎织女》）

（7）她不住地哭，也不知道哭了多长时间。（《孟姜女》）

（8）渡河的任务不允许再拖延下去。（《大渡河畔英雄多》）

（6）（7）句中是动补短语作宾语。（8）句中是状动补结构的短语作宾语。

（9）花圈都在这儿，您要多大价钱的？（《最好的顾客》）

（9）句中是"的"字短语作宾语。

（10）在旧社会，有多少从事科学文化事业的人们，向往着国家昌盛，民族复兴，科学文化繁荣。（《科学的春天》）

（11）我从当前的喇叭声中也听出了严肃，坚决，勇敢和高度的警觉来。（《风景谈》）

（12）在孩子们的心目中，兔子的形象代表善良、机警、洁净、活泼。（《兔》）

（13）随时可取的花圈有：珍珠的、赛璐璐的、有机玻璃的、镀锌金属的。（《最好的顾客》）

（14）物候学记录着植物的生长枯荣，动物的养育往来。（《大自然的语言》）

（15）我怀念从故乡的后山流下来，流过榕树旁的清澈的小溪，溪水中彩色的鹅卵石，到溪畔洗衣和汲水的少女，在水面嘎嘎嘎地追逐欢笑的鸭子；我怀念榕树下洁白的石桥，桥上兀立的刻字的石碑；桥栏杆被人抚摸光滑了的小石狮子。（《故乡的榕树》）

（10）——（15）句中都是联合短语作宾语。（10）句中是由三个主谓短语组成的联合短语作宾语，（11）（12）句中都是由四个性状词组成的联合短语作宾语，（13）句中是由四个"的"字短语组成的联合短语作宾语，（14）句中是由两个偏正（定中）短语组成的联合短语作宾语，（15）句的两个分句中分别由四个、三个意义连续的偏正短语组成联合短语作宾语。

（16）这是中央银行的，你们不要，可是要想吃官司。（《多收了三五斗》）

（17）刘和珍生前就很爱看先生的文章。（《记念刘和珍君》）

（18）我决定走小路。（《野景偶失》）

（16）—（18）句中都是动宾短语作宾语。

（19）他们紧紧地搂在一起，想使身体得到一点温暖。（《快乐王子》）

（20）花园的四周围着一道高墙，我就从没有想到去问人墙外是什么样的景象。（《快乐王子》）

（19）句中是兼语短语作宾语。（20）句中是连谓短语作宾语。

（21）他要试试那头盔牢固不牢固。（《堂吉诃德》）

（22）他颇悔自己睡着，但也深怪他们不来招呼他。（《阿Q正传》）

（23）你猜这家主人是干什么的？（《驿路梨花》）

（21）—（23）句中都是主谓短语作宾语。动词后面的主谓短语是作为一个意义上的整体接受动词的动作，动词所支配、涉及的不止是主谓短语中的主语，而是整个主谓短语。这种结构形式和兼语结构的短语作谓语很相似，须加以区别。（参看复杂谓语部分）

（24）在汉口火车站，得知十天后才有货位。（《故乡情》）

（24）句中是存现句作宾语。

（25）不管做哪种学问，总不外乎"摆事实、讲道理"六个字。（《谈谈虚和实的关系》）

（25）句是复指短语作宾语。

（26）朋友们，用不着多举例，你已经可以了解我们的战士是怎样一种人，这种人是什么一种品质，他们的灵魂是多么的美丽和宽广。（《谁是最可爱的人》）

（27）出了火车站，你立刻便会觉得：这里没有汽车，要到哪儿，不是搭小火轮，便是雇"刚朵拉"。（《威尼斯》）

（26）（27）句是复句形式的短语作宾语。

三、什么是补语

补语是行动变化、性状后面的补充成分，补充说明行动变化的结果、时间、处所、动量或性状的程度，回答"得（怎么样）""多久""在何处""在何时""几下"等问题。所以，能带补语的都是动词或性状词。例如：

（1）一次大风沙袭击，可以把幼苗全部打死。（《向沙漠进军》）

（2）粥可真稀，人影子都照得出来。（《草地晚餐》）

（3）这场激战整整持续了八个小时。（《谁是最可爱的人》）

（4）蜂王可以活三年，工蜂至多活六个月。（《荔枝蜜》）

（5）入党时的誓言还响在耳边。（《生的伟大，死的光荣》）

（6）机关枪像暴雨一样地卷向对岸。（《大渡河畔英雄多》）

（7）飞机盘旋几周。（《一次难忘的航行》）

（8）这时候闪电亮了一下。（《暴风雨之夜》）

（9）我们的力量大得很，强得很。（《最后一次的讲演》）

（10）每棵的叶子都密得不透缝。（《荔枝蜜》）

（1）（2）句中补语表示行动变化的结果。（3）（4）句中补语表示行动变化进行的时间。（5）—（8）句中补语表示行动变化发生的处所、方向、时间。（7）（8）句中补语表示行动变化的动量（次数）。（9）（10）句中补语表示性状的程度。

由上述例句可看出，表示结果、程度时，中心语和补语之间常用结构词"得"；表示行动发生的处所、时间时，常用介进词"在"等。

口语中常在中心语和补语之间用"个、一个"，强调补语表示的程度、结果的意义，这里的"个、一个"不表示数量，近似于结构词"得"。例如：

（1）十天后团鱼要死个精光。（《故乡情》）

（2）我们不提防，几乎和它撞个正着。（《雨中登泰山》）

（3）只见灰蒙蒙一片，把老大一座高山，上上下下，裹了一个严实。（《雨中登泰山》）

名词活用作动词、性状词，后面也可以带补语。例如：

（1）灰黑色的秃树枝丫叉于晴朗的天空中。（《风筝》）

（2）水生指着父亲的小房，叫她小声一些。（《荷花淀》）

（3）处理人民内部矛盾，还是从团结的愿望出发，"和为贵"，要"费厄"一点。（《论"费厄泼赖"应该实行》）

某些联合短语、成语后面，有时也可以带补语。例如：

（1）它比起那缥缈的幻景还要新奇、还要有意思得多呢。（《海市》）

（2）我万万没有想到大难临头得如此迅速，如此猛烈。（《一封终于发出的信》）

（3）现在许多同志津津有味于这个开中药铺的方法。（《反对党八股》）

在一个动词后面有时可带两个补语。这种双补语一般有下列几种形式：

1.动—补（结果）—补（处所）。例如：

(1) 老孙头摔倒在地上。(《分马》)

(2) 勇士们……一次又一次地把敌人打死在阵地前。(《谁是最可爱的人》)

(3) 白色梨花开满枝头。(《驿路梨花》)

(3) 句中的"枝头"不是宾语，而是名词直接作补语。(参看名词作补语部分)

2.动—补（结果）—补（时间）。例如：

(4) 妻已睡熟好久了。(《荷塘月色》)

(5) 汽车开走两天了。

3.动—补（处）—补（时）。例如：

(6) 那年七月，我刚从乡间调到县委机关不久。(《暴风雨之夜》)

(7) 那是他的高高祖留下来的，丢在一个角落里许多年了。(《堂吉诃德》)

(8) 揣在怀里四五天。(《白毛女》)

4.动—补（结果）—补（程度）。例如：

(9) 珊瑚树长高到接近海面……(《珊瑚岛》)

5.动—补（结果）—补（可能）。例如：

(10) 两种习惯养成不得。(中学语文课文篇名)

从上列例句可以看出，双补语有下列特点：

1.动词和双补之间不能用结构词"得"。因为双补语中至少有一个是表示处所或时间意义的，而表处所或时间意义的补语和中心语之间是不能用"得"的。上述第一种类型的双补语和中心语之间似可加一个"得"，但加了"得"，句子的结构就不同了。试比较下列两句：

老孙头摔倒在地上。

老孙头摔得倒在地上。

前句是双补语句。后句的"倒在地上"则结合成动补短语作"摔"的补语就不是双补语了。

2.双补语表示的都是两个意义类型不同的概念，否则就不是双补语，而是联合短语作补语。例如：

(1) 它可能不如杨柳与桃李那么好看，但它却给人以启发，以深思和勇气。(《松树的风格》)

（2）在这短暂的时间里，他活得多么纯洁，多么高尚，多么光彩啊！（《路标》）

（1）（2）句中的加点部分都是联合短语作补语。

3. 双补语的两个补语之间，在意义和结构上都没有关系，它们各自和中心词发生关系，补充说明中心词。如果两个补语在意义和结构上有联系，那就不是双补语，而是别的结构形式。例如：

（1）他去早了一个月。（《澜沧江边的蝴蝶会》）

（2）您听到了一定会高兴得拉着我重返人间。（《一封终于发出的信》）

（3）他兴奋得一夜没睡好。（《截肢和输血》）

（1）句中"早了一个月"是动补短语作补语（"早"表示性状的变化，具有动词性）。（2）句中"拉着我重返人间"是连谓式复谓短语作补语。（3）句中"一夜没睡好"是"状动补"结构的短语作补语。

四、什么可以作补语

性状词、动词经常作补语，说明行动变化的状况、结果，或说明性状的程度。例如：

（1）店面早经收拾干净。（《药》）

（2）我的故乡好得多了。（《故乡》）

（3）色味都比桑椹要好得远。（《从百草园到三味书屋》）

表示动量的数量短语（包括计算时量的）作补语，说明行动变化的动量、时间。也可以用在性状词后，表性状的程度。例如：

（1）教堂的钟敲了十二下。（《最后一课》）

（2）孟姜女听了传言，冷笑了几声。（《孟姜女》）

（3）它这么飞了两三次。（《小麻雀》）

（4）他在意大利留学九年。（《哥白尼》）

（5）两壶热茶喝下去，他心里安静了些。（《在烈日和暴雨下》）

代替动词、性状词、数量词的代词也可以作补语。例如：

（1）一只蜜蜂能活多久？（《荔枝蜜》）

（2）我们托付给你们的任务完成得怎么样啦？（《谁是最可爱的人》）

（3）麻袋准备得怎么样？（《暴风雨之夜》）

名词或名词性短语作补语，一般要求和介词组成介词短语。例如：

（1）我……徘徊在我的乡亲朋友们中间。（《海滨仲夏夜》）

（2）只用前爪挂在自己脱下的壳上，摇摆在微风中。（《蝉》）

（3）他积极投身于火热的工人运动。（《理想的阶梯》）

沿用古汉语的句式，也可以不用介词，名词直接作补语，表示行动的处所。这种句式有明显的文言色彩。它和处所宾语在结构形式上的区别是：作补语，都可以加上个介词"于"，而作宾语则不能加"于"。例如：

（4）早在十三世纪，卢沟桥就闻名世界。（《中国石拱桥》）

（5）我漫步沙滩。（《海滨仲夏夜》）

（6）高空的白云和周围的雪峰清晰地倒映水中。（《天山景物记》）

极少数程度副词也可以作补语，表示性状的程度。例如：

（1）这小家伙精得很哪！（《夜走灵官峡》）

（2）听了妈的话，我惊奇极了，也伤心极了。（《一封终于发出的信》）

（3）草地的天气变化快极了。（《九个炊事员》）

"不过、不堪"等少数词语有时相当于程度副词"很、极"的意思，也可作补语。（参看副词一节）例如：

（4）他带的几件衣服早该破烂不堪了。（《孟姜女》）

（5）我那时真是聪明过分。（《背影》）

（6）天山蘑菇……鲜嫩无比。（《天山景物记》）

多数短语也可以作补语。例如：

（1）泡桐成长很快。（《一个好树种——泡桐》）

（2）时间过得特别慢。（《奔向海陆丰》）

（3）场内气氛紧张得简直要爆炸了。（《金杯之光》）

（4）小溪流在狭长的山谷里奔流了很久。（《小溪流的歌》）

（5）人走了一身汗。（《雨中登泰山》）

（6）像花而又不是花的那一种落蕊，早晨起来，会铺得满地。（《故都的秋》）

（1）—（6）句中都是偏正短语作补语，（1）—（4）句中的"很快""特别慢""简直要爆炸""很久"是以性状词、动词为中心的偏正（状中）短语作补语；（5）（6）句中的"一身汗""满地"是以名词为中心的偏正（定中）短语作补语，它们不表示事物、处所，而是表示状态和结果，是"淌了一身汗""满地都是"的意思，动补之间都可以加"得"。

（7）他去早了一个月。（《澜沧江边的蝴蝶会》）

（7）句中的"早了一个月"是以性状词为中心的正偏（中补）短语作补语。

（8）在这短暂的时间里，他活得多么纯洁，多么高尚，多么光彩啊！（《路标》）

（9）有的花粉在地下埋藏了几千万年，甚至上亿年。（《花粉》）

（8）（9）句中都是联合短语作补语。

（10）那蜜蜂忙得忘记早晚。（《荔枝蜜》）

（11）湖面明净如镜，水清见底。（《天山景物记》）

（12）看到春天新长的嫩叶，迎着金黄的阳光，透明如片片碧玉，在袅袅的风中晃动如耳坠。（《故乡的榕树》）

（10）—（12）句中的加点部分都是动宾短语作补语。

（13）眼光正像两把刀，刺得老栓缩小了一半。（《药》）

（14）她们摇得小船飞快。（《荷花淀》）

（15）他饿得肚皮贴住脊梁骨了。（《打粮站》）

（16）冰凉的河水呛得我好难受。（《挖荠菜》）

（13）—（16）句中的加点部分都是主谓短语作补语。在（13）—（16）句中以（13）句为例，从意义上看，"老栓"是"刺"的受事宾语，又是"缩小了一半"的主语，所以有人说这是"带'得'兼语句"。这种说法完全是从词语的具体词汇意义（或逻辑意义）来看的。我们认为，从词语之间的关系意义看，"老栓……一半"是一个主谓短语，补充说明"刺"的结果，结构词"得"正显示这种中心语和补语之间的补充与被补充的关系。

（17）他的面孔是黄里带白，瘦得教人担心。（《一面》）

（18）您听了一定会高兴得拉着我重返人间。（《一封终于发出的信》）

（19）副班长急得围着锅灶直转圈。（《九个炊事员》）

（17）—（19）句中的加点部分是复谓结构中的兼语短语和连谓短语作补语。

（20）它们用爪子和牙齿梳理自己的毛，弄得身上光溜溜的，干干净净的，没有什么坏气味。（《松鼠》）

（21）……直哭得天愁地惨，积雪变色。（《孟姜女》）

（20）（21）句中的加点部分是复句形式的短语作补语。

五、宾语、补语连用

有时候，一个动词后面既带宾语，又带补语。这同一个中心语后面的宾语和补语连用，有几种排列形式。

（一）"动—宾—补"式

例如：

（1）马绕着场子奔跑，几十个人也堵它不住。（《分马》）

（2）水面有两三丈宽，离地不高。（《雨中登泰山》）

（3）从一八九五年起，每两年在此地开国际艺术展览会一次。（《威尼斯》）

（二）"动—补—宾"式

例如：

（4）小麻雀……长全了羽毛。（《小麻雀》）

（5）他已经不知喝了几气凉水。（《在烈日和暴雨下》）

（6）羊叫狼吃了两只，自己挨了一顿皮鞭。（《猎户》）

（三）"动—宾（近宾）—补—宾（远宾）"式

例如：

（7）我和你四婶念你一辈子好。（《梁生宝买稻种》）

（8）大家笑嘻嘻称他一声"花花公子"。（《我的叔叔于勒》）

（四）"动—补—宾—补"式

例如：

（9）自从他得着这点美差，看自来水，夜里他不定叫醒我多少遍。（《龙须沟》）

（10）移动一步就靠近丈夫一步。（《孟姜女》）

（五）"动—宾—宾—补"式

例如：

（11）鲁迅先生……献身无产阶级文艺事业三十年。（《理想的阶梯》）

关于这种宾补连用的形式，要说明两点：

1.宾语、补语都可以各自直接和中心语联系，而宾语和补语之间则不能直接联系。如（1）句中可以说"堵它""堵不住"，不可以说"它不住"；（4）句中可以说"长全了""长羽毛",不可以说"全了羽毛"。而下列句中不是这样：

孔乙己便涨红了脸。(《孔乙己》)

此句中，可以说"涨红了"，也可以说"红了脸"，不可以说"涨脸"。所以，"涨红了脸"不是"动—补—宾"结构，而是"动—补（动宾）"结构。与此同类的如"哭瞎了眼""笑掉了牙"等。

"打死了人""晒干了衣服"和"涨红了脸"也不尽相同。可以说"死了人""干了衣服"，这和"红了脸"类似，可以说"打死了""晒干了"，这也和"涨红了"相似，而可以说"打人""晒衣服"则和"涨脸"不同。我们更应看到，在这类短语中，宾补之间虽可直接联系，但从短语的整体意思看，不是说是否"死了人""干了衣服"，而是说"打人""晒衣服"，"死了""干了"分别是"打""晒"的结果，所以，此处的宾补联系不是短语的主旨所在，其总体结构还是"动—补—宾"式。

2.关于"动宾补（含双宾、双补）"结构分析。中心语后面连用的宾语、补语，都可各自直接和中心语联系，分析其内部结构，只要认清"动—宾""动—补"就可以了。如按层次分析法对其进行二分，则可"由远到近，从右到左，逐层切分"。如（7）句中离中心词"念"最远的是最右边的"好"，第一刀即在"好"前切开，"念你的一辈子——好"，再"念你——一辈子"，"念——你"。再如（9）句中宾补连用的短语切分如下："叫‖醒‖我|多少遍"。

第三节　定语和状语

定语和状语都是中心语前面的修饰成分，其不同主要表现在中心语的性质上。

一、什么是定语

定语是名词性词语前面的修饰成分。能回答"什么（或谁的）（名）"的问题就是定语。它从所属、性质、形状、数量、时间、处所等许多方面对人、物、事加以修饰，同时也就对其所指范围加以限制，从而使中心语的表意更加具体、鲜明，所指范围更加确定。定语和中心语之间常用结构词"的"显示其修饰与被修饰的关系。例如：

(1)"芦柴棒"的喉咙早已哑了。(《包身工》)

（2）远寺的钟声突然惊醒了海的酣梦。（《听潮》）

（3）去年我女人死了，娘要我续一个。（《白毛女》）

（1）—（3）句中定语说明人、物、事的所属。

（4）他们带着战斗的创伤，抬着负伤的战友。（《打粮站》）

（5）这是一条幽僻的路。（《荷塘月色》）

（6）孩子们奋力地撒着纸屑的花雨。（《依依惜别的深情》）

（4）—（6）句中定语说明人、物的形状、性质。

（7）午饭之后，出去看了几个本家和朋友。（《祝福》）

（8）几块白云在雪峰间投下云影。（《天山景物记》）

（9）三味书屋是三间的小花厅。（《早》）

（7）—（9）句中定语说明人、物的数量。（9）句中"三间"说明"花厅"的大小，这个数量短语有描述中心语情状的作用，所以二者之间可加"的"。

（10）听说，杭州西湖上的雷峰塔倒掉了。（《论雷峰塔的倒掉》）

（11）我做了生我的父母家里的新客了。（《大堰河——我的保姆》）

（12）总司令看了看面前的人群。（《草地晚餐》）

（10）—（12）句中定语说明人、物的处所。

（13）放她？行！还我二十块钱，两年间的伙食、房钱。（《包身工》）

（14）革命前辈徐特立同志少年时期只上过六年私塾，后在长沙仅仅读了四个月的师范学校。（《怎么写读书笔记》）

（15）这位老向导就在西山脚下，早年做过四十年的向导。（《香山红叶》）

（13）—（15）句中定语说明事物的时间。（14）（15）句中的时间词语一般用来表行动的时量，在此像是"读"和"做"的补语，但它们和后面的"学校""向导"之间有一个结构词"的"，所以，"六年""四个月""四十年"还应是定语。（参看"量词"部分）

在一个名词前可以有不止一个定语，它们可以由不同形式的词或短语充当，从不同的方面对中心词进行修饰和限制，这就是所谓多项定语。例如：

（1）其实老孙头早相中了拴在老榆树底下的右眼像玻璃似的栗色小儿马。（《分马》）

（2）没有了我那笑得那么甜蜜、终于笑得流泪、笑到咳嗽得几乎透不过气来的、红脸盘儿的、快活的母亲，我怎么会笑呢。（《七个铜板》）

（3）那地方叫平桥村，是一个离海不远、极偏僻的临河的小村庄。（《社戏》）

作为中心词的名词可以不止一个，也就是说，定语所修饰、限制的是一个由两个以上的名词组成的联合短语。例如：

（1）秦岭西部太白山的远峰和松坡，渭河上游平原上的竹林村庄和市镇，都笼罩在茫茫的春雨中了。（《梁生宝买稻种》）

（2）他们的面貌、性格、思想、感情和姿态形象都不相同。（《人民英雄永垂不朽》）

（3）林彪、"四人帮"肆虐十年，……留下了许多人与人之间的宿怨、隔膜、怀疑、余毒以及余悸。（《论"费厄泼赖"应该实行》）

"的"字短语具有名词性质，它有时也可前带定语。例如：

（1）你不信么？大理地面还有一棵更老的呢。（《茶花赋》）

（2）你，你这土偶木梗，你这没心肝的，没灵魂的，我要把你烧毁……（《雷电颂》）

定语所修饰、限制的中心词必须是名词。有时候，数量短语、动词、性状词也常有定语。这样用的数量短语包含了它所修饰的名词的意思，完全相当于一个以名词为中心的偏正短语；这样用的动词、性状词，是当作一个事件或一种情况来看的，它已不表示具体的行动或性状，失去了动词、性状词的语法特点，具有了名词的语法特点，这是动词、性状词的名物化用法。（参看动词、性状词作主语、宾语部分）。例如：

（1）这时候……只能看见光亮的一片。（《海上的日出》）

（2）过了一会儿，在那里就出现了太阳的一小半。（《海上的日出》）

（3）只见灰蒙蒙的一片。（《雨中登泰山》）

（4）一亩田多收了这么三五斗。（《多收了三五斗》）

（5）这种星星的物质，密度特别大，火柴头那么大的一点点就抵得上十多个成年人的重量。（《宇宙里有些什么》）

（6）小屋的出现，点破了山的寂寞。（《我的空中楼阁》）

（7）至少你能使那光明得到暂时间的一瞬的显现。（《雷电颂》）

（8）刚才看到的青绿色的高粱叶子，现在已成了深深的一片墨绿。（《野景偶拾》）

（1）—（5）句中是数量短语前带定语。（6）—（8）句中是动词或性状词前带定语。

动词、性状词性的短语如果整体具有了名词性质，它也可以前带定语。例如：

（9）最近两年的不见，他终于忘却我的不好。（《背影》）

（10）在邮票问世之前，人们的书信往来已有悠久的历史。（《邮票的起源》）

（11）我的不远千里，要从杭州赶上青岛，更要从青岛赶上北平来的理由，也不过想饱尝一尝这"秋"，这故都的秋味。（《故都的秋》）

称代词能否带定语，这一点也是肯定的。（详见称代词部分）

定语的位置必须是在中心词之前，下列句中，像是把定语放在中心词之后：

（1）怎么楼前凭空涌起那么多黑魆魆小山，一重一重的，起伏不断。（《荔枝蜜》）

（2）天空变成了浅蓝色，很浅很浅的。（《海上日出》）

（3）他们的房屋，稀稀疏疏的，在雨里静默着。（《春》）

（1）—（3）句中的加点部分，从意义上看，都是修饰它们前面的名词，像是定语；但仔细体会一下，这些修饰成分放到中心词后面，而且中间用逗号隔开，在形式和内容上都和放在中心词前面不同了。从结构形式上看，定语须在中心词之前，如果在中心词后面的还是定语，就不符合汉语的语序。再从意义内容看，这些修饰成分放到中心词后面，就显得语意更为突出，说话人对它更为强调；不仅如此，它们是在上文说了一种情景之后，再对此作进一步解释、说明，前后已是两个句子（或复句中的两个分句）所具有的两层意思，句子形式上的变化已带来了语意的大变化。在这种情况下，如果还叫它是定语或定语后置，从形式到内容都不符合汉语的实际。对于这种现象，可以把前后两部分看作是一个承接（或解说）复句的两个分句，后一分句的某些句子成分承前省略。（参看组合手段的"语序"部分）

二、什么可以作定语

表物量的数量短语的基本功能就是作定语，说明人或事物的数量。例如：

（1）你们杀死一个李公朴，会有千百万个李公朴站起来。（《最后一次讲演》）

（2）一阵疾风夹带着砂土扑过。（《普通劳动者》）

（3）我似乎打了一个寒噤。（《故乡》）

性状词、动词作定语说明人或事物的性质、状态。例如：

（1）这天夜里，我做了个奇怪的梦。（《荔枝蜜》）

（2）好容易来了一个认识的同志。（《老山界》）

（3）当心呻吟着的那些锭子上的冤魂。（《包身工》）

名词也经常用作定语，说明人或事物的所属、形状、性质、构成材料、时间、处所等。例如：

（1）他……发现网里有一个胆形的黄铜瓶。（《渔夫的故事》）

（2）在我的家里，珍藏着一件白色的确凉衬衫。（《一件珍贵的衬衫》）

（3）故乡的风筝时节，是春二月。（《风筝》）

（4）母亲的回忆。（中学语文课文篇名）

（5）白杨礼赞。（中学语文课文篇名）

（6）小米的回忆。（中学语文课文篇名）

（3）句中"风筝"是"时节"的定语，说明时间，"故乡"是"风筝时节"的定语，说明处所。（4）—（6）句中的中心词是名物化的动词，前面作定语的名词表示行动的直接对象（受事）。《母亲的回忆》即对母亲的回忆，后来课本编者将（4）句改为《回忆我的母亲》，其实无必要。（5）（6）句的实际意思是"对白杨的礼赞""关于小米的回忆"。

称代词代替基础词，也可以作定语。例如：

（1）像这样的一窝蜂，一年能割多少蜜？（《荔枝蜜》）

（2）要不抠出这个大祸根，咱们分了牲口，也别想过安稳日子。（《分马》）

（3）我……能参加这样的盛会，百感交集，思绪万千。（《科学的春天》）

（4）他们是世界上一切伟大人民的优秀之花！（《谁是最可爱的人》）

绝大多数的短语也都可以作定语。例如：

（1）千千万万烈士的鲜血洒遍祖国的河山。（《我们爱韶山的红杜鹃》）

（2）我做了生我的父母家里的新客了。（《大堰河——我的保姆》）

（3）对时间的态度，可以检验一个人的世界观。（《理想的阶梯》）

（4）一向以要求严格闻名的苏林教授也颔首赞许。（《第二次考试》）

（5）新手郑美珠和梁艳被任命为对上届世界锦标赛冠军古巴队作战的主力队员。（《金杯之光》）

（6）他是本城中极方正，质朴，博学的人。（《从百花园到三味书屋》）

（1）—（6）句中都是偏正短语作定语。（1）—（3）句中的偏正短语以名词为中心语，（4）—（6）句中的偏正短语以动词或性状词为中心语。

（7）两只手掌托住冻得发红的脸蛋。（《夜走灵官峡》）

（8）活跃在田间草际的昆虫也都销声匿迹。（《大自然的语言》）

（9）每当我回忆起那个时候的情景，留在我记忆里最鲜明的感觉，也还是一片饥饿。（《挖荠菜》）

（7）—（9）句中都是动补短语作定语。

（10）那是希望和信赖的眼光。（《梁生宝买稻种》）

（11）暖国的雨，向来没有变过冰冷的坚硬的灿烂的雪花。（《雪》）

（12）眼前的一切都沐浴在阳光下，被照得亮闪闪的，放射出蓝的、绿的、黄的、白的光。（《野景偶拾》）

（10）—（12）句中都是联合短语作定语。

（13）夹着一枝水笔的手按在算盘珠上。（《多收了三五斗》）

（14）激动人心的一幕，却一直深深地印在我的脑海里。（《一件珍贵的衬衫》）

（15）他……寻到一家关着门的铺子。（《药》）

（13）—（15）句中都是动宾短语作定语。

（16）这是一封科学向宗教挑战的信。（《哥白尼》）

（17）旧中国留给我们的地质人员太少了。（《地质之光》）

（18）呈给爱我如爱她自己儿子般的大堰河。（《大堰河——我的保姆》）

（16）—（18）句中都是主谓短语作定语。

（19）他们又开始了沉到水底捞出大鱼来的拿手戏。（《荷花淀》）

（20）我想起了好些令人掀动感情波澜的事情。（《土地》）

（21）令人兴奋的消息接连传来。（《挥手之间》）

（22）这层逗人喜爱的黄粉，就是马尾松的花粉。（《花粉》）

（23）"机器人"这种现代化自动机器的出现，是自动化科学技术深入发展的重大成果。（《"机器人"》）

（19）句是连谓短语作定语。（20）—（22）句中是兼语短语作定语。（23）句中是复指短语作定语。

（24）右边一块，表现全国各阶层人民举着红旗和鲜花，捧着水果，欢迎解

放军、慰劳解放军的情景。(《人民英雄永垂不朽》)

（25）在晴明的夏夜，可以听到松鼠在树上跳着叫着，互相追逐的声音。(《松鼠》)

（26）孔乙己是站着喝酒而穿长衫的唯一的人。(《孔乙己》)

（27）要有勇气怀疑并且敢于批判不符合实际却历来被认为神圣不可侵犯的权威学说。(《哥白尼》)

（24）（25）句中是复句形式的短语作定语。（26）（27）句中是紧缩复句形式的短语作定语。

三、什么是状语

状语是动词、性状词前面的修饰成分。能回答"怎么（动）（或性状）"的问题，就是状语。它从状态、程度、时间、处所、动量等方面对行动变化、性状加以修饰、描述，从而使中心语的表意更加具体、形象。状语和中心语之间常用结构词"地"，显示其修饰与被修饰的关系。例如：

（1）我沉思地望着极远极远的地方。(《泰山极顶》)

（2）他生气地侧过头去望着窗外。(《第二次考试》)

（3）小狗失望地跑开去。(《故乡的榕树》)

（4）外面更黑了。(《小橘灯》)

（5）天气愈冷了。(《为了忘却的记念》)

（6）炉火的微光渐渐地暗下去。(《小橘灯》)

（7）他来兰考之前，患过慢性肝病。(《鞠躬尽瘁》)

（8）如今坐上缆车说话就到了。(《从宜宾到重庆》)

（9）松鼠满树林里跑。(《松鼠》)

（10）海上过夜的人们常有机会欣赏绚丽的海光。(《海光》)

（11）邮政局的电话铃声一阵疾响。(《为了六十一个阶级弟兄》)

（12）一头钻进了冰窟窿。(《罗盛教》)

（1）—（3）句中状语表示行动的状态。（4）（5）句中状语表示性状的程度。（6）—（8）句中状语表示行动变化的时间。（9）（10）句中状语表示行动发生的处所。（11）（12）句中状语表示动量。

一个中心词前面的状语也可以不止一个，它们由不同形式的词或短语充当，从不同方面对中心词加以修饰，这就是所谓多项状语。例如：

（1）我们不少人就在这暗无天日的岁月中，颠沛流离，含辛茹苦地度过了大半生。（《科学的春天》）

（2）我曾经多次幸福地见到过周伯伯。（《深情忆念周伯伯》）

（3）伊从马路上突然向车前横截过来。（《一件小事》）

前面曾谈了多项定语，这里又讲了多项状语。关于这两种形式，要说明两点：

1.多项定语和多项状语中的各项都可各自直接和中心语联系，而各项之间则不能直接联系。如多项定语的句（1），可以说"小儿马""栗色儿马""右眼像玻璃似的儿马""拴在老榆树底下的儿马"，不可以说"栗色小""右眼像玻璃似的栗色"；再如多项状语的句（2），可以说"幸福地见到过""多次见到过""曾经见到过"，不可以说"多次幸福地""曾经多次"。

2.多项定语、多项状语都是中心语前面的附加成分。如按层次分析法对其进行二分，则可"由远到近，从左到右，逐层切分"。如"一朵大红花"，离中心词最远的、也是最左边的是"一朵"，第一刀即在"一朵"后面切开，"一朵——大红花"，再"大——红花"，"红——花"。其框式图解如下：

再如多项状语例（3）的切分层次是：

从马路上|突然‖向车前‖横‖‖截过来

有些动词、性状词性的短语前面也可以带状语。例如：

（1）我走了，你要不断进步，识字，生产。（《荷花淀》）

（2）在山里钻洞、装药、起爆。（《夜明星》）

（3）她比所有的女宾都漂亮、高雅、迷人。（《项链》）

（4）我们和这一切古老而又新鲜的东西异常水乳交融。（《花城》）

（5）他们惊惶地面面相觑。（《项链》）

（6）现在，她又身披戎装，手执金戈，在扼守这重关要塞了。（《雄关赋》）

（7）对新事物的出现，一看脸孔陌生，不是采取怀疑的态度，不加理睬，不去注意，就是大喝一声"哪里来的异端"，一棍子打死。（《说谦虚》）

（1）—（3）句中是联合短语前带状语。（4）（5）句中是成语前带状语。（6）（7）句中是复句形式的短语前带状语。

状语的位置应该是在动词或性状词前面。有时为了强调状语表示的意思，也可以把它提到主语前面。对此，一般认为它仍然是修饰谓语中的动词或性状词，还把它看作状语。也有的语法书中将其分析为全句修饰语，这也是有道理的，因为这时，从表意角度看，它的修饰对象已不只是句中的某个动词、性状词，而是针对全句所表示的意思了。

这种置于主语前的状语，大都由介词短语、方位短语或表示时间、处所的名词、方位词、偏正短语以及少数副词充当。这样的状语，大多可以顺利地回置于句中的动词、性状词之前；但也有一些用例，如将所谓前置的状语回置于中心词之前，就会觉得在语气、习惯上不自然，甚至别扭，这就会让我们怀疑，它究竟是状语前置呢，还是它的位置原本就应在句首。例如：

（1）今年二月，我从海外回来。（《茶花赋》）

（2）白天它是清晰的，夜晚它是朦胧的。（《我的空中楼阁》）

（3）为了取暖，我跺着脚。（《夜走灵官峡》）

（4）似乎孩子嫌那语句太古旧又太拙劣了。（《夜》）

（1）—（4）句中句首状语都可以顺利地回置于句中的动词或性状词之前。

（5）我去的那日，天也作美，明净高爽，好得不能再好了。（《香山红叶》）

（6）在这屋子的角落里，她的小孩躺在床上生病。（《快乐王子》）

（7）为了找工作，她遭冷遇，受歧视；为了找工作，她恳求，她呼吁。（《生命的支柱》）

（5）—（7）句首状语，如将其置于后面句子的主语之后，就有些不自然。

对于上述所谓状语前置的种种情形，我们设想了一个不成熟的处置方法。首先应承认此现象的合理存在，然后再对其种种情形作不同的分析处置。

（1）（2）（5）等句前置于句首的都是时间、处所等名词性词语，可视作全句的陈述对象，充当主语，后面的主谓短语作谓语。（3）（6）（7）等句，句首有的是介词短语，有的是副词性状语，他们对后面的语句更重于修饰、描述，似可看作全句修饰语或称状语置于主语前。

还有的处所词语作句首状语，要回置于主语之后，需加一个介词"在"。例如：

（1）屋顶上鸽子咕咕咕咕地低声叫着。（《最后一课》）

（2）小街南头，渭河春汛涨水的波涛声高起来了。（《梁生宝买稻种》）

和定语不能后置一样，状语也是不能后置的。下列句中像是把状语放在中心词之后：

（1）举得很慢很慢，像是在举一件十分沉重的东西，一点一点的，一点一点的。（《挥手之间》）

（2）海在我们脚下沉吟着，诗人一般。（《听潮》）

（3）可是那一天，一切偏安安静静的，跟星期日早晨一样。（《最后一课》）

（1）—（3）句中的加点部分，从意义上看，它们像是分别修饰"举""沉吟""安安静静"。而在此，它们放在动词或性状词之后，就不符合状语在语序上的要求。事实上，它们置于中心词之后，则变成对中心词陈述、解释的成分。我们认为，可以将它看作复句中的一个分句，某些必要的句子成分承前省略。（参看组合手段的"语序"部分）

定语修饰名词，状语修饰动词或性状词；"的"是定语的标志，"地"是状语的标志。在句中必须将这两种成分区别开来。例如：

（1）希望你们坚决地打退敌人的进攻，守住联队的阵地。（《奔向海陆丰》）

（2）蠢笨的企鹅，胆怯地把肥胖的身体躲藏在悬崖底下。（《海燕》）

（3）我们在无限的激动中深深地怀念。（《我们爱韶山的红杜鹃》）

（4）他用两个铃铛似的大眼睛看着我。（《正月十八吃元宵》）

（5）机场上响起了一阵雷鸣般的掌声。（《挥手之间》）

（6）讨饭一样的人，也配考我么？（《孔乙己》）

（7）罗盛教……飞也似地直冲过去。（《罗盛教》）

（8）黑云滚似地遮住了半边天。（《在烈日和暴雨下》）

（1）句中"坚决地"修饰动词"打"，是状语；"敌人的"修饰名物化的动词"进攻"，"联队的"修饰名词"阵地"，都是定语。（2）句中"胆怯地"修饰动词"躲藏"，是状语；"肥胖"修饰作为状语的介词短语中的名词"身体"，"蠢笨"修饰名词"企鹅"，都是定语。（3）句中"深深地"修饰动词"怀念"，是状语；"无限的"修饰作为状语的介词短语中的名物化动词"激动"，是定语。（4）—（8）句都用"……似的（或'似地'）"这样的比况短语充当定语或状语，它们所修饰的如果是名词，就用"的"，是定语，如（4）—（6）句；如果被修饰的是动词或性状词，就用"地"，是状语，如（7）（8）句。

四、什么可以作状语

动词、性状词常作状语，表示行动变化的状态。因这两类词也常作谓语，可以直接陈述主语，所以，它们作状语时，一般要用结构词"地"，以显示前后词语之间的修饰关系，否则，作状语的动词、性状词则可被视为谓语中心和后面的中心语形成连谓关系。例如：

（1）她感激地谢了我。（《小橘灯》）

（2）东洋婆会心地笑了。（《包身工》）

（3）他们批判地接受前人的科学遗产。（《祖冲之》）

（4）他终于决定地改变了。（《为了忘却的记念》）

（5）在台上显出人物来，红红绿绿地动。（《社戏》）

名词作状语，在现代汉语中，一般要求有一个介词，组成介词短语来修饰动词、性状词。（见介词部分）不用介词，名词直接作状语的，大都是表时间、处所意义的。表示其他意义的都带有文言色彩，是古汉语形式的沿用。例如：

（1）从前有一个渔夫。（《渔夫的故事》）

（2）下午上车北去。（《背影》）

（3）它不得不各处寻找软土。（《蝉》）

（4）卖花的汉子高声报价。（《花城》）

（5）他……大声吼叫着冲过去。（《小溪流的歌》）

（6）一粒粒黄豆大的冷汗珠，不断从他额上渗出来。（《鞠躬尽瘁》）

（7）一块块巴掌大的牛骨头，被沸腾的水卷起来又按下来。（《草地晚餐》）

（1）—（3）句中的名词作状语，表示时间、处所。（4）（5）句中的名词作状语，都带有文言色彩，是古汉语形式的沿用。（6）（7）句中的"黄豆""巴掌"修饰性状词"大"，形容性状的程度。

（8）商品这东西，千百万人，天天看它，用它，但是熟视无睹。只有马克思科学地研究了它。（《什么是知识》）

（9）他机械地弯着腰在人脚的海里捞他的几件衣服。（《当铺前》）

（10）维克多在商店的后间，根本听不见。（《最好的顾客》）

（8）（9）句中的"科学""机械"像是名词作状语，其实不是，它们都可受程度副词"很"修饰；从意义来看，在此它们不表示作为名词的本义，而是表示行动的状态，所以，它们实际上已活用作性状词了。（10）句中的"根本"在此表示的意义也完全不同于它的本义，而是表示行动的范围，有"完全"的意思，相当于一个范围副词。

数词、量词（动量）作状语，表行动的动量或时量。例如：

（1）哥哥毫不犹豫地一口吞下珠子。（《两棵奇树》）

（2）一个衣服褴褛的年老水手拿小刀一下撬开牡蛎。（《我的叔叔于勒》）

（3）我还一次没被人家抓住过。（《挖荠菜》）

（4）欧也妮把金路易铺在桌上，他几小时地用眼睛盯着。（《守财奴》）

副词的基本用途就是作状语。例如：

（1）我再也不能学法语了。（《最后一课》）

（2）这病自然一定全好。（《药》）

（3）风过去，街上的幌子、小摊、行人，仿佛都被风卷走了，全不见了，只剩下柳枝随着风狂舞。（《在烈日和暴雨下》）

称代词代替基础词或附加词，也可以作状语。例如：

（1）事情就这样定下了。（《夜明星》）

（2）几阵凉风过去，阳光不那么强了。（《在烈日和暴雨下》）

（3）你是怎么钻到这个瓶子里的呢？（《渔夫的故事》）

（4）他力气多么大呀。（《祝福》）

绝大多数短语也都可以作状语。例如：

（1）三十年代后出现了量子化学。（《现代自然科学的基础学科》）

（2）南宋末年，首都临安被元军攻入。（《谈骨气》）

（3）鸡叫的时候，水生才回来。（《荷花淀》）

（1）—（3）句中都是表时间意义的短语作状语，（1）句中是方位短语作状语，（2）（3）句中是以名词为中心的偏正短语作状语。

（4）科学终于以伟大的不可抑制的力量战胜了神权。（《哥白尼》）

（5）在四十余被害的青年之中，刘和珍君是我的学生。（《记念刘和珍君》）

（6）月光从山顶上，顺着深深的、直立的谷壑，把它那清冽的光辉，一直泻到江面。（《长江三日》）

（4）—（6）句中是介词短语作状语。

（7）汽车很快开到了医院。（《一件珍贵的衬衫》）

（8）我们在雨中看到的瀑布，两天以后下山，已经不那样壮丽。（《雨中登

泰山》)

　　(9) 她没有一句怨言地死了。(《守财奴》)

　　(10) 带工头不加思索地爱上了殴打这办法了。(《包身工》)

　　(11) 大堰河，含泪的去了！(《大堰河——我的保姆》)

　　(7)(8)句中是以性状词、动词为中心的偏正短语作状语。(9)—(11)句中是动宾短语作状语。

　　(12) 雷震痛苦却又坦然地望着对方。(《高山下的花环》)

　　(13) 但是，也不能绝对化，不能搞成凡敌人都打、打、打地打死为止。(《论"费厄泼赖"应该实行》)

　　(14) 他……拍着手、跳着脚地叫着。(《挖荠菜》)

　　(12)—(14)句中是联合短语作状语。

　　(15) 他也就目光灼灼地嘴唇通红地坐在雪地里。(《雪》)

　　(16) 成渝……头摇得像拨浪鼓似地说……。(《夜走灵官峡》)

　　(17) 赵司晨脑后空荡荡的走来。(《阿Q正传》)

　　(15)—(17)句中都是主谓短语作状语。

　　(18) 吴爽热泪滚滚，乞求宽恕地望着雷震。(《高山下的花环》)

　　(19) 我们都很为它提心吊胆，一天都要"小猫呢？小猫呢？"查问得好几次。(《猫》)

　　(20) 他躲在墙角聚精会神地看。(《挺进报》)

　　(18)句中是复句形式作状语。(19)句中是两个反复的问句作状语。(20)句中是成语作状语。

　　在短语充当的几种基本句子成分中，主语、谓语、宾语、定语等，语气上有较大的舒缓空间，因而可以由较长、较复杂的短语充当，语意表达也可更加详尽、细腻。而补语、状语，语气较急促，与其他句子成分衔接较紧，因而都是由较简短的词语充当，像较长、较复杂的复句形式作状语、补语现象极为少见。

第四节　独立语

一、什么是独立语

　　独立语是在意义上从属于一个句子，在结构上又独立于这个句子之外的一种结构成分。它和句子之间是附属与被附属的关系。它不表示另一个句子的意思，只是给本句增添一些附加意义，去掉它，全句的意思基本不受影响；它和前后词语之间不发生陈述、支配、修饰、补充、联合、复指等意义关系，即它不属于主、谓、宾、补、定、状等结构成分，而是独立于句子结构之外，所以，去掉它丝毫不影响句子结构的完整，甚至会使句子结构显得更清晰。然而它又是整个句子中必要的组成部分，它和本句之间是"貌离神合"的关系。它由一个词或短语充当。它的位置可以在句首、句中或句尾，它和句中的其他词语衔接处只能是句中标点，或不用标点。

二、独立语的类型

根据意义和结构形态的不同，可将独立语分为以下几种类型。

（一）呼应语

表示呼唤应答，由基础词或意义实在的短语充当。例如：

（1）朋友，当你听到这段事迹的时候，你的感觉又是如何呢？（《谁是最可爱的人》）

（2）先生，能不能抬高一点？（《多收了三五斗》）

（3）可怜的小弗郎士，也并不是你一个人的过错。（《最后一课》）

（4）伟大而光明的祖国啊，愿你永远"如日之升"！（《泰山极顶》）

（5）银杏，我思念你。（《银杏》）

以上各句都是呼语在前，下面几句则是呼语在后。

（6）胡说，独眼鬼！（《变色龙》）

（7）出来吧！你们！（《荷花淀》）

（8）鼓动吧，风！咆哮吧，雷！闪耀吧，电！（《雷电颂》）

对于上述现象，不少语法书上叫它主语后置。我们认为，呼语是对听话人的呼唤，不是陈述对象，它独立于句子结构之外，不是句子的主语。既然如此，把它放在后面，当然也不是主语，更不是主语后置。

（二）感叹语

表示人由情而发的各种感叹声，大都由表示感叹的声响词充当。例如：

（1）唉，种田人吃不到自己种出来的米！（《多收了三五斗》）

（2）嗳，不会要很长时间吧。（《母亲》）

（3）哼，老头子。（《药》）

（4）啊，这声音多么熟悉！（《夜明星》）

（5）啊呀……这成什么规矩。（《故乡》）

（6）哈哈哈……你干什么发抖呀？（《变色龙》）

（7）哎呀，天！我还不知道呢！（《变色龙》）

（8）天啊，如果我能把那条出名难学的分词用法从头到尾讲来……那么任何代价我都愿意拿出来。（《最后一课》）

（7）（8）句中的"天""天啊"不表示对具体对象的呼唤，只泛指某种感叹，相当于"啊"，与此类似的还如"乖乖""妈、妈的"。我们认为这些都可视为感叹语。

(三)象声语

表示动物、物体、自然现象以及人体所发出的种种不带人的感情的声响，都由拟声的声响词充当。例如：

（1）当，当，当，——"洋磁面盆刮刮叫，四角一只真公道。"（《多收了三五斗》）

（2）那雷声就像有一万个铁球在洋铁板上滚动，轰隆……（《暴风雨之夜》）

（3）胡——胡——，挡在幔外边整整两天的风开足了超高速度扑来了。（《雷雨前》）

(四)关联语

只在词语之间起关联作用，都由连接词充当。例如：

（1）虽然爱它而移植来的，可是动机并不是为风雅或好玩。（《蒲公英》）

（2）要是一座像不能够遮雨，那么它又有什么用处？（《快乐王子》）

（3）即使同是一只蛋，只要变一个角度看它，形状便立即不同了。（《画蛋·练功》）

(五)插入语

插入语是插在句子里有一定实在意义的独立语。从字面上看，它像是句子结构中的一部分，其实它并不是主、谓、宾、补、定、状成分，而是独立于句子结构之外；它虽有一定的实在意义，但只表示一些附加意义，不属于句子的基本意义，因此，去掉它，句子的基本意不变，句子结构反而更清晰。

插入语由基础词或短语充当，它的位置可以在句首、句中或句尾。从所表示的附加意义的性质和作用看，插入语有以下几种情形：

1.为了引起听话人注意。例如：

（1）这几天，大家晓得，在昆明出现了历史上最卑劣最无耻的事情。（《最后一次讲演》）

（2）你要晓得红眼睛阿义是去盘盘底细的。（《药》）

（3）你瞧这群小东西，多听话！（《荔枝蜜》）

（4）瞧，那一棵棵枝叶茂盛的果树上，果实累累。（《秋色赋》）

（5）你看，你看，这不是又一批新砍的毛竹滑下山来了吗？（《井冈翠竹》）

2.表示对句意的肯定和确认。例如：

（1）谁都知道，朝鲜战场是艰苦些。（《谁是最可爱的人》）

（2）真的，一直到现在，我实在再没有吃到那夜似的好豆。（《社戏》）

（3）毫无疑义，父亲是被这种高贵的吃法打动了。（《我的叔叔于勒》）

（4）"雷峰夕照"的真景我也见过，并不见佳，我以为。（《论雷峰塔的倒掉》）

3.表示对情况的推断和猜测。例如：

（1）我想，要在祖国遇见这种情形，我能够进去，那么在朝鲜，我就可以不进去吗？（《谁是最可爱的人》）

（2）我想，大概是我的耳朵的错觉。（《暴风雨之夜》）

（3）我看到上海去做工也不坏。（《多收了三五斗》）

（4）一个人的读书习惯，依我看，总是靠熏陶渐染逐步养成的。（《幼学纪事》）

（5）不知山上的红叶红了没有？（《香山红叶》）

4.表示情况出于意料之外。例如：

（1）原以为茶花一定很少见，不想在游历当中，时时望见竹篱茅屋旁边会闪出一枝猩红的花来。（《茶花赋》）

（2）哪里知道，这条河淹没了一千万万颗以上的星星啊！（《宇宙里有些什么》）

（3）真奇怪，今天听讲，我全都懂。（《最后一课》）

（4）奇怪啊，怎么楼前凭空涌起那么多黑黝黝的小山。（《荔枝蜜》）

（5）"我们的地委书记嘛。"韩秘书说，"怎么，不是你把他领来的吗！"（《暴风雨之夜》）

（6）想不到五天以后，弼时同志竟停止呼吸，和我们永别了。（《任弼时同志二三事》）

5.表示对上文意思的解释、说明。例如：

（1）我有四年多，曾经常常，——几乎是每天，出入于当铺和药店。（《〈呐喊〉自序》）

（2）直到后来，也许已经是刘百昭率领男女武将，强拖出校之后了，才有人指着一个学生告诉我说，这就是刘和珍。（《记念刘和珍君》）

（3）他们正用劳力建设自己的生活，实际也是在酿蜜——为自己，为别人，也为后世子孙酿造生活的蜜。（《荔枝蜜》）

（4）秋天，无论在什么地方的秋天，总是好的。（《故都的秋》）

（5）古代讲荔枝的书，包括蔡襄的在内，现在知道的共有十三种。（《荔枝蜜》）

（6）老通宝家，连同十二岁的小宝也在内，都是两日两夜没合眼。（《春蚕》）

6.表示对情况的回忆和说明消息的由来。例如：

（1）听说，杭州西湖上的雷峰塔倒掉了。（《论雷峰塔的倒掉》）

（2）听说，一个月工钱有十五块。（《多收了三五斗》）

（3）早听说香山红叶是北京最浓最浓的秋色。（《香山红叶》）

（4）据说他当初行为不正。（《我的叔叔于勒》）

（5）苏州园林据说有一百多处。（《苏州园林》）

（6）我家的后面有一个很大的园，相传叫作百草园。（《从百草园到三味书屋》）

7.表示说话时的某种感情。例如：

（1）凭良心说，八块钱一担，我也不想多要。（《多收了三五斗》）

（2）说起来可笑，小时候有一回上树捎海棠花，不想叫蜜蜂蜇了一下。（《荔枝蜜》）

（3）可怜这娇养惯了的小麻雀，连挣扎都不能挣扎一下，就被猫衔在嘴里。（《小麻雀》）

8.表示举例。例如：

（1）再比如蹲防空洞吧，多憋闷得慌哩。（《谁是最可爱的人》）

（2）就拿一九五三年来说，滨湖一带溃决垸子一千三百多个。（《珍珠赋》）

（3）对于一个在北平住惯的人，像我，冬天要是不刮风，便觉得是奇迹；对于一个刚由伦敦回来的人，像我，冬天要能看得见日光，便觉得是怪事。（《济南的冬天》）

9.其他。例如：

（1）天色眼看黑将下来。（《雨中登泰山》）

（2）看看这一年又到了冬天。（《孟姜女》）

（3）总而言之，白蛇娘娘终于中了法海的计策。（《论雷峰塔的倒掉》）

（4）前面不知道为什么走不动。（《老山界》）

（5）有几棵高粱，不知是人碰的还是穗子压的，深深地弯着腰。（《野景偶拾》）

（6）所谓共产主义风格，应该就是要求于人的甚少，而给予人的却甚多的风格。（《松树的风格》）

（7）更重要的，他们使得我们部队的主力赶上来，聚歼了敌人。（《谁是最可爱的人》）

（8）此外，锻炼身体也是很重要的。（《给青少年的一封信》）

（9）临终的时候看不到自己的儿子，就一般人说，也许是最大的恨事了。（《母亲》）

（10）诚实，从本质说，就是按照事物的本来面貌反映事物。（《谈诚实》）

（1）（2）句中的插入语表示时间、情况的紧迫。（3）句中的插入语表示意思的总括。（4）（5）句中的插入语表示对情况的疑问。（6）（7）句中的插入语表示强调。（8）句中的插入语表示话题的转换。（9）句中的插入语表示情况的类比。（10）句中的插入语表示看问题的角度。

第五节 关于"复指"

一、什么是复指

早在20世纪50年代的《暂拟系统》中有"复指成分"一说，指的就是：在同一句中不同的词指同一个人或事物，并充当同一种句子成分。事实上，在句子结构中，所谓"复指成分"是根本不存在的，它还是属于主语、谓语、宾语、补语、定语、状语、独立语成分。试看1956年中学汉语课本的说法。它将复指成分分为三类。

(一)重叠式

例如：

(1) 我得为爹妈他们着想。
(2) 我们大家一起跳舞。
(3) 他们三位都来了。

(二)称代式

例如：

(4) 青春，这是多么美好的时光啊！

(三)总分式

例如：

(5) 我的两个弟弟，一个在小学，一个在托儿所。

(以上分类及例句引自张中行修订后的《复说和插说》，上海教育出版社《汉语知识讲话》1987年版)

从上述例句可看出，(1)—(3)句中的重叠复指部分在句中分别充当宾语、定语、作状语的介词短语中的名词性成分、主语，(4)句中的称代复指部分作主语，(5)句中的总分复指部分也都作主语。由此可见，所谓复指成分并不是超出于主、谓、宾、补、定、状、独立七种句子成分之外的一种新的独立的句子成分。它只是以在同一句中不同词语指同一对象这一独特的组合方式出现在句中，充当已被公认的七种句子成分中的某一个成分。它的独特性只表现为在词与词组合时所产生的不同于陈述、支配、修饰、补充、联合、附属六种关系意义的一种意义关系——复指关系。所以，《提要》在修订《暂拟系统》时，不采取"复指成分"的说法是符合语言实际情况的。概括地说，所谓复指，它只是词语之间的一种关系，而非一种独特的句子成分。

二、复指关系的句法结构分析

有复指关系的词语在句法结构中是不是如《暂拟系统》说的，都充当同一个句子成分呢？这要根据相互复指的词语在句中所处的不同位置及不同的表现形态，作不同的分析。它们虽不是一种独特的句子成分，但既在句中，自然也就会充当句子的某种结构成分，有的复指双方共同作一种成分，有的分别作两种、三种甚至更多种层次不同的成分。下面试就重叠、称代、总分三种形式的复指作具体的结构分析。

（一）重叠复指

不同的两部分词语，紧连在一起，指同一对象，意义上互相补充说明，共同充当句子的一个结构成分。我们叫它"复指短语"（有的书中叫它"同位短语"，而居于同一个位置的短语还有其他，如联合短语，也可以说所有短语的组成部分在句中都属于同一个位置）。例如：

（1）父亲的弟弟于勒叔叔，那时候是全家的唯一希望。（《我的叔叔于勒》）

（2）咱这周围百儿八十里谁不知道"百十"老人呢？（《猎户》）

（3）现在我所希望的不也是我自己手制的偶像么？（《故乡》）

（4）蜜蜂一年四季都不闲着。（《荔枝蜜》）

（5）茶花这东西有点特性。（《茶花赋》）

（6）不食嗟来之食这个故事很有名。（《谈骨气》）

（7）他……写了两个大字："法兰西万岁！"（《最后一课》）

（8）"谦受益，满招损"这两句格言流传到今天至少有两千多年了。（《说谦虚》）

（9）下午，他拣好了几件东西：两条长桌，四个椅子，一副香炉和烛台，一杆台秤。（《故乡》）

（10）田野里长满了各种野菜：雪蒿、马齿苋、灰灰菜、野葱……（《挖荠菜》）

（11）杜甫的愿望："会当凌绝顶，一览众山小"，我也一样有。（《雨中登泰山》）

（12）我把过去残留下来的个人生活的最后退路——跟母亲的血肉关系也切断了！（《母亲》）

（1）—（12）句中的加点部分，可看作一个短语，共同充当句中的某一个成分，其中的两个组成部分指同一个对象，有的是称呼和姓名，有的是姓名和指代，有的是称代和数量，有的是具体和概括，等等，前后两者语义相等，相互补充说明，使意思更加清楚明白。

复指短语和联合短语不同，前者指同一对象；后者指不同的对象，且可由三个以上部分组成。复指短语和解说性插入语不同，前者两部分语义相等，并未增加新意；而后者则增添了新意。试比较下列三例：

（1）爸爸、妈妈、奶奶

（2）爸爸的妈妈——奶奶

（3）爸爸的妈妈——奶奶，最最疼爱我的人

（1）例是联合短语，指三个人。（2）例是复指短语，破折号前后指同一个人。（3）例的加点部分是插入语，比其前面部分增添了情感上的说明。

（二）称代复指

句首是一个有实在意义的词语，句中有一个称代词称代复指它，从而对被称代部分加以强调，使其语意更为突出。

称代复指，从意义看，有完全的称代，即称代词，称代的是句首词语的全部；有不完全的称代，即称代词称代的是句首词语中的部分。例如：

（1）四年黑暗中的苦工，一个月阳光下的享乐，这就是蝉的生活。（《蝉》）

（2）给人民作牛马的，人民永远记住他！（《有的人》）

（3）我应该感谢母亲，她教给我与困难作斗争的经验。（《母亲的回忆》）

（4）离老通宝坐处不远，一所灰白色的楼房蹲在塘路边，那是茧厂。（《春蚕》）

（5）白杨树在迎风呼号，那是为老汉在呜咽，还是为这不平在愤怒！？（《为了周总理的嘱托》）

（1）（2）句是完全的称代。（3）（4）句是不完全的称代，（3）句中称代上文的宾语，（4）句中称代上文的主语。（5）句中称代上文的谓语。

从结构看，有句首被称代的词语不能独立成句的和能独立成句的两类。对此在结构上作不同分析：不能独立成句的是单句，句首词语是主语，后面的部分是谓语（主谓短语或复句形式作谓语）；能独立成句的是复句，句首短语是第一分句，后面部分是第二分句（一重或多重）。例如：

（6）贫困、饥饿和疾病，这就是你们劳动的报酬。（《母亲》）

（7）劳动以后收获的愉快，那是任何物质享受都不能比拟的。（《记一辆纺车》）

（8）七八岁的姑娘家，谁愿意落下这么个名声。（《挖荠菜》）

（9）这宝贵的土地，不事稼穑的剥削阶级只知道想方设法去掠夺它。（《土地》）

（10）生存着蝮蛇的小小孤岛，世界上就此一处。（《蛇岛》）

（11）至于我家大哥，也毫不冤枉他。（《狂人日记》）

（12）至于辩证法，那是高一级的逻辑，即辩证逻辑。（《关于文风问题》）

（13）你们风，你们雷，你们电，你们在这黑暗中咆哮着的，闪耀着的一切的一切，你们都是诗，都是音乐，都是跳舞。（《雷电颂》）

（14）阿妈妮们，孩子们，姑娘们，她们做这些事情的时候，统统没有哭。（《依依惜别的深情》）

（15）商品这东西，千百万人天天看它，用它，但是熟视无睹。（《什么是知识》）

（6）（7）句中句首都是名词性的联合短语；（7）—（10）句中句首都是以名词为中心的偏正短语；（11）（12）句中的"至于"是表示话题转换的语气词，附着在名词性词语前；（15）句中句首是复指短语；（13）句首是由四个复指短语组成的联合短语。以上各句句首词语一般都不能独立成句，它们在句中都作为陈述对象，充当主语；后面的部分陈述主语，说明主语"怎么样"了，是谓语，（6）（7）（11）（14）句中是主谓短语作谓语，（12）（13）（15）句中是复句形式作谓语。

（16）上班，好好工作，这就是具体地建设社会主义。（《离不开你》）

（17）总要把学习拖到明天，这正是阿尔萨斯人最大的不幸。（《最后一课》）

（18）高官厚禄收买不了，贫穷困苦折磨不了，强暴武力威胁不了，这就是所谓大丈夫。（《谈骨气》）

（19）先画山，后描水，这也是理所当然的。（《读老舍的〈济南的冬天〉》）

（20）马列主义、毛泽东思想的基本原则，我们任何时候都不能违背，这是

毫无疑义的。(《讲讲实事求是》)

(21)至于整理和改造这些材料成为概念和理论，使之更深刻、更正确、更完全地反映客观世界，那是属于大脑的事情。(《听觉的作用》)

(22)风吹雨打，从不改色，刀砍火烧，永不低头——这正是英雄的井冈山人，也是亿万中国人民的革命气节和革命精神！(《井冈翠竹》)

(16)—(22)句中的句首被称代部分，有的是主谓短语〔(17)(20)句〕，有的是复句形式〔(16)(18)(19)(21)(22)句〕，它们都可以独立成句。这些都作为复句中的第一分句，后面的是第二分句；如其中还可划出分句的，则是二重、三重，甚至更多重的复句形式。

下面再举两个被称代部分更为复杂的例子：

(23)你端起酒碗来说几句，我放下筷子来接几音，中听的，喊声"对"，不中听的，骂一顿：大家觉得正需这样的发泄。(《多收了三五斗》)

(24)但是试想一想，如果在一个下雨天，你经过一边是黄褐色的浊水，一边是怪石峭壁的崖岸，马蹄很小心地探入泥浆里，有时还不免打了一下跌撞，四面是静寂灰黄，没有一般所谓的生动鲜艳，然而，你忽然抬头看见高高的山壁上有几个天然的石洞，三层楼的亭子间似的，一对人儿促膝而坐，只凭剪发式样的不同，你方能辨认出一个是女的，他们被雨赶到了那里，大概聊天也聊够了，现在是摊开着一本札记簿，头凑在一处，一同在看，——试想一想，这样一个场面到了你眼前时，总该和在什么公园里看见了长椅上有一对儿在偎倚低语，颇有点味儿不同罢！(《风景谈》)

(23)句中"这样"所称代的是一个二重承接（解说）复句形式，说明了"发泄"的方式。(24)句中"这样"所称代的是一个八重假设复句形式，描述了"场面"的具体情景。

从上列例句可以看出：完全的称代，有单句，也有复句，句首被称代部分不能独立成句的是单句，能独立成句的是复句；不完全称代的，都是复句，因为句首被称代部分都是能独立成句的。另外，后面的称代词大都在"句"（单句中作谓语的主谓短语或复句形式，复句中的第二分句）首，也有在句中和句尾的。

(三)总分复指

先总括提出某个人或事物，再将其分解为两个或更多部分，一一分别说明，使语意解说得更具体明白。一般说，分解出的几部分人或事物的相加约等于总说部分，双方相互复指。

总分复指的结构分析要看两种情形而定。

1. 总说是一个名词性短语，分说的相加完全复指总说。总说是全句的主语，后面部分是复句形式作谓语，分说是其中各分句形式的小主语。此种形式即历来所公认的"总分复指"。例如：

（1）朝鲜半边红，半边黑。（《谁是最可爱的人》）

（2）古老的济南，城内那么狭窄，城外又那么宽敞。（《济南的冬天》）

（3）他的旁边，一面立着他的父亲，一面立着他的母亲。（《药》）

（4）这些石刻狮子，有的母子相抱，有的交头接耳，有的像倾听水声。（《中国石拱桥》）

（5）沙滩上的人，有的躺在那软绵绵的沙滩上睡着了，有的还在谈笑。（《海滨仲夏夜》）

（6）飞来峰上层层叠叠的树木，有的绿得发黑，深极了，浓极了；有的绿得发蓝，浅极了，亮极了。（《西湖漫笔》）

（7）站在桥头的两棵老榕树，一棵直立，枝叶茂盛，另一棵却长成奇异的S形，苍虬多筋的树干斜伸向溪中，我们都称为"驼背"。（《故乡的榕树》）

（8）所谓平整，一是铜丝跟涂上的色料一样高低，二是色料本身也不允许有一点儿高高洼洼。（《景泰蓝的制作》）

2. 总说包含在句首的一个主谓短语中，分说只复指主谓短语中的总说部分。此主谓短语是第一分句，后面的复句形式是第二分句，其中的各分句形式居于多重复句的第二重。此种形式历来不作为总分复指，我们认为，从总说和分说的意义关系看，它仍是语言中的一种复指现象。例如：

（9）有两种不完全的知识，一种是现成书本上的知识，一种是偏于感性的和局部的知识，这二者都有片面性。（《什么是知识》）

（10）来客也不少，有送行的，有拿东西的，有送行兼拿东西的。（《故乡》）

（11）如越剧演员袁雪芬，经过十年内乱之后，觉得自己有两件事足以自慰，一是在那漫漫长夜，没有做过一件对不起党、对不起同志的事情；二是在任何情况下自己没有出卖过良心，说过假话。（《谈诚实》）

第三章　主谓句和非主谓句

第一节　主谓句及其省略式

一、什么是主谓句

一般说，一个句子要有主语和谓语，这种有主语和谓语两个部分的句子叫主谓句（或"双部句"）。（详见本书"主语和谓语"部分）

二、主谓句的省略式

主谓句的省略一般是指句中主语、谓语、宾语这三个主干成分的省略。在不影响语意明确表达的情况下，为了话语的简练，在一定的语境中，可以将句中某些必要的成分省去不说，这就是主谓句的省略式，也叫省略句。句子成分的省略不外以下三种情形。

(一)对话省略

例如：

(1)　（　　）‖别吵吵，（　　）‖分马了。(《分马》)

(2)　"（　　）‖得了么？"

　　　"（　　）‖得了。"(《药》)

(3)　"（　　）‖从哪儿来的，同志？"

　　　"（　　）‖〔（　　）通州〕（　　）!"他回答。

　　　"（　　）‖〔（　　）地委机关〕（　　）?"

　　　"（　　）‖（　　）〈不错〉!"(《暴风雨之夜》)

(4)　"爹‖（　　）呢?"

　　　"爹死了。"

　　　"妹妹‖（　　）呢?"

　　　"妹妹也死了。"

　　　"弟弟‖（　　）呢?"

"（ ）‖卖了。"

"咱妈‖（ ）呢?"

"妈‖……也（ ）……"（《毛主席把我救出火坑》）

(1)(2)句中省略了主语。(3)(4)句中省略了主语、谓语。

(二)承前省略

上文刚刚说过的，下文可省去不说。例如：

(1)雷锋连忙跳上车去，（ ）‖正拉着帆布盖车，（ ）‖一抬头，（ ）‖发现公路上有个妇女带着两个孩子，（ ）‖怀里抱着个小的，（ ）‖手里拉个大的，（ ）‖还背着个包袱，（ ）‖在大雨中一步一滑地走着。（《人民的勤务员》）

(2)我看到一个战士，（ ）‖在防空洞里，（ ）‖吃一口炒面，（ ）‖就一口雪。（《谁是最可爱的人》）

(3)我摸到火柴盒，因（ ）‖潮湿，（ ）‖划了三根（ ）‖都没有划着。（《暴风雨之夜》）

(4)不断新生出来的珊瑚虫又分泌出许多石灰质，（ ）‖把这些东西胶结起来，（ ）‖逐渐形成结实的礁石岛屿。（《珊瑚岛》）

(1)句中前三处的主语承第一分句中的主语"雷锋"省略，后四处的主语承上面分句中的兼语"妇女"省略。(2)句中后三个分句的主语承第一分句中的宾语"战士"省略。(3)句中第二分句中的主语承第一分句中的宾语"火柴盒"中的"火柴"省略。第三分句的主语承第一分句的主语"我"省略。(4)句中第二分句的主语承第一分句中的宾语中心"石灰质"省略，第三分句的主语承第二分句的谓语中的"这些胶结起来的东西"省略。

(三)蒙后省略

下文即将说到，上文也可暂省去不说。例如：

(1)（ ）‖听着总司令的话，我浑身增添了力量。（《草地晚餐》）

(2)（ ）‖喝着这样的好蜜，你会觉得生活都是甜的呢。（《荔枝蜜》）

(3)（ ）‖得到母亲去世的消息，我很悲痛。（《母亲的回忆》）

(4)有一天早上，（ ）‖撒了三次网，（ ）‖什么都没捞着，他很不高兴。（《渔夫的故事》）

（1）—（4）句中都是前面分句的主语蒙后省略。

三、独特的缩略短语

在现代汉语的书面语中，还有一种独特的省略形式，即在两个结构相同的并列短语中，有某一个结构成分，二者用的是相同的词语，其一的词语承前或蒙后省略，另一则成了两个并列短语中的共用成分。对此，我们姑且称之为缩略短语。

从结构形式来看，这种缩略短语有以下几种类型：

（一）两个"状—动—宾"短语的缩略

（1）古人不可能去的，以为最险的地方，鲫鱼背，阎王坡，小心壁等等，今天已不再是艰险的，不再是不可能去的地方了。（《黄山记》）

（1）句中加点部分的结构形式是：

不再是艰险的，
            地方
不再是不可能去的

前一个短语省略了宾语中心"地方"，或两个"状—是—定"结构共用一个定语中心"地方"。

（二）两个"状—中—补"短语的缩略

（2）它比起那缥缈的幻景还要新奇，还要有意思得多呢。（《海市》）

（2）句中加点部分的结构形式是：

还要新奇，
           得多
还要有意思

前一个短语省略了补语，或两个"状—中"结构共用一个补语。

（三）两个介词短语的缩略

（3）人们的知识能力以至发明创造，并不单单是在总结成功经验，也是在吸取失败教训的基础上产生出来的。（《畏惧错误就是毁灭进步》）

（3）句中的加点部分是个递进关系（从上位概念看，也属于并列关系）的介词短语的缩略，其结构形式是：

并不单单是在总结成功经验，
                的基础上
也是在吸取失败教训

前一个介词短语省略了介词后面所介进的名词性成分的中心语"基础上"，或两个"介—定"结构共用一个中心语"基础上"。

（四）两个兼语短语的缩略

（4）立刻找民航局或请空军支援送药。（《为了六十一个阶级弟兄》）

（5）每当中午，亚热带强烈的阳光，令屋内如焚，土地冒烟。（《故乡的榕树》）

（4）（5）句中的加点部分都是两个兼语短语的缩略。（4）句的结构形式是：

$$\left.\begin{array}{l}找民航局\\或请空军\end{array}\right\}支援$$

前一个短语省略了兼语后面的动词，或两个"动—兼"结构共用一个动词"支援"。（5）句的结构形式是：

$$令\left\{\begin{array}{l}屋内如焚\\土地冒烟\end{array}\right.$$

后一个短语承前省略了兼语前面的动词，或两个"兼—动"结构共用一个动词"令"。

这种缩略短语不同于一般的联合短语，试看下列句中的加点部分：

（6）他把我载着拖到洞庭湖的边上去，拖到长江的边上去，拖到东海的边上去呀！（《雷电颂》）

（7）努力使自己的思想明确化，条理化。（《关于写文章》）

（8）以后就要开始一个月光景的和恶劣的天气，和恶运，以及和不知什么的连日连夜的无休息的大决战！（《春蚕》）

（6）句中是三个"动—补—补"结构的短语组成联合短语，和"载着"构成连谓短语作谓语。（7）句中是两个动词构成联合短语，充当兼语"自己的思想"后面的谓语。（8）句中是三个介词短语组成联合短语作定语。

由上述例句可以看出，缩略短语和联合短语的区别是：①联合短语都是由两个以上的完整的短语构成的，没有省略某个成分；而缩略短语中则有某个成分被省略，这个省去了的成分，都是相并列的短语中相同位置上的相同词语中的一个，这样，留下来的一个，则成了两个并列短语中其余部分的共用成分。②联合短语在句中都是作为一个整体，充当某一个相对独立的（即可以分离出来的）成分；而缩略短语中则包含了句子（或短语）中三个或两个主要组成部分，而且除去共用的成分，剩下来的部分一般不能组成联合短语，如（4）（5）句中的缩略短语包含"动—兼—动"三个成分；（3）句中的缩略短语包含"介—名"两个组成部分。在这些缩略短语中，除去共用的成分，（4）句中的两个"动—兼"，（5）句中的两个"兼—动"，（3）句中的"介—定（中心词前的修饰语）"，都不能独立组成联合短语。

第二节　非主谓句

一、什么是非主谓句

具有主语、谓语两部分中的一个部分的句子叫非主谓句（或"单部句"）。

非主谓句和省略句不同。省略句是在"对话、承前、蒙后"等特定语境中省去了某个必要的句子成分，而非主谓句无须在此三种语境中，也可不具备某个必要的句子成分（主语或谓语）。一个是因表达的需要而省略，而且省去的成分必要时也可以补上去；另一个则是原本就没有这个成分，也无须补上去，甚至也无法补上去。

部编版中学语文课本"主谓句非主谓句"一节中，将"别吵吵，分马了"看作非主谓句。此句摘自课文《分马》（《暴风骤雨》节选），文中是郭全海面对群众讲此话的。可见此句用在"对话"的语境中，它并非非主谓句，而是省略句。黄伯荣、廖序东先生主编的《现代汉语》中将"别忘了带雨伞"定为非主谓句，也不能令人信服，因为此句是对听话人的提醒，显然也是用在"对话"语境中，应是省略句，而非非主谓句。

二、非主谓句的类型

非主谓句包括无主句和独语句两种类型。

(一)无主句

根本不需要说出一个确定的主语，或者无法说出主语是什么，这样的句子叫无主句。

从所表示的意义内容来看，无主句有下列情形：

1.说明自然现象。自然界种种现象很难在一句话中说得清它是因何而产生

的，而且在日常口语中说起这些现象时，也无须从科学角度来说明其成因，所以也就很难说出表示种种自然变化的句子的主语是什么了。而人们在口语常玄玄地称之为"天"，说"天……"，这样说时，"天"就是主语；如果没有说"天"，只是直接叙说某种自然现象，如"下雨了""刮风了""结冰了"，也不算主语省略，就视为无主句。例如：

(1)（　　）‖好像起风了。(《变色龙》)

(2)（　　）‖突然下起雨来。(《人民的勤务员》)

(3)就在他说话的当儿，（　　）‖刮来一阵风。(《夜明星》)

2.叙述观点、口号以及生活现象，泛指相关的一切人，无须说出具体的确定的人或事物。例如：

(1)（　　）‖同群众一起工作，（　　）‖必须能同群众一起生活。(《论"同甘共苦"》)

(2)（　　）‖明确了学习目的，（　　）‖就能产生无穷的力量。(《给青少年的一封信》)

(3)（　　）‖让反动派的枪声，来作为我们结婚的礼炮吧！(《刑场上的婚礼》)

(4)（　　）‖散学了，——你们走吧。(《最后一课》)

3.叙述人或事物的存在、出现或消失。

此类句子的基本意思是说：什么处所或什么时间存在、出现、消失了什么人或事物，其基本结构是："状（时间或处所词语）—动（存现意义的）—宾（存现的对象）"。宾语在意念上是行动变化的施事，将宾语改作主语，全句则成为："什么人（或事物）在什么时间（或处所）存在（或出现、消失）了。"因为施事主语到动词后面作了宾语，所以，这种存现句也就说不出主语了。例如：

(1)店里坐着许多人。(《药》)

(2)从前有一个渔夫。(《渔夫的故事》)

(3)万盛米行的河埠头，横七竖八停泊着乡村里出来的敞口船。(《多收了三五斗》)

(4)荔枝林深处，隐隐露出一角白屋。(《荔枝蜜》)

(5)雨后，院里来了一只麻雀。(《小麻雀》)

(6)两颊上已经消失了血色。(《祝福》)

（7）三岁上就死了娘。（《白毛女》）

（8）在柜台前迸裂了希望的肥皂泡。（《多收了三五斗》）

（1）—（3）句叙述人、物、事的存在，（4）—（5）句叙述人、物、事的出现，（6）—（8）句叙述人、物、事的消失。以上各句也统称为"存现句"。

关于存现句，历来争议的主要是句首的时间、处所词语是状语还是主语。《暂拟系统》将句首的时间、处所词语都看作状语。《提要》是将处所词语看作主语，时间词语作状语，所以，无主句则限于句首是时间词语的。相比之下，一个处所，它看得见摸得着，要实在些，它在句首作为陈述对象，似觉有理；而时间则捉摸不到，比较空灵，似乎更像状语，不像陈述对象。然而，我们觉得，此类句子的主要意思还是在于说明人、物、事的存现情况，不在对时间或处所进行陈述。既然施事已后置作了宾语，如果再让句首的处所甚至时间充当主语，从整个句意看，似有喧宾夺主之嫌。而且时间与处所之差，只是一个稍显空灵，一个似觉实在，而这则带有很大的主观意向性。从句意及句型的主要方面看，二者属同一类型，如仅因些许差异而将二者判为两种句型，岂不因小失大。因此，本书的观点是沿袭《暂拟系统》的说法，将时间、处所都看作状语，全句为无主句。

（二）独语句

在特定的语境中，一个词或一个偏正短语就表示一个完整意思，而且很难说出这个词语是主语还是谓语，也就很难说出句中是缺少主语还是缺少谓语，这样的句子叫独语句。

从表意内容看，独语句有下列情形：

1. 表示感叹、呼应、象声。由一个感叹词、拟声词或称呼对方的名词性词语充当，后边必须用句终标点（！？。）。例如：

（1）啊！好一派迷人的秋色！（《秋色赋》）

（2）呵！我仔细再看看，真是我们敬爱的周总理。（《一件珍贵的衬衫》）

（3）呀！满屋子灰洞洞的烟……（《谁是最可爱的人》）

（4）噢！自然界也有侵略者。（《荔枝蜜》）

（5）哼！你不要作出那难看的样子来吧！（《清贫》）

（6）"喂！一手交钱，一手交货。"（《药》）

（7）"喂！菲利普！"（《我的叔叔于勒》）

（8）"嗯！不错……"（《变色龙》）

（9）乒！敌人听说是红军，慌乱地开枪了。（《大渡河畔英雄多》）

（10）"轰轰！"又是两下巨响。（《大渡河畔英雄多》）

（1）—（5）句中的独语句表示感叹。（6）—（8）句中的独语句表示呼应。（9）（10）句中的独语句表示拟声。

2.陈述事实情况及时间、处所。可由一个名词、性状词、代替名词的代词以及偏正短语、数量短语充当。如果是单独成句，后面当用句终标点（?!。）；如果是充当复句中的分句，它和别的分句之间则用句中标点（,;）。例如：

（1）多可爱的小生灵啊！（《荔枝蜜》）

（2）哦，好一座威武的雄关！（《雄关赋》）

（3）我的最后一堂法语课！（《最后一课》）

（4）一九四九年的中秋。（《百合花》）

（5）一九三五年冬。河北省某县杨格村，村前平原，村后大山。（《白毛女》）

（6）山，好大的山啊！（《驿路梨花》）

（7）几盘野味，半杯麦酒，老人家的话来了。（《香山红叶》）

（8）最近两年的不见，他终于忘却我的不好。（《背影》）

（9）我跳过石头，顺着一条向南的小路走去，不多远，就进了一条沟。（《野景偶拾》）

（1）—（4）句及（5）例的前一句中的独语句，都是单独成句。（5）例的后一句及（6）—（9）句中的独语句都充当复句中的分句。

3.表示说话人的某种意见和态度。大都由一个性状词、动词或能单独回答问题的副词充当。如果是单独成句，后面必须用句终标点（!?。）。例如：

（1）好吧！咱们都把马牵到这儿来。（《分马》）

（2）好！我相信你们经过努力，一定能战胜困难！（《一次难忘的航行》）

（3）算啦！到山崖下边找个避风的地方蹲上一阵……（《夜走灵官峡》）

（4）诚然！这十多个少年，委实没有一个不会凫水的。（《社戏》）

（5）这就是整个宇宙吗？不！这还只是构成宇宙的一个微不足道的小点点。（《宇宙里有些什么》）

第四章　复句

第一节　复句的概念

一、什么是复句

复句是对单句而言。单独一个句子表示一个相对完整的意思，上下句都是说的另一方面的意思，这个句子就叫单句，句尾用句终标点（。!?）。

什么是复句。包含两个以上单句形式的句子叫复句。其中的各单句形式在意义上互不从属，各自表示一个相对独立的意思，同时又联系紧密，共同表示一个复杂的意思；在结构上互不作句子成分，各自成为一个相对独立的句子形式，中间用句中标点（，; ——……）隔开，这样的句子形式叫分句。一个复句有一个语调，句尾用句终标点。

二、复句和单句的区别

依据上述关于复句的概念，可以辨认出什么不是复句，什么是复句。

1.各句间意义联系不紧，各自表示不同方面的意思，是几个单句，不是复句。例如：

（1）你索性去住院检查一次。这一件事是要给你们安排一下的。检查结果和治疗方案我是要过目的。淑彬的病当然也要彻底治好。（《地质之光》）

（2）我身体很好。明天我就动身到南美去作长期旅行。也许好几年不给你写信。（《我的叔叔于勒》）

2.句子形式之间意义上有从属关系，即一个句子形式的意思附属于另一个句子形式的意思。这是插入语和本句的关系，而不是复句的两个分句。例如：

（1）你要晓得红眼睛阿义是去盘盘底细的。（《药》）

（2）雷峰夕照的真景我也见过，并不见佳，我以为。（《论雷峰塔的倒掉》）

3.句子形式之间互作句子成分。例如：

（1）红军长征到达陕北，宣告了蒋介石消灭红军计划的破产。（《奠基礼》）

（2）蜜蜂是否来采山茶花和梅花的蜜，我可记不真切了。（《雪》）

（3）我骄傲，我是一棵树。（中学语文课文篇名）

（1）（2）句开头的主谓短语都是后面部分的陈述对象，是句子的主语，所以全句都是单句，不是复句。（3）句中"骄傲"后带主谓短语作宾语。

4. 句子形式之间用句终标点隔开。各自成为一个单句。例如：

（1）啊！好一派迷人的秋色！（《秋色赋》）

（2）喂！一手交钱，一手交货！（《药》）

（3）打！打！延伸射击！（《大渡河畔英雄多》）

（4）老太太。信早收到了。（《故乡》）

（1）—（4）句中都在一个词后面用感叹号和句号，这都是独词句。

5. 介词短语作状语，提到句首。例如：

（1）当这些饱经沧桑的老人把拐杖接到手里，他们昏花的老眼涌出泪水。（《依依惜别的深情》）

（2）乘着父母到聊城出差，她服了大量安眠药。（《生命的支柱》）

（1）（2）句中的介词"当""乘着"都是和一个主谓短语组成介词短语作状语置于主语前，如果不注意到介词的作用，很容易误认为其后的主谓短语是复句中的一个分句。这类句子都可在"当……""乘着……"之后加上"时""的时候"等名词性词语，这样，它们状语的性质就可看得更清楚了。

6. 兼语句中，兼语后面有逗号，是承接复句，不是单句。例如：

（1）忽而车把上带着一个人，慢慢地倒了。（《一件小事》）

（2）风推动沙丘，缓慢前进。（《向沙漠进军》）

（3）病魔就逼他不得不放下手中的笔。（《鞠躬尽瘁》）

（1）（2）句是复句，（3）句是单句。

7. 连谓句中，两谓词间用逗号，是承接复句，不是单句。例如：

（1）罗盛教移来一棵小松树，植在坟前。（《罗盛教》）

（2）村里的孩子们……捉些鲜鱼，送给志愿军叔叔吃。（《罗盛教》）

（3）我们敬爱的周恩来同志毫不犹豫地解下自己的伞包替小扬眉背上。（《一次难忘的航行》）

（4）牧民们从四方要饭回来在这儿过夜。（《夜明星》）

（1）（2）句是复句，（3）（4）句是单句。

第二节　复句的分类

一、复句分类的依据和两大类的划分

复句分类的主要依据是分句间的意义关系。不同的意义关系常常用某些独特的关联词语（连接词及少数副词），在多数情况下，视关联词语的不同，可判别复句的类型。也有不用关联词语的，那就只好从意义上辨识；还有少数关联词可表示不同的关系，那也只好从意义上识别。

根据分句间不同的意义关系，可将复句分为两大类：联合复句和偏正复句。

《暂拟系统》将复句先分为联合、偏正两大类，然后再分小类。《提要》则不分两大类，直接划分为并列、承接、递进、转折、因果、假设、条件、选择、解说九类。

为什么不分两大类？田小琳同志在1983年的郑州会议上曾解释：是因为有些界限比较难划。实际情况也的确如此，比如转折复句和因果复句中，前一分句不用关联词的，就很像是联合复句，而前一分句用了关联词的，则又属于偏正复句。例如：

（1）这教条主义对革命不利，所以我们要反对它。

（2）我们的身子离开你很远，可是我们的心紧紧地靠着你。

（3）虽然他离开了毛主席身边已有二十多年，毛主席还能认识他。

（4）因为山陡，汽车开不过去了。

（1）（2）句开头没有用连接词"因为""虽然"，前一分句就显得更为重要，它是作为一个新的信息、作为一种要求对方注意的情况告诉听话人的，这样，它们就由偏句变成了正句；而后一分句又是作为一个要求和新的情况，告诉听话人，这更是说话人的主要意思所在。再看（3）（4）句开头用了"虽然""因为"，前一分句则成了眼前的事实，而不是新的信息，据此提出下面的正句，强调后一分句表示的新情况，所以（3）（4）句的偏正复句的特点就很显见了。正因为如此，刘世儒先生在《现代汉语语法讲义》中，就是将（1）（2）句归入"等立复句"（即联合复句），将（3）（4）句归入"主从复句"（即偏正复句）的。黎锦熙先生在《新著国语文法》中也持同样观点。

还有一种现象值得注意。偏正复句都是前偏后正。在实际运用中，由于表达

的需要，也可以偏正倒置。例如：

（5）列宁并不靠自己的记忆，虽然他的记忆是很好的。（《义理、考据和辞章》）

（6）人们来这里，只为了恢复工作后的疲劳，随便喝点，要是袋里有钱。（《风景谈》）

（7）我们的小姑娘有什么事情，尽管打，打死不要紧，只要不是罚工钱停生意。（《包身工》）

（8）正义是杀不完的，因为真理永远存在。（《最后一次讲演》）

（9）散文之所以比较容易写，是因为它更接近于我们口语中的语言。（《散文重要》）

（5）—（9）句中分别是转折、假设、条件、因果等复句的偏正倒置。（5）—（8）句中只在后一分句的开头用了连接词，（9）句中两分句都用了关联词语。

（5）—（8）句中偏句到了正句的位置上，而且不用连接词，对它显然是更为强调，它已作为一个新信息成为说话人要告诉对方的一个主要意思。同时，原来的正句仍然是说话人要告诉对方的一个主要意思，对它的重视程度并未减弱。两分句已无所谓谁偏谁正，而是具有了联合复句的性质。（9）句虽然偏正倒置了，但因为前一分句用了关联词"之所以"，此分句意思也就成了眼前的事实，并由此而揭示其原因，于是分句间的关系也就变为"果"作偏，"因"作正。

以上情况表明，同一种意义关系的复句，只是由于用与不用关联词语，或分句位置的变换而可分属于两个不同的大类，这将使语法体系更加复杂化。现在，以《提要》为代表的中学教学语法体系取消了复句两大类的划分，就避免了这个麻烦的问题。然而，这又带来了另一方面的问题。

复句分联合、偏正两大类，这是复句中分句之间意义关系的两个不同的范畴。所谓联合，一般语法书中都说是，各分句地位平等，无主从、偏正之分；偏正复句则相反，两个分句，一偏一正，一从一主。胡裕树先生主编的《现代汉语》对偏正复句作进一步阐述："正句是全句的正意所在，偏句从种种关系上去说明、限制正句。"然而这"平等""主从""偏正""正意"等概念的具体含义究竟是什么，我们觉得还是没有落在实处。对此，我们的粗浅理解是这样：所谓联合、偏正的划分，主要是依据说话人的主观意图。在一个复句中，各分句所表示的都是说话人要告诉听话人的一个主要意思，一个新的信息，那么，这几个分句之间就是地位平等，组成联合复句；在两个分句所表示的意思中，说话人要告诉对方的，只是其中之一点，另一点是用来说明或强调所要告诉对方的那点意思的，这样的复句中，两分句之间的地位就不平等，一主一从，一正一偏，这就组成偏正复句。上述对（1）—（9）句的分析中就是贯穿了这一关于联合、偏正两大类的认识。

既然复句分联合、偏正两大类是客观存在的语言事实，那么两大类的划分就是必要的。《提要》取消了两大类的划分，将复句直接分为九类，这样不看两大类的区别，势必在各类之间造成交叉现象，如假设、条件、因果等关系也可说是意义上相承接，转折关系也可说是正反两面的并列。这样一来，各类复句之间的界限就更划不清了。衡量得失，固然有些问题难处理，而不分两大类，带来的问题则更大。因此，两大类的划分不宜取消，至于那些"难划"的问题，可在某些小类的划分中，加以说明或作必要的规定以兹弥补。

二、复句的类型

（一）联合复句

各分句所表示的都是说话人要告诉听话人的一个主要意思，一个新信息，分句之间的关系是平等的联合，无主从、偏正之分。根据分句间意义上联系方式、语气轻重不同，联合复句又可分为并列、承接、递进、选择等小类。

1.并列复句。各分句表示几个平列的相互关联的意思，无先后轻重之分，将各分句次序颠倒，句子的基本意思不变。并列复句中常常不用关联词语，靠意合将并列的几点意思关联起来。也有很多并列复句中用关联词语，常见的有"也、又、而、既……又（也）、一面（一边）……一面、不是……而是"等。例如：

（1）山朗润起来了，水涨起来了，太阳的脸红起来了。（《春》）

（2）春天繁花开遍峡谷，秋天果实压遍山腰。（《天山景物记》）

（3）水网和湖泊熠熠发光，大地竟像是一幅碧绿的天鹅绒，公路好似刀切一样的笔直，一丘丘田又好似棋盘般整齐。（《土地》）

（4）夜正长，路也正长。（《为了忘却的记念》）

（5）弼时同志会工作，也会休息。（《任弼时同志二三事》）

（6）苟活在淡红的血色中，会依稀看见微茫的希望；真的猛士，将更奋然而前行。（《记念刘和珍君》）

（7）人们吸着烟，谈着话，喝着茶和伏特加。（《母亲》）

（8）杨白劳身上落了一层雪，背着豆腐担子，披着盖豆腐的布，踉踉跄跄地上。（《白毛女》）

（9）他一边放东西，一边对我们又抱歉又诉苦，一边还喘息地喝着水，同时还从怀里掏出一包饭团来嚼着。（《百合花》）

（10）有不同的世界观就有不同的理想；不同的理想，同时也就表现出不同的世界观。（《崇高的理想》）

（11）我们以我们的祖国有这样的英雄而骄傲，我们以生在这个英雄的国度而自豪！（《谁是最可爱的人》）

（12）她不是"苟活到现在的我"的学生，是为了中国而死的中国的青年。（《记念刘和珍君》）

（13）在这里，他不是国家领导人，只是一个归来的游子。（《故乡情》）

（1）—（3）句写并列的景象。（4）—（6）句写并列的现象、情况。（7）—（9）句写并列的行动。（10）（11）句写并列的观点、认识。（12）（13）句是正反两方面意思的并列。

并列复句中有的分句意思像是有先有后，如（2）句中秋天在春天之后。这是先说后说的问题，由说话人的思路决定，颠倒一下，先说秋天，后说春天，也可以；由近说到远，由远说到近，由大说到小，由小说到大，都可以。这与分句意思有先有后的承接复句不同。

2.承接复句。各分句相互平列，而且有先后之分，后一分句的意思接着前一分句的意思，次序不能随便颠倒。承接复句也常常不用关联词语，靠意合关联，偶尔一用的有"首先……其次、然后、一……二、于是、接着、从而、随即、就、便"等。

此类复句中分句间的承接一般有三种情形。

有的是动作行为的前后连贯。例如：

（1）黑的人便抢过灯笼，一把扯下纸罩，裹了馒头，塞与老栓。（《药》）

（2）孟姜女转过身来，一头撞死在山石上。（《孟姜女》）

（3）孔乙己便涨红了脸，额上青筋条条绽出。（《孔乙己》）

（4）攀着乱石，小心探身下去。（《绿》）

（5）他脱了衣服跳下水去，把网拖上岸来。（《渔夫的故事》）

（6）普之仁领着我穿着茶花走，指点着告诉我这叫大玛瑙，那叫雪狮子；这

是蝶翅，那是大紫袍……（《茶花赋》）

（7）我……傲然走出，留他绝望地站在小屋里。（《风筝》）

（8）车把上带着一个人，慢慢地倒了。（《一件小事》）

有的是事实情景的先后出现。例如：

（9）忽然间天崩地塌似的一声响，万里长城倒了八百里。（《孟姜女》）

（10）一批人咕噜着离开了万盛米行，另外一批人又从船埠头跨上来。（《多收了三五斗》）

（11）这时忽然从山脊上长出两支牛角来，随即牛的全身也出现。（《风景谈》）

（12）岸上四围的树叶，绿的，红的，黄的，白的，一丛一丛的倒影到水中来。（《寄小读者》）

（13）直到变成棕色，才同平常的蝉一样强壮了。（《蝉》）

（14）小草偷偷地从土里钻出来，嫩嫩的，绿绿的。（《春》）

有的是语意事理上的衔接。例如：

（15）从前有一个渔夫，家里很穷。（《渔夫的故事》）

（16）古代秦始皇时候，有个女子叫孟姜女，嫁个丈夫叫万喜良。（《孟姜女》）

（17）秭归正面有一大片青色礁石，森然耸立江面。（《长江三日》）

（18）老通宝背脊上热烘烘的，像背着一盆火。（《春蚕》）

（19）蚋和蝉一样，也有穿刺工具。（《蝉》）

（20）像慈母拍着将睡未睡的婴儿似的，它轻轻地拍着石岸。（《石湖》）

（21）那里四周是山，环抱着一潭春水。（《荔枝蜜》）

（22）这是一个美丽的环，当它一半没在地平线下，另一半横在天空的时候，人们就说这是一条天河。（《宇宙里有些什么》）

（15）—（17）句中前一分句用"有"提出某个人或事物，后一分句进而说明此人或事物的状况。（18）—（20）句中用"像（或'如同''和……一样'）"表示两种人或事物之间的比喻或比较的关系。（21）（22）句中用"是"确认某种环境或情景的存在，然后对此作进一步说明。

许多语法书中在给复句分类时，列有"解说、目的、称代、总分（或分总）"等小类，有的归入联合复句，有的归入偏正复句。我们认为，所谓"解说"，就是前一分句提出一个人或事物（含思想观点），后一分句对此加以解释说明，两个分句所说的都是新信息，都是说话人要告诉对方的主要意思，所以它应归入联合复句大类。而且两分句语意顺序有先后之分，不能颠倒，所以，它就应属于承接复句中语意上下衔接一类。至于"目的、称代、总分（或分总）"等，其实与"解说"同类，目的复句中，后一分句解说前面行为的目的；称代复句中，后一分句用一称代词代替前一分句中的某个意思，并对此加以解释说明；总分复句则先总说，后分别加以解说，分总则是先分别说明，后加以总括说明。这些都应归入承接复句的语意衔接类。例如：

（23）他在我们店里，品行比别人都好，就是从不拖欠。（《孔乙己》）

（24）我干的就是这个工作，管电的！（《夜明星》）

（25）山，好大的山啊！（《驿路梨花》）

（26）这是普遍真理，任何地区、时代都适用的真理。（《说谦虚》）

（27）还是照旧：迅哥儿。（《故乡》）

（23）—（27）句中都是用事实直接解说前一分句中的意思。

（28）全世界的植物，一年中能制造出好几千亿吨有机物，这真是一个无比巨大的合成工厂。（《食物从何处来》）

（29）按照实际情况决定工作方针，这是一切共产党员必须牢牢记住的最基本的思想方法、工作方法。（《讲讲实事求是》）

（30）有两种不完全的知识，一种是现成书本上的知识，一种是偏于感性的和局部的知识，这二者都有片面性。（《什么是知识》）

（31）云南有光荣的历史，远的如护国，这不用说了，近的如"一二·一"，都是属于云南人民的。（《最后一次讲演》）

（32）竺可桢走北海公园，单是为了观赏景物吗？（《卓越的科学家竺可桢》）

（33）地穴常常建筑在含有汁液的根须上，为的可以从根须取得汁液。（《蝉》）

（28）（29）句中是用称代复指强调对被称代部分的解说。（30）（31）句中用总分复指更完整、深入地进行解说。（32）（33）句中后一分句解说前面行为的目的。

再有一种用"否则（不然）"关联的复句。刘世儒先生的《现代汉语语法讲义》归入选择复句，认为它"仍是在权衡轻重、商量取舍"。丁声树等《现代汉语语法讲话》将它归入条件句，认为"否则"是说"要是没有上句所说的条件"。

邢福义主编的《现代汉语》将它归入单纯转折句，说："'否则'这个转折词含有'如果不这样就'的意思，具有假言否定性。"

我们认为，"否则"在古汉语中是有实在意思的，是两个词，"否"是"不这样"的意思，"则"是"就、便"的意思。在现代汉语中，已不能独立运用（有时单用"否"回答问题，或单用则表示关联，那是沿用古汉语的说法），除了和别的语素构词（如"是否、否认、否决、然则"）外，常相互结合成"否则"一词，表示"不这样，就"的意思，"这样"称代复指上句意思，"不"对此加以否定，"就"由此与上句相反的意思而推出结果。尽管"否则"原本有如此丰富的词汇意义，但它的文言形态，已使它不能和下文发生任何结构上的联系，只能把它看作一个只起关联作用的词。因此我们析句时就不应过多地着眼于它原来的意思，而应从它所关联的上下分句之间的意义联系来看"否则"所起的关联作用。例如：

（1）一切革命同志都要拥护这个变动，否则他就站到反革命立场上去了。（转引自刘世儒《现代汉语语法讲义》）

（2）幸亏来得早，要不然就赶不上车了。（转引自丁声树等《现代汉语语法讲义》）

（3）要么是十六岁结婚，不然就——拉到！（《转引自邢福义《现代汉语》》）

如果说这是选择复句，那么就必须摆出两种以上供选择的内容。以（1）句为例，前一分句说的是一个确定的要求，后一分句说的则是与此相反行为的结果，是就前一分句意思作出的推断，"否则"所关联的是性质不同的两项，而且是确定了的，是不能构成选择关系的。至于隐含着的"不拥护这个变动"的意思，这是"否（不这样）"所指代的内容，我们不能说第一分句和"否"构成选择关系。

说这是条件复句，也主要着眼于"否则"这个词的本来意义。以（2）句为例，我们只能说"要不然"和"赶不上车"之间是条件关系，而"来得早"和"赶不上车"这两个分句的意思之间则不是条件关系。

说这是转折复句，则是着眼于第一分句和"否"这两部分，而且表示主要意思的第一分句倒成了偏句，"否"则成了正句，这和转折复句从句意到语法形式都明显不同。以（3）句为例，"十六岁结婚"和"拉倒"之间是构不成转折关系的。

这种复句究竟归属何类呢？如果我们只着眼于"否则"前后的两个分句，就会看到，前一分句说的都是个肯定的结论，强调一定要这样去做，或一定会是这种情况，后一分句说的则是不按照上面的结论去做或不是上述那种情况将会出现的结果。反之，如果照上述结论去做，或是上述那种情况，结果则又是一样，如（2）句可以写成这样：

幸亏来得早，才赶上车。

看这一句，首先肯定一个事实，然后进一步说明其结果，两分句也无主从、偏正之分，所以此句应看作意义衔接的承接复句。这是"顺向承接"，而用"否则"则是"反向承接"，其所连接的两分句，后者是前者相反行动的结果。因此，这样的复句可归入承接复句，叫它"反承复句"。

试比较下列两组句子：

（4）幸而车夫早有停步，否则伊定要栽一个大斤斗。（《一件小事》）

（5）幸而车夫早有停步，伊没有栽一个大斤斗。

（6）一切革命同志都要拥护这个变动，否则他就站到反革命立场上去了。（《青年运动的方向》）

（7）一切革命同志都要拥护这个变动，那就站到革命立场上了。

（5）（7）句中后一分句的意思，是按前句意思发展下去可以自然得出的结果，后者顺承前者。（4）（6）句中"否则"后面的结果则恰恰相反，是反向承接。下面再举几个反承关系的例句：

（8）作为检验真理的标准，必须具有把人的思想和客观世界联系起来的特性，否则就无法检验。（《实践是检验真理的唯一标准》）

（9）我在这里也并不想对于"送去"再说什么，否则太不"摩登"了。（《拿来主义》）

（10）可惜董昆他们不在，不然应该请你们尝尝这里新鲜的山珍海味。（《猎户》）

3. 递进复句。前后分句表示的都是说话人要告诉对方的主要意思，但对后面的意思更为强调，也就是说，对前后分句意思的态度有轻重之分，说话人要强调哪一点，就把哪一点放在后面，而不在意思本身的孰轻孰重。常用的关联词语有"不但（不仅、不单、不光、不只）……而且、并且、甚至、既……更、反而、何况、况且、而况"等。例如：

（1）实践不仅是检验真理的标准，而且是唯一的标准。（《实践是检验真理

的唯一标准》)

（2）与群众同甘共苦，不只是个人的生活小事，而且是建设社会主义社会的工作人员的基本道德。（《论"同甘共苦"》）

（3）马克思不但参加了革命的实际运动，而且进行了革命的理论创造。（《什么是知识》）

（4）柏油路晒化了，甚至于铺户门前的铜牌子好像也要晒化。（《在烈日和暴雨下》）

（5）从古代的传说和史书的记载看来，过去人类没有能征服沙漠，若干住人的地区反而被沙漠所并吞。（《向沙漠进军》）

（1）—（5）句中都是由轻说到重，这与说话人的主观态度一致。在所用的关联词语中，"甚至、反而"的语气更强。在这些句子中，前后分句的顺序一般不能颠倒。

（6）大伙不但欣赏花朵，还欣赏绿叶和鲜果。（《花城》）

（7）他这双手不但坚硬，而且灵巧。（《套不住的手》）

（8）这时候，光亮的不仅是太阳，云和海水，连我自己也成了光亮的了。（《海上的日出》）

（9）龙牌固然已经碎在地上了，而且又不见了观音娘娘座前的一个宣德炉。（《阿Q正传》）

（10）而只要一次谎言，就有可能失去这种苦心栽培起来的信任感，甚至失去多年深交的朋友。（《谈诚实》）

（11）种花好，种菜更好。（《菜园小记》）

（12）惨象，已使我目不忍视；流言，尤使我耳不忍闻。（《记念刘和珍君》）

（6）—（12）句中前后分句的意思轻重难定，顺序似可颠倒，哪个在前，哪个在后，取决于说话人的主观态度和看问题的角度。

（13）临终的时候见不到自己的儿子，就一般人说，也许已经是最大的恨事了，何况六十岁的母亲！（《母亲》）

（14）乌龙驹平日在马棚中每到黎明时候就兴奋起来，何况如今听着百鸟歌唱，嗅着带露水的青草和野花的芳香，如何能够不格外兴奋？（《虎吼雷鸣马萧萧》）

（13）（14）句中是由重到更重的递进，常用"何况、况且"等连接词关联

（参看连接词部分）。此类复句在"何况"之后，常常只摆出造成更重意思的原由或条件，而此更重的意思则省去不说，造成悬念，如（13）句也有时则明白说出，如（14）句。

4.选择复句。分句表示几个并列的不确定的意思，有待从中选择一个，其特点是：未定，待选。常用的关联词语有"或、或者、不是……就是、是……还是、要么……要么"等。例如：

（1）百姓们不是离家逃荒，流离失所，便是等待饿死。（《虎吼雷鸣马萧萧》）

（2）月球若不是地球的妻子，那便是地球的姐妹，或者是地球的女儿。（《说明文二篇》）

（3）她是从四叔家出去就成了乞丐的呢，还是先到卫老婆子家然后再成乞丐的呢？（《祝福》）

（4）是屈辱而死呢，还是为民族利益而死？（《谈骨气》）

（5）不知是我被吓昏了，还是平时很熟悉的那些田间小路有意捉弄我，（为什么面前偏偏横着一条小河？）（《挖荠菜》）

（6）也许是因为拔何首乌毁坏了泥墙罢，也许是因为将砖头抛到间壁的梁家去了罢，也许是因为站在石井栏上跳了下来罢，……都无从知道。（《从百草园到三味书屋》）

（7）被困在孤岛上的蛇，要么改吃别的食物，要么等着饿死。（《蛇岛》）

有些语法书在选择复句中不仅包含"商选"，还包含"决选""定选"，将取舍复句甚至将"不是……而是"关联的正反两面并列的复句也归入选择复句。我们认为，这样处理会混淆选择和并列、联合与偏正的界限，故将选择限于"未定、待选"的范围。（详见"偏正复句"的"取舍"类）

（二)偏正复句

两个分句，一正一偏，一主一从，说话人的意思在正句、主句，偏句、从句是为了说明、突出正句、主句意思的。一般都是偏句在前，正句在后。根据偏句和正句间的关系不同，以及偏句意义、性质的不同，偏正复句又可分为转折、假设、条件、因果、取舍等小类。

1.转折复句。两分句意思相反，后一分句是对前一分句意思的逆转，前为偏，后为正，说话人要告诉对方的是正句的意思，偏句是为了突出说明正句的。

常用的关联词语有"可是、但是、虽然……却、固然……然而、尽管、即使、哪怕、而"等。例如：

(1) 人的生命是有限的，可是，为人民服务是无限的。(《人民的勤务员》)

(2) 他耐心地反复地给我讲他的历史，可是我常常听到中途就睡着了。(《二六七号牢房》)

(3) 牛骨头炖野菜，闻起来香喷喷的，可一吃起来就不是滋味。(《草地晚餐》)

(4) 风是沙漠向人类进攻的武器，但是也可以为人类造福。(《向沙漠进军》)

(5) 重庆并不高，但是人们称它山城。(《从宜宾到重庆》)

(6) 我们不信什么"神仙"，但也感到大雪山有点神秘可怕。(《一双草鞋》)

(7) 叫我名字的陌生声音自然是常有的，然而都不是美女蛇。(《从百草园到三味书屋》)

(8) 自然是伟大的，然而人类更伟大。(《风景谈》)

(9) 敌人不下二百人，而我们只几个人。(《大渡河畔英雄多》)

(10) 蛙眼对运动的物体，简直是"明察秋毫"，而对静止不动的物体却"视而不见"。(《眼睛与仿生学》)

(11) 好心对待你，你却要杀死我。(《渔夫的故事》)

(12) 多可爱的小生灵啊！对人无所求，给人的却是极好的东西。(《荔枝蜜》)

(1)—(12) 句都是在第二分句用了表示转折关系的关联词，显示第二分句的意思是对第一分句的逆转。"但是"的语气比"可是"强；"然而"与"但是"相仿，有文言色彩；"而"用于两种截然相反的人、物、事之间表示转折，同一个人、物、事的两种相反情态之间一般用"但是、然而"，不用"而"，如 (3)—(7) 句中则不宜用"而"；单用一个副词"却"关联两个分句表示转折，语气稍弱，与"而"近似，不同的是它的位置只能在主语之后，"而"则用在主语之前，如 (11) 句中不能说成"却你……"。(1)—(12) 句中开头没有用"虽然、尽管"等连接词，直接陈述事实情况，第一分句表示的也应是说话人要告诉对方的一个主要意思，所以，刘世儒先生将其归入"等立复句"是有道理的 (参看复句分类的两大类划分部分)。尽管如此，为了语法体系的简明划一，我们主要着眼于分句间的逆转关系，仍将其归入偏正复句的转折类，不过在理解句意时要注意它联合复句的特点。

（13）穿的虽然是长衫，可是又脏又破。（《孔乙己》）

（14）虽然爱它而移植来的，可是动机并不是为风雅或好玩。（《蒲公英》）

（15）这一节江流虽险，却流传着无数优美的传说。（《长江三日》）

（16）老头尽管还硬朗，也觉得需要让女儿学一学管家的诀窍了。（《守财奴》）

（17）尽管我们读过她许多感人的故事，但她毕竟是个三分之二躯体都已失去知觉的人。（《生命的支柱》）

（18）花木灿烂的春天固然可爱，然而，瓜果遍地的秋色却更加使人喜欢。（《秋色赋》）

（19）两三个人寻幽访韵固然好，许多人畅谈畅游也极佳。（《西湖漫笔》）

（20）所谓一百单八人个个面目不同，固然不免言之过甚，但全书重要人物中至少有一打以上各有各的面目，却是事实。（《谈〈水浒〉的人物和结构》）

（13）—（20）句第一分句中用了"虽然、尽管、固然"等连接词，先承认某种事实，让一步，第二分句则从相反方面更突出正句的意思，而这正是说话人要告诉对方的主要意思所在。

（21）即使有了汽油灯，还只能照见小小的一块地方。（《记金华的两个岩洞》）

（22）即使用最少的约数百分之五十计算，全上海三十家日本厂的四万八千工人里面，替厂家和带工头二重服务的包身工总在二万四千人以上。（《包身工》）

（23）哪怕只有碗口那样粗细，它却努力向上。（《白杨礼赞》）

（24）（雪已经在融化，）哪怕远处山顶还是白茫茫的，毕竟是春天临近了。（《火刑》）

（25）哪怕千难万难，非找着他让他穿上不可。（《孟姜女》）

（26）哪怕就房檐底下蹲一夜，也要节省下这两角钱。（《梁生宝买稻种》）

（27）就是五军团打光了，也要掩护主力安全过江。（《遵义会议的光芒》）

（28）你就是调尽五颜六色，又怎么画得出祖国的面貌？（《茶花赋》）

（29）就算是你们每个人能有两次生命，这对你们说来还是不够的。（《给青年们的一封信》）

（21）—（29）句中两分句用"即使（哪怕、就是、就算）……也（却）"等关联词语。许多语法书中将这类句子归入假设复句，认为它的第一分句都不是事实，是假设的。我们认为，应明确偏正复句进一步划分的标准。转折复句中，正句意思是对偏句意思的逆转，假设、条件、因果三类复句中，正句则是顺着偏句意思说下来的。无论是"虽然……但是"，还是"即使……也"，偏正两分句之间都有逆转关系。既如此，着眼于正句，将它们都归入转折复句（在转折复句中还可再分小类），是顺理成章的事。如果将"即使……也"归入假设复句，则仅仅因着眼于偏句的假设，而损害了逆转和非逆转分类标准的统一，岂不是因小失大？

另外，用"即使（哪怕）……也"关联的复句中，偏句所说的情况也不完全是假设的，如（21）—（24）句中第一分句所说的情况都是事实。那么，是不是要把这种复句中的一部分归入转折复句、一部分归入假设复句？这样，将会造成更大的混乱而无此必要了。

（30）他的性格，在我的眼里和心里是伟大的，虽然他的姓名并不为许多人所知道。（《藤野先生》）

（31）列宁并不靠自己的记忆，虽然他的记忆是很好的。（《义理、考据和辞章》）

（32）它确是没有受了多大的伤，虽然胸口上落了点毛。（《小麻雀》）

（33）每个人都引用这封信，尽管信里有那么多他们不能了解的句子。（《快乐王子》）

（34）鱼翅是不可不吃的，即使只有我一个。（《祝福》）

（35）她要跟丈夫再见一面，哪怕他死了埋了。（《孟姜女》）

（36）我的思想不够作个党员，我就不入党，哪怕我心里很难过。（《打粮站》）

（30）—（36）句中为了强调所承认的事实，将偏句放在正句的位置上，这是转折复句的偏正倒置，倒置后，它们已具有了联合复句的性质，为了不损害两大类的划分，仍将其归入偏正复句的转折类，但在理解句意时应对后置的偏句予以足够的重视。

2.假设复句。前一分句表示一个假设的情况，后一分句表示在此情况下产生的结果，前为偏，后为正。常用的关联词语有"如果（假使、要是、倘若、一旦）……那么（就）""不（没有）……不（没有）"等。例如：

（1）如果我没有猜错的话，你就是雷锋同志。（《人民的勤务员》）

（2）如果欧阳修生活在今天的话，那他的《秋色赋》一定会是另外一种内容，另外一种色调。（《秋色赋》）

（3）如果美是专指"婆娑"或"旁逸斜出"之类而言，那么白杨树算不得树中的好女子。（《白杨礼赞》）

（4）如果说长江是人体的主动脉的话，那么，这南广河充其量也只是一根小小的毛细血管了。（《从宜宾到重庆》）

（5）假定它在早晨九点钟占据了树枝，大概要到十二点半才扔下它的皮飞去。（《蝉》）

（6）假如一个人用脚尖踩着窝儿，就能一步一步地走到井底。（《第比利斯的地下印刷所》）

（7）假若需要立纪念碑的话，让我把带火扑敌和用刺刀跟敌人拼死在一起的烈士们的名字记下吧。（《谁是最可爱的人》）

（8）设若单单是有阳光，那也算不了出奇。（《济南的冬天》）

（9）倘若你想把一切错误都关在门外，那你也必将永远被关在真理的门外；倘若你想避免任何失败，那你也必定永远得不到成功。（《畏惧错误就是毁灭进步》）

（10）一个人若要有发现，有创造，就不应当畏惧错误。（《畏惧错误就是毁灭进步》）

（11）要是人人都这么让畜生乱咬一阵，那在这世界上也没个活头了。（《变色龙》）

（12）要是这样可以的话，世界上早没有人了。（《最后一次讲演》）

（13）要不是这孩子送我，娘怕还找不到你呢。（《人民的勤务员》）

（14）狼一旦碰到了老虎，也就成了牺牲品。（《食物从何处来》）

（15）要不是敌人的冷枪冷炮在间歇地盲目地轰响着，我真以为我们是去赶集呢！（《百合花》）

（16）不改善党的领导，就不能坚持党的领导。（《如何用彻底的唯物主义精神对待党的领导》）

（1）—（16）句都在第一分句中用了表示假设关系的关联词。

（17）二十斤雪花膏擦在脸上，俏姑娘也变成了丑八怪。（《谈诚实》）

（18）离开奋斗，理想就只能是幻想而已。（《理想的阶梯》）

（19）生活太安逸了，工作就被生活所累了。（《俭以养德》）

（20）你对人讲了一句谎话，为了使这种欺骗维持下去，并且不致意外地泄露真情，就用十句百句谎话来遮掩。（《谈诚实》）

（17）—（20）句的第一分句中未用关联词，此分句的意思更显重要，整个复句具有了联合复句的性质。

（21）口语至少跟文字同样重要，如果不是更重要的话。（《谈谈虚和实的关系》）

（22）人们来这里，只为恢复工作后的疲劳，随便喝点，要是袋里有钱。（《风景谈》）

（21）（22）句是假设复句的偏正倒置。

3.条件复句。前一分句提出一个条件，后一分句表示在此条件下所得出的结果，前为偏，后为正。常用的关联词语有"只要……就""只有……才""必须……才""要想……就""无论……都""不管……总"等。例如：

（1）只要我能活下去，我就决不能让这个叛徒漏网。（《党员登记表》）

（2）只要有肥料，一年可以稻麦两熟。（《梁生宝买稻种》）

（3）只要我一出门儿，碰上财主家的胖儿子，他就总要跟在我身后，拍着手、跳着脚地叫着："馋丫头！馋丫头！"（《挖荠菜》）

（4）旁人的意见只要有一分可取，他便点头称是。（《朱自清先生》）

（5）只有孔乙己到店，才可以笑几声。（《孔乙己》）

（6）只有用人类创造的全部知识财富来丰富自己的头脑，才能成为共产主义者。（《论学习共产主义》）

（7）只有以不懈的韧劲，一级级攀梯，才能一步步接近那光辉灿烂的理想之巅。（《理想的阶梯》）

（8）我们只有多分析比较各类文章的构思，才能逐渐达到"下笔如有神"的境界。（《怎样写读书笔记》）

（9）它必须先知道外面的气候是怎样，才能决定可以出去晒太阳的日子来到没有。（《蝉》）

（10）必须有大量的卵，遭到毁坏的时候才可能有幸存者。（《蝉》）

（11）凡事须得研究，才会明白。（《狂人日记》）

（1）—（11）句都是偏句提出一定的条件，正句说明结果。从逻辑上说，（1）—（4）句提出的是充分条件，即有了这个条件，一定有后面的结果，而不具备这个条件，未必不会有后面的结果。(5)—(11)句提出的是必要条件，有了这个条件，可能有后面的结果，反之，不具备这个条件，一定不会有后面的结果。

(12) 有了硼，庄稼就能抵抗细菌的侵袭而不会生病。(《庄稼的朋友和敌人》)

(13) 事情做得一过分，就会走向反面。(《恰到好处》)

(12)(13)句的第一分句中没有表示条件关系的关联词语，但从第二分句中的"就"可以看出这是表示充分条件的复句。

(14) 不管敌人使用什么毒刑，她们两人却总是顽强的缄默。(《党员登记表》)

(15) 不管人家对你们评价多么高，你们总要有勇气对自己说：我是个毫无知识的人。(《给青少年的一封信》)

(16) 不论这种肥皂泡的色彩看起来多么悦目，它是必然要破裂的。(《给青少年的一封信》)

(17) 任你豪情满怀，才华似海，都能在这个举世瞩目的腾飞中得到充分的发挥。(《为中华腾飞立志成才》)

(18) 随便你什么时候仰面看，只能看见巴掌大的一块天。(《夜走灵官峡》)

(14)—(18)句中偏句排除可能范围内的一切条件，无条件也是一种条件，即是说，不需具备任何条件，都会有后面的结果。

(19) 我们的小姑娘有什么事情，尽管打，打死不要紧，只要不是罚工钱停生意。(《包身工》)

(20) 他从不满足于间接得来的材料，总要找原著寻根究底，不管这样做有多麻烦。(《义理、考据和辞章》)

(21) 他怎么能得到新的寒衣呢？他没法得到，除非自己给他做。他怎么能穿上自己给他做的寒衣呢？他没法穿上，除非自己给他送去。(《孟姜女》)

(19)—(21)例中，是条件复句的偏正倒置，更强调提出的条件。

(22) 要提高农作物的收获量，这三种元素必须源源不断地加以补充。(《庄稼的朋友和敌人》)

(23) 要培养出好的珍珠，就必须选择优良的母贝品种。(《珍珠》)

(24) 要建设，就必须有知识，必须掌握科学。(《青年必须掌握科学》)

（25）要求语言能够准确，鲜明，生动，作家必须不断地丰富自己的笔头：向生活汲取，从人民的口头采集。（《作家要铸炼语言》）

（22）—（24）句中的"要"是"要想"的意思。它所引领的第一分句表示想要达到的目的，这是预想的，尚未成为事实，因而将此类句子归入假设复句是有道理的。（25）句中的"要求"是"要想求得"的意思，与前三句中的"要"意思相近，也属此类。然而，目的和假设不同，前者属联合复句，后者属偏正复句。值得注意的是，（22）—（25）句中的第二分句都有"必须"一词。"必须"是引领条件的。如将二分句移于一分句前，此类句子则成为条件复句了。如（23）句则成为：

（26）必须选择优良的母贝品种，才能培养出好的珍珠。

因此，我们认为，（22）—（25）句是必要条件复句的偏正倒置。

4.因果复句。前一分句表示原因，后一分句表示结果，前为偏，后为正。常用的关联词语有"因为（由于）……所以""因此""既然……那么"等。例如：

（1）他因为一夜没有睡觉，脸色很苍白。（《筑路》）

（2）正因为你救了我，我才杀你啊！（《渔夫的故事》）

（3）我因为常见些但愿不如所料，以为未必竟如所料的事，却每每恰如所料的起来，所以很恐怕这事也一律。（《祝福》）

（4）由于各拱相联，所以这种桥叫联拱石桥。（《中国石拱桥》）

（5）由于劳动效率提高，新人开始能腾出时间来从事艺术活动。（《人类的出现》）

（6）由于附近大多是冲积平原和小丘陵，所以山形就显得分外雄伟高大。（《巍巍中山陵》）

（1）—（6）句中第一分句都用了连词，第二分句有的用了关联词语，有的没用。以上各句中分句间的因果偏正关系很显然。

（7）包身工的身体是属于带工老板的，所以他们根本就没有"做"或者"不做"的自由。（《包身工》）

（8）这种新民主主义的文化是大众的，因而即是民主的。（《民族的科学的大众的文化》）

（9）文章是人写的，因此首先是人的问题。（《关于文风问题》）

（10）随着卫星侦察设备的不断改进，从卫星拍摄的照片上可以发现地下发射井的位置，于是地下井也不安全了。（《洲际导弹自述》）

（11）霸权主义者狐假虎威，拿着我到处张牙舞爪，扩张侵略，致使我也背上了"洲际捣弹"的恶名。（《洲际导弹自述》）

（7）—（11）句中只在第二分句用了关联词语（"于是、致使"，也可表示因果关系），对第一分句有所强调，全句具有了联合复句的性质。

（12）这些怪样的家具之所以成为必要，是因为这里有一个茶社。（《风景谈》）

（13）以"惩前毖后，治病救人"为宗旨的整风运动之所以发生了很大的效力，就是因为我们在这个运动中展开了正确的而不是歪曲的、认真的而不是敷衍的批评和自我批评。（《批评和自我批评》）

（14）千里马之所以被伯乐发现，还不是因为千里马长啸一声地表现自己吗？（《毛遂不避嫌疑》）

（15）这些例子的所以不造成困难，是因为汉语词汇里没有"末落""隐姓埋居""闻世""婉啭"等等词语。（《错字小议》）

（12）—（15）句都是因果倒置，但由于第一分句用了关联词语"之所以"，显示了此分句意非新信息，所以，倒置后的复句仍具有偏正性质。

（16）我对他很恭敬，因为我早听到，他是本城中极方正，质朴，博学的人。（《从百草园到三味书屋》）

（17）长草里是不去的，因为相传这园里有一条很大的赤练蛇。（《从百草园到三味书屋》）

（18）正义是杀不完的，因为真理永远存在。（《最后一次的讲演》）

（19）好书使人手不释卷，是因为里面的思想好，人物使人喜爱。（《好的语言和坏的语言》）

（16）—（19）句中第二分句用了连接词"因为"，分句间因果倒置的关系是显然的，第一分句没用关联词语，此分句意作为一个新信息出现，所以全句具有了联合复句的性质。

（20）宏儿没有见过我，远远的对面站着只是看。（《故乡》）

（21）羊叫狼吃了两只，自己挨了一顿皮鞭。（《猎户》）

（22）人何必增添末路人的苦恼，为她起见，不如说有罢。（《祝福》）

（23）广东天气好，花又多，蜜蜂一年四季都不闲着。（《荔枝蜜》）

（24）吃了用了人家的东西，不说清楚还行？（《驿路梨花》）

（25）有了这许多树，小屋就有了许多特点。（《我的空中楼阁》）

（20）—（25）句中基本上都没有用关联词语，我们只能从分句间的意义联系上看出其因果关系。

（26）既然是红军游击队，凭暗号暗语一定可以沟通关系。（《潘虎》）

（27）我们既然不内行，我们就要从头学起。（《伟大转变和重新学习》）

（28）既然决定不再工作，何妨离开工作的地方呢？（《蚕和蚂蚁》）

（29）既要生活，就要讲究如何利用环境。（《对于一棵古松的三种态度》）

（30）总司令对野菜这样熟悉，他一定没少吃。（《草地晚餐》）

（31）这里有梨树，前边就会有人。（《驿路梨花》）

（32）我在这里流点血不算什么，吃点苦又算什么哩。（《谁是最可爱的人》）

（33）太阳可以有行星，为什么别的恒星不能有呢？（《宇宙里有些什么》）

（34）一封信还写不清楚，怎能写出情文并茂的小说和剧本来呢？（《散文重要》）

（26）—（34）句都是前一分句以一个事实为缘由或依据，后一分句由此推出设想的结果或情况。（26）—（29）句中第一分句用了连接词"既然、既"，其偏句的性质很显然。（30）—（34）句中两分句基本上都没有用关联词语，但从意义上也可看出分句间的推断因果关系，不过，与前四例不同的是它们已具有联合复句的性质。

下列各复句是否属因果类，值得研究：

（35）因为有事耽搁了，可是还必须去公社走一趟。（《野景偶拾》）

（36）如果一个工人要学习高速切削，一个农民要讲究密植程度，作家又怎么能够随随便便地对待自己的语言呢？（《作家要铸炼语言》）

（37）庄稼有了化学朋友，就不怕生物界敌人的进攻了。（《庄稼的朋友和敌人》）

（38）古生物学家找到了这种化石，就可以知道在若干万年以前，某些地方曾经有过一些什么植物。（《花粉》）

（35）句中看"因为"，是因果复句，顺着说下来的结果，是"所以没能到公社去"；既已如此，没去就算了吧，以后有机会再去，这是因果关系的顺承发展。"可是"不行，这次还必须去，显然，此处语意逆转，不符因果复句的语意关系。所以，此句看"可是"，看正句，还应归入转折类，而非因果类。

（36）句中看"如果"应是假设复句，而"工人要学习高速切削""农民要讲究密植"，这是两个并列的事实，由此推出"作家不能随随便便地对待自己的语言"这个以反问形式出现的结果。所以从前后分句的语意联系看，此句应属推断因果类，而非假设类。从对原文严格要求考虑，"如果"可删去不用，或改为"既然"。

（37）（38）句结构类似，前一分句说的既是事实又有未成事实有待探究的前景，所以此二例也不妨看作推断因果类。

5.取舍复句。对于两种情况或两种意见，经过比较，决定取舍。如果说话人意思在取，那么前一分句表示舍，后一分句表示取；如果说话人意思在舍，那么前一分句表示取，后一分句表示舍。前偏后正，偏句为了突出正句。常用的关联词语有"与其……不如（无宁）""宁愿（宁可）……也不（不愿）"等。例如：

（1）与其这样提心吊胆地见着你，还不如不见你。（《母亲》）

（2）我这个发言，与其说是一个老科学工作者的心声，无宁说是对一部巨著的期望。（《科学的春天》）

（3）反正坐着也是出汗，不如爽性出去试试。（《在烈日和暴雨下》）

（4）我宁愿死在地里，也不能呆在家里。（《为了周总理的嘱托》）

（5）我是宁愿把自己的热血全洒在地上，也不会做对不起党的事的！（《一封终于发出的信》）

（6）宁可饿死，也不吃你的饭。（《谈骨气》）

（7）宁可倒下去，不愿屈服。（《谈骨气》）

（1）—（3）句是舍前取后，主要意思在取。（4）—（7）句是取前舍后，主要意思在舍。

（8）宁愿赔棺材，要她做到死！（《包身工》）

（9）宁肯多赶几条街，也要去喝碗小米粥。（《小米的回忆》）

（8）（9）句中将后一分句舍弃的意思改成它的反面，由舍变取，更突出了原来的舍。这两句也可以说成：

宁愿赔棺材，也不放她！

宁肯多赶几条街，也不放弃去喝小米粥。

相比之下，（8）（9）句的说法更突出后一分句的意思。

下列两句不是取舍复句：

（10）本来他可以坐汽车去，但是他宁愿步行穿过公园。（《卓越的科学家竺可桢》）

（11）他们为了多赚一点钱，宁可叫你丢下书本到地里，到纱厂里去干活儿。（《最后一课》）

（10）句中后一分句语意逆转，应归入转折类。如改为"他宁愿……公园，也不坐汽车去"，则为取舍。（11）句是兼语结构的单句，"为了……钱"是介词短语作状语。两句中的"宁愿""宁可"相当于能愿词作状语。

表示复句中分句之间关系的一个重要标志是关联词语。有的复句不用关联词语，就要依据上下文的意思理解分句之间的关系。孤立的一个复句，从不同的角度，可以理解为不同的关系。例如：

（1）"自由王国"没有止境，科学家的探索也不会停步。（《卓越的科学家竺可桢》）

（2）他看到旅客很多，把自己的座位让给一位老人。（《人民的勤务员》）

（3）我们不怕死，我们有牺牲精神。（《最后一次的讲演》）

（4）谁乐意在泥里打滚，谁就去打滚好了。（《筑路》）

（1）—（3）句着眼于分句间语意的上下衔接，都可看作承接复句；而着眼于具体的语意关系，（1）句可看作因果复句或条件复句，（2）句可看作因果复句，（3）句还可看作因果复句的偏正倒置，（4）句可看作假设复句或条件复句，有的书上着眼于形式，叫它连锁复句。

第三节　复句的扩展——多重复句

一、什么是多重复句

复句中的分句由一个复句形式来充当，甚至这个复句形式中的分句又是由一个更低层次的复句形式来充当，这样，这个复句就扩展了，它的内部结构可能有二重、三重，或者更多重，这就叫多重复句。例如：

（1）我赞美白杨树，就因为它不但象征了北方的农民，尤其象征了今天我们民族解放斗争中所不可缺的朴质、坚强、力求上进的精神。（《白杨礼赞》）

（2）虽然是满月，天上却有一层淡淡的云，所以不能朗照；但我以为这恰是到了好处。（《荷塘月色》）

（3）内容有分量，尽管文章短小，也是有分量的；如果内容没有分量，尽管写得多么长，愈长愈没有分量。（《关于文风问题》）

（1）句中的第二分句由一个递进复句形式充当，所以全句是一个偏正倒置的二重因果复句。（2）句中第一分句由一个因果复句形式充当，而其中处于第二重的第二分句，又是由一个转折复句形式充当，全句是一个三重转折复句。（3）句中第一分句由一个条件（或假设）复句形式充当，其中处于二重的第二分句，又是由一个转折复句形式充当；全句的第二分句由一个假设复句形式充当，其中处于第二重的第二分句，也是由一个转折复句形式充当，全句是一个三重并列复句。

多重复句的基本性质及名称决定于第一重。

二、多重复句的分析

许多语法书中讲到多重复句的分析，都主张首先要总观全句，划出第一层次，然后再由大到小地逐层剖析。署名魏雨的《分析多重复句的三个关》一文（载《语文学习》1983年第3期）还强调说：分析多重复句"必须从大层次到小层次，不能越级，更不能从小到大"。对此，我们有不同的想法。

上文说了，所谓多重复句，就是复句的扩展，即复句中的分句由一个小的复句（复句形式）来充当。从这个认识出发，我们分析多重复句，也就是分析清楚其内部各分句之间的关系，哪几个分句可以归并为一个小的复句形式，哪几个小复句形式又可归并为较大的复句形式，最后找出全复句的第一个层次。我们把这种分析程序归结为：由小到大，逐句分析，逐层归并，最后总观全句，确定第一重。

上述魏文"由大层次到小层次"的分析方法，对于一部分层次较少（二重、三重）、分句不多、分句间的关系也很明显的复句，似可适用，把句子从头到尾读一遍，即可看出其第一重之所在。而还有更多的多重复句，层次较多（四重、五重、六重，甚至更多重），分句也很多，头绪纷繁，"总观全句"，常常很难一下子看出第一重在哪里。对于这样的多重复句，用"由大到小"的分析法去分析，就很困难了。试举例说明。

（4）①他终于不讲"文学是有阶级性的吗？"了，②在《答鲁迅先生》那篇里，很巧妙地插进电线杆上写"武装保卫苏联"，"敲碎报馆玻璃"那些句子去，③在上文所引的一段里又写出"到××党去领卢布"字样来，④那故意暗藏的两个×，是令人立刻可以悟出"共产"两个字，⑤指示着凡主张"文学有阶级性"，得罪了梁先生的人，都是在做"拥护苏联"，或"去领卢布"的勾当，⑥和段其瑞的卫兵枪杀学生，《晨报》却道学生为了几个卢布送命，自由大同盟上有我的名字，《革命日报》的通讯上便说为"金光灿烂的卢布所买收"，都是同一手段。（《"丧家的""资本家的乏走狗"》）

此句中的第一重是在①②分句之间，还是在⑤⑥分句之间？说第一重在①②分句之间，是把前后两部分看作否定、肯定两方面的并列，前者说"不讲"什么，后者说他们采取的另一做法；说第一重在⑤⑥分句之间，理由是后者总括说明前者的意思，可看作承接关系（意义上的衔接，有的书中叫解说关系，或并列关系）。两种说法似乎都有道理，如不逐句加以仔细分析，只是由大到小，总观全句，很难判断哪一种说法是正确的。

试用我们上述"由小到大，逐句分析，逐层归并最后总观全句"的程序对此句加以分析：

看①②分句，相互间是并列关系（理由见上述），③分句和②分句之间又是更为紧密的并列关系，"在……里……插进……去""在……里……写出……来"，结构相同，写主语"他"的两种具体做法，因此，就不是①②分句先组合，而是②③分句先组合，然后共同和①分句组合，其结构层次是：①②③。再看④分句，它承接③分句，对其加以解说，因此，③④分句又组成更小的复句形式，共同和②分句组合，其结构层次又改变为：①②③④。再看⑤分句，它不仅承接④分句，而且也承接②③分句，是对②③④分句的整体意思进行解说。②③④⑤分句组成一个小复句形式，共同说明主语"他"现在的行动，于是前五分句的结构层次是：①②③④⑤。再看⑥分句，是对②③④⑤分句所说的"他"的行为，作归纳说明，揭示其实质，所以，⑥分句又和②③④⑤分句组成一个小复句形式，共同和①分句并列，到此，可以总观全句，看出整个复句的结构层次是：①②③④⑤⑥。这是一个五重并列复句。

就是那些层次较少、分句不多的多重复句，也可以而且应该采取这种"由小到大"的分析方法。所谓"由大到小"，首先找出第一层次，其实在头脑中也是经过了"由小到大"的思考过程的，只不过因为这种复句的结构简单，层次明显，思考过程短，不需那么一句一句地慢慢推敲罢了。如上述（1）例中只有三个分句，句中还用了"因为""不但……而且"等关联词语，我们一眼就可看出，是由一个递进关系的小复句充当第二分句，表示原因，全句的第一重在①②分句之间。实际上在作此判断之前，我们已经思考过：①②分句之间有因果关系，但②③分句间有更紧密的递进关系，所以②③分句应先组合，然后再共同与①分句组合，只不过这个"由小到大，逐句分析"的过程进行很快、似无实有而已。

下面再举两个容易引起分歧意见或已经有分歧意见的句子，试着用"由小到大"的方法来分析一下。

(5) ①我们既会说话，②如果再会加工，③就会写出好文章来。(《散文重要》)

(6) ①掌柜是一副冷面孔，②顾客也没有好声气，③叫人活泼不得；④只有孔乙己到店，⑤才可以笑几声，⑥所以至今还记得。(《孔乙己》)

(5) 句中第一重如在①②分句之间，那么，①和②③之间是何关系？第一重如在②③之间，①②之间又是何关系？此虽只有三个分句，结构似很简单，但用"从大到小"的方法，就难以一下子看出第一重在哪里。如果我们先不看关联词语，而是"由小到大"，逐步分析其句意，不难看出：①②分句中的"会说话"和"会加工"是"写出好文章来"的两个并列的条件，前者是事实，后者是假设的，从整体看，仍是假设的，这里的"既"不是"既然"，而是"已"的意思，和"再"配合，相当于"既……又"。所以，这是个二重假设复句，第一重在②③分句之间。

(6) 句的结构层次历来是有争议的。第一重是在③④分句之间，还是在⑤⑥分句之间？我们还是"由小到大，逐句分析"吧。①②分句将掌柜和顾客的两种类似态度相并列，③分句说明这两种态度的结果。④分句和①②③分句没有直接关系，它和⑤分句之间有条件关系，相互组成一个小复句，和①②③分句并列，表示两种不同的态度，形成两种不同的结果。现在关键在于⑥分句是表示④⑤分句的结果，还是表示①②③④⑤分句的结果。从句意来看，之所以"至今还记得"，"孔乙己到店，才可以笑几声"固然是一个直接的原因，但如果没有"掌柜是一副冷面孔，顾客也没有好声气，叫人活泼不得"这个前提条件，仅有这个直接的原因，还不会有后面的结果，在和掌柜、顾客的态度相比之下，孔乙己到店的情况，才给小伙计留下深刻的印象。因此，⑥分句应是表示前五个分句的结果，全句的结构层次是：①②③④⑤⑥。可见第一重应在⑤⑥分句之间，全

句是一个四重因果复句。有人可能会着眼于分号，认为用分号的地方，即③④句之间应是第一重之所在。其实，这是一个误解，在多重复句中，分号可以表示第一重的停顿，也可表示多重复句中并列分句间的停顿，有显示结构层次的作用，而且后一种用法有成为分号主要用法的趋势。本句中，并列分句处于第二重，所以此处用了分号。

多重复句，不管是层次多、分句多的，还是层次少、分句少的，都可以由小到大，逐句分析其结构层次，以正确理解分句间的意义联系为基础，结合参考关联词语等形式上的标志。这样的分析方法，第一，可以更准确、全面地认清多重复句的结构层次；第二，可以使青年学生更深入地理解上下文在意义上的联系，有利于帮助他们提高写作能力，做到语句连贯，文意流畅。

三、多重复句的类型

根据多重复句层次多少不同，可将其分为二重复句、三重复句、四重复句等多种类型。下面分别举例说明。

（一）二重复句

(1) 坚持斗争，‖可以"猛志常在"，"壮志凌云"；｜松懈下来，‖就会
　　　　　　（条件）　　　　　　　　　　（并列）　　　　（假设）
物丧志"。(《为中华腾飞立志成才》)

(2) 是烟是雾，我们辨认不清，｜只见灰蒙一片，‖把老大一座山，上上下
　　　　　　　　　　　　（并列）　　　　　　（承接）
下，裹了一个严实。(《雨中登泰山》)

(3) 对于一个在北平住惯的人，像我，冬天要是不刮风，‖便觉得是奇迹；｜
　　　　　　　　　　　　　　　　　　（假设）　　　　　（并列）
对于一个刚由伦敦回来的人，像我，冬天要能看得见日光，‖便觉得是怪事。
　　　　　　　　　　　　　　　　　　　　　　　　　　　（假设）
(《济南的冬天》)

(4) 他向市委建议减少一个工作同志，｜这样既可以节省人力，‖又可以减
　　　　　　　　　　　　　　（承接）　　　　　　（并列）
少《挺进报》周转的时间和暴露的危险。(《挺进报》)

（5）我们随时像李先生一样，｜前脚跨出大门，‖后脚就不准备再跨进大
　　　　　　　　　　　　　（承接）　　　　　　　（承接）
门！（《最后一次的讲演》）

（6）在华北常感觉到春季短促，｜冬天结束，‖夏天就到了。（《大自然的
　　　　　　　　　　　　（承接）　　　　（承接）
语言》）

（7）他们岂但不肯改，｜而且早已布置；‖预备下一个疯子的名目罩上我。
　　　　（递进）　　　　　　（承接）
（《狂人日记》）

（8）为什么说实现共产主义是我们最崇高最伟大的理想呢？这不仅因为共产
主义、也只有共产主义能够使人类从私有制的束缚下彻底解放出来，‖能够使人
　　　　　　　　　　　　　　　　　　　　　　　　　　　　　（并列）
类过着最快乐、最美满、最幸福的生活，‖能够实现古人常说的"使老有所终，
　　　　　　（并列）
壮有所用，幼有所长，鳏寡孤独残疾皆有所养"的"大同世界"，｜而且因为这
　　　　　　　　　　　　　　　　　　　　　　　　　　（递进）
个理想是完全能够实现的。（《崇高的理想》）

（9）他们对自己的缺点，或者看不到，｜或者虽然看到，‖却对它的危害估
　　　　　　　　　　（选择）　　　　　　（转折）
计不足，｜或者索性把缺点加以装饰、美化，‖仿佛是什么可爱的"宝贝"。
　　（选择）　　　　　　　　　　　　　　（承接）
（《骄必败》）

（10）月球若不是地球的妻子，｜那便是地球的姐妹，‖或者是地球的女儿。
　　　　　（选择或假设）　　　　　　（选择）
（《说明文二篇》）

（11）有的人死在战场上，‖有的人死在酷刑下，｜而我们的钱班长却死在
　　　　　（并列）　　　　　　　（转折）
他的岗位上——锅灶前。（《九个炊事员》）

（12）他们简直是在刺绣，｜不过是绣在铜胎上而不是绣在缎子上，‖用的
　　　　　　（转折）　　　　　　　　　　　　　（并列）
是铜丝而不是丝线、绒线。（《景泰蓝的制作》）

（13）风小了，｜可是利飕有力，‖使人颤抖。（《在烈日和暴雨下》）

     （转折）   （承接）

（14）朦胧的橘红的光，实在照不了多远，｜但这小姑娘的镇定、勇敢、乐

            （转折）

观的精神鼓舞了我，‖我似乎觉得眼前有无限的光明。（《小橘灯》）

    （因果）

（15）秋天，这北国的秋天，若留得住的话，｜我愿意把寿命的三分之二折

            （假设）

去，‖换得一个三分之一的零头。（《故都的秋》）

（承接）

（16）谁要是为名利小恶魔所诱惑，｜他就不能保持理智，‖就会依照不可

       （假设）   （并列）

抗拒的力量所指引给他的方向扑去。（《为中华腾飞立志成才》）

（17）一个人倘不把自己的文化积累——包括语言——尽可能地占为己有，

‖并且从这个基础上跨开步去，｜那他实际上是不懂得利用条件，‖让自己处在

（递进）   （假设）   （承接）

优势的地位上。（《作家要铸炼语言》）

（18）假若我们缩小自己的机构，‖使兵精政简，｜我们的战争机构虽然小

       （承接）   （假设）

了，‖仍然是有力量的。（《一个极其重要的政策》）

（转折）

（19）只要一次谎言，｜就有可能失去这种苦心栽培起来的信任感，‖甚至

    （条件）   （递进）

失去多年深交的朋友。（《谈诚实》）

（20）只要我一出门儿，‖碰上财主家的胖儿子，｜他就总要跟在我身后，

      （承接）   （条件）

‖拍着手、跳着脚地叫着："馋丫头馋丫头！"（《挖荠菜》）

（承接）

（21）只有把立足点从个人利益移到革命利益方面来，｜才能排除一切个人

              （条件）

的烦恼，‖把革命工作做好。（《"人比人，气死人"》）

  （承接）

（22）他既不关心他的军队，‖也不喜欢去看戏，‖也不喜欢乘着马车去游
　　　　　　　　　　（并列）　　　　　　　　　（并列）
公园，｜——除非是为了去显耀一下他的新衣服。（《皇帝的新装》）
　（条件）

（23）老通宝家为养了三张布子的蚕，‖又采了十多分的好蚕子，｜就此白
　　　　　　　　　　　　　（承接）　　　　　　　　　（因果）
赔上十五担叶的桑地和三十块钱的债，‖一个月光景的忍饿熬夜还不算！
　　　　　　　　　　　　（承接）
（《春蚕》）

（24）他是幸福的，｜因为他诞生在这片土地上，‖因为他痛饮过这里明净
　　　　　　（因果）　　　　　　　　　　（并列）
的山泉，‖因为他赤脚踩过山坡上带着露珠的草地，‖因为他在茅屋里听过农夫
　（并列）　　　　　　　　　　　　　　　　（并列）
的故事和神奇的传说，‖因为他在家乡的怀抱里见到了奔腾涌荡的朝霞。
　　　　　　　（并列）
（《故乡情》）

（25）人们所以对一个学术问题有不同的观点，｜和各人的不同的社会地位、
　　　　　　　　　　　　　　　　（因果）
世界观、知识面、切身感受、思想以及个性、习惯和专业造诣等等有关，‖也和
　　　　　　　　　　　　　　　　　　　　　　　　　（并列）
历史的局限、民族的局限有关。（《论"费厄泼赖"应该实行》）

（26）陈伊玲协助里弄干部安置灾民，‖忙得整夜没睡，｜影响了嗓子。
　　　　　　　　　　（因果）　　　　　　（因果）
（《第二次考试》）

（27）与其这样含混下去，｜倒不如让她明白了，‖会从这里产生出抵抗的
　　　　　　（取舍）　　　　　　　　（承接）
力量。（《母亲》）

（二）三重复句

（28）这里的山，巍巍的，‖有如一道屏障；｜长长的，‖又如伸开的两臂，
　　　　　　　　　（承接）　　　　（并列）　　（承接）

‖‖将晋祠拥在怀中。(《晋祠》)

(承接)

    (29)报纸由市委领导，｜下面有三个工作同志：‖一个收听和记录新华社

         (承接)   (承接)

的广播，‖‖一个刻钢板，‖‖一个油印。(《挺进报》)

   (并列)   (并列)

    (30)"友邦人士"一惊诧，‖我们的国府就怕了，‖‖"长此以往，国将不国"

          (条件)   (承接)

了，｜好像失了东三省，党国倒愈像一个国，失了东三省谁也不响，党国倒愈像

  (并列)

一个国，失了东三省只有几个学生上几篇呈文，‖‖党国倒愈像一个国，‖可以博

                   (承接)   (承接)

得"'友邦人士'"的夸奖，永远"国"下去一样。(《"友邦惊诧"论》)

    (31)其间耳闻目睹的所谓国家大事，算起来也很不少；‖但在我心里，都

                              (转折)

不留什么痕迹，｜倘要寻出这些事的影响来说，‖便只增长了我的坏脾气，‖‖——

    (并列)   (假设)   (承接)

老实说，便是教我一天比一天的看不起人。(《一件小事》)

    (32)我们的生活时钟是一座空虚、枯燥的时钟，｜让我们不要怜惜自己，

                            (承接)

‖‖用壮丽的业绩把它填满吧，‖这样，我们就会度过许许多多充满了激荡身心的

(并列)   (承接)

欢乐和灼热的自豪感的美丽的时光！(《时钟》)

    (33)草地的天气变化快极了：｜一会是狂风，‖‖吹得人睁不开眼；‖一会

             (承接)   (承接)   (并列)

又是雨，‖‖淋得人直起鸡皮疙瘩。(《九个炊事员》)

   (承接)

    (34)右手握着拳，‖‖向前方伸着，‖筋骨突出像老树干，｜意思是谁敢侵

           (承接)   (承接)   (承接)

犯他一丝一毫，他就不客气给一下子。(《古代英雄的石像》)

（35）庄稼的朋友，大多数是化学王国的公民，‖有的出身在元素的大家庭，

（承接）

‖有的来自化合物的队伍，｜它们都是植物生命的建设者和保卫者。（《庄稼的

（并列）　　　　　　　　（承接）

朋友和敌人》）

（36）不但"长毛造反"那时候，老通宝的祖父和老陈老爷同被长毛掳去，‖‖

（承接）

同在长毛窝里混上了六七年，‖不但他们俩同时从长毛营盘里逃了出来，‖‖而且

（并列）　　　　　　　　　　（递进）

偷得了长毛的许多金元宝，——人家到现在还是这么说，｜并且老陈老爷做丝生

（递进）

意"发"起来的时候，老通宝家养蚕也是年年都好，‖十年中间挣得了二十亩

（承接）

稻田和十多亩桑地，‖‖还有三开间两进的一座平房。（《春蚕》）

　　　　　　　（并列）

（37）我们不仅要好好学习我国的历史——这是爱国主义教育的重要一课，｜

（递进）

而且也要学习古代汉语，‖能够阅读古代文献，‖‖懂得古代文学艺术。（《自学成

　　　　　　　（承接）　　　　　　　（承接）

才要有文史知识》）

（38）那天早晨上学，‖‖我去得很晚，‖心里很怕韩麦尔先生骂我，｜况且

　　　（承接）　　　　（因果）　　　　　　　　　　（递进）

他说过要问我们分词，‖可是我连一个字也说不上来。（《最后一课》）

　　　　　　　（转折）

（39）镇上走一转，‖‖买点东西回去，‖也不过在输账上添上一笔，｜何况

　　　（承接）　　　　　（转折）　　　　　　　　　　（递进）

有些东西实在等着用。（《多收了三五斗》）

（40）虽然是满月，‖‖天上却有一层淡淡的云，‖所以不能朗照，｜但我以

　　　（转折）　　　　　　　　（因果）　　　　　　　（转折）

为这恰是到了好处。（《荷塘月色》）

（41）敌人看来是强大的，｜但是决定历史命运的不是秦皇汉武，唐宗宋祖，

                     （转折）

‖而是人民自己，‖‖是当代的风流人物！（《挥手之间》）

（并列）   （并列）

（42）尽管你是怎样的咆哮，‖你也不能把他们从梦中叫醒，‖‖不能把死了

            （转折）   （并列）

的吹活转来，‖‖不能吹掉这比铁还沉重的眼前的黑暗，｜但你至少可以吹走一些

      （并列）   （转折）

灰尘，‖‖吹走一些沙石，‖至少可以吹动一些花草树木。（《雷电颂》）

   （并列）   （并列）

（43）人们学话，‖高等华人以至下等华人，只要不是聋子或哑子，学不会

             （承接）

的是几乎没有的，｜一到学文，‖‖就不同了，‖学会的恐怕不过极少数，‖‖就是

           （转折）   （承接）   （承接）   （承接）

所谓学会了的人们之中，请恕我坦白的再来重复的说一句罢，大约仍然胡胡涂涂

的还是很不少。（《人生识字胡涂始》）

（44）如果不管自己有没有值得写出来的东西，‖‖也不努力使自己的思想明

                                  （并列）

确化，条理化，‖只是硬着头皮写下去，‖‖而且写出来就要发表，｜这种连作者

 （并列）   （递进）   （假设）

自己也不知道说些什么的文章，只能使人看着头疼，看罢后悔，‖是毫无可取之

                                       （承接）

处的。（《关于写文章》）

（45）要是他的一个同事到教堂参加祈祷式去迟了，‖或要是他听到流言，‖‖

                        （选择）   （承接）

说是中学的学生闹出了什么乱子，｜他总是心慌得很，‖一个劲地说，千万别闹

               （假设）   （承接）

出什么乱子。（《装在套子里的人》）

（46）如果这种美德能普及社会，｜那么，正气就能伸张，‖‖真理就能昭明，

            （假设）   （并列）

‖‖‖邪气就将收敛，‖人与人的关系将变得纯洁亲密，‖‖‖社会风气将变得淳朴美好。
（并列）　　　　（承接）　　　　　　　　　（并列）

（《谈诚实》）

（47）如果工人阶级不能摆脱没有文化的状况，‖如果它不能造就自己的知
（并列）

识分子，‖如果它不掌握科学，‖‖‖不善于根据科学的原则来管理经济，｜那它就
　（并列）　　　　　　（承接）　　　　　　　　　　　　（假设）

不能真正成为国家的主人。（《青年必须掌握科学》）

（48）无论从旧道德，‖从新道德，｜只要是损己利人的，‖他就挑选上，‖‖‖
　　　　　　（并列）　　　　（条件）　　　　　（条件）　　　（承接）

自己背起来。（《为了忘却的记念》）

（49）愈是像老通宝他们家似的，‖蚕愈养得多，‖‖‖愈好，｜就愈加困难。
　　　　　　　　　　　（承接）　　　　（并列）　　（条件）

（《春蚕》）

（50）照我们一路上的经验，不论是谁，‖不论他们开始怎样怕我们，｜只
　　　　　　　　　　　　　（并列）　　　　　　　（条件）

要我们对他们说清楚了红军是什么，‖没有不变忧为喜，‖‖‖同我们十分亲热起来
　　　　　　　　　　（条件）　　　　　　（承接）

的。（《老山界》）

（51）我们的小姑娘有什么事情，‖尽管打，‖‖‖打死不要紧，｜只要不是罚
　　　　　　　　　　（假设）　　　（承接）　　　　（条件）

工钱停生意。（《包身工》）

（52）听人家背地里谈论，孔乙己原来也读过书，‖‖‖但终于没有进学，‖又
　　　　　　　　　　　　　　　　　　（转折）　　　　　　（并列）

不会营生；｜于是愈过愈穷，‖弄到将要讨饭了。（孔乙己）
　　　（因果）　　　（承接）

（53）我是向来不爱放风筝的，‖不但不爱，‖‖‖并且嫌恶他，｜因为我以为
　　　　　　　　　　（承接）　　　（递进）　　　（因果）

这是没出息孩子所做的玩艺。（《风筝》）

（54）如果说，学习共产主义只限于了解共产主义著作、书本和小册子里的
东西，‖那我们就很容易造就出一些共产主义的书呆子和吹牛家，‖‖‖而这往往会
（假设）　　　　　　　　　　　　　　　　　　　　　　　　　（承接）

使我们受到损害，│因为这种人虽然把共产主义书本和小册子上的东西读得烂
          （因果）

熟，‖却不善于把这些知识融会贯通，‖‖也不会按共产主义的真正要求去行动。
  （转折）   （并列）

（《论学习共产主义》）

（55）这是我的不是，│人家走路都没出一滴汗，‖因为我跟他说话，‖‖却
    （因果）   （转折）   （因果）

害他出了一头大汗。（《百合花》）

（三）四重复句

（56）正像达尔文发现有机界的发展规律一样，‖‖‖马克思发现了人类历史的
                   （承接）

发展规律，即历来为繁茂丛杂的意识形态所掩盖着的一个简单事实：‖人们首先
                   （承接）

必须吃、喝、住、穿，‖‖然后才能从事政治、科学、艺术、宗教等等；│所以，直
  （承接）   （因果）

接的物质的生活资料的生产，从而一个民族或一个时代的一定的经济发展阶段，
便构为基础，‖人们的国家设施、法的观点、艺术以至宗教观念，就是从这个基
    （承接）

础上发展起来的，‖‖因而，也必须由这个基础来解释。（《在马克思墓前的讲话》）
     （因果）

（57）北京的白菜运往浙江，‖便用红头绳系住菜根，‖‖‖倒挂在水果店头，‖‖‖
      （承接）   （承接）   （承接）

尊为"胶菜"；│福建野生着的芦荟，一到北京就请进温室，‖且美其名曰"龙
          （并列）

舌兰"。（《藤野先生》）

（58）他出去了；│母亲和我都叹息他的景况：‖多子，‖‖‖‖饥荒，‖‖‖‖苛税，‖‖‖‖
       （并列）   （承接）（并列）（并列）（并列）

兵，‖‖‖‖匪，‖‖‖‖官，‖‖‖‖绅，‖‖都苦得他像一个木偶人了。（《故乡》）
（并列）（并列）（并列）（承接）

（59）你永远那么青翠，‖‖‖永远那么挺拔，‖风吹雨打，‖‖‖‖从不改色；‖‖刀砍
      （并列）   （承接）   （转折）   （并列）

火烧，‖‖‖永不低头——｜这正是英雄的井冈山人，也是亿万中国人民的革命气节
　　　　（转折）　　　　（承接）

和革命精神！（《井冈翠竹》）

　　（60）这样开着车在布拉格街上跑真是滑稽：｜一辆容得下三十个囚犯的载
　　　　　　　　　　　　　　　　　　　　（承接）

重五吨的大卡车，却仅仅为了一个囚犯耗费汽油，‖并且前面有两个党卫队员，
　　　　　　　　　　　　　　　　　　　　　　（递进）

‖‖‖后面也有两个，‖‖‖手里都握着枪，‖‖‖‖用凶暴的眼光监视着我这半死不活的人，‖‖‖‖
（并列）　　　　（承接）　　　　（承接）　　　　　　　　　　　　　　（承接）

怕我逃走。（《二六七号牢房》）

　　（61）小孩子往往喜欢听人谈天，‖更喜欢陪客，｜那大目的，固然在于一
　　　　　　　　　　　　　　　　（递进）　　　　（承接）

同吃点心，‖但也为了爱热闹，‖‖尤其是在研究别人的言语，‖‖‖看有什么对于自
　　　（转折）　　　　　　（递进）　　　　　　　　　（承接）

己有关系——能懂，该问，或可取的。（《人生识字胡涂始》）

　　（62）它的一生虽然是短暂的，‖只有四十几天，｜却一刻也不停息地朝着
　　　　　　　　　　　　　　　　（承接）　　　　（转折）

一个目标努力：‖吐丝、结茧，‖‖直到吐完最后一段丝，‖‖‖才停止自己的奋斗。
　　　　　　（承接）　　　　（承接）　　　　　　　　　（承接）

（《春蚕到死丝方尽》）

　　（63）虽然葛朗台热烈盼望太太病好，‖‖‖因为她一死就得办遗产登记，‖‖‖‖而这
　　　　　　　　　　　　　　　　　（因果）　　　　　　　　　　（承接）

就要了他的命，‖虽然他对母女俩百依百顺，‖‖‖一心讨好的态度使她们吃惊，‖
　　　　　（并列）　　　　　　　　　（承接）　　　　　　　　（并列）

虽然欧也尼竭尽孝心地侍奉，｜葛朗台太太还是很快地往死路上走。（《守财
　　　　　　　　　　　　（转折）

奴》）

　　（64）那声音仿佛是朦胧的月光和玫瑰的晨雾那样温柔；｜又像是情人的密
　　　　　　　　　　　　　　　　　　　　　　　　　　（并列）

语那样芳醇；|||低低地，||||轻轻地，||像微风拂过琴弦，|||像落花飘零在水上。
     （承接）   （并列）   （承接）   （并列）

（《听潮》）

（65）然而我的惊惶却不过暂时的事，||随着就觉得要来的事，已经过去，
                              （承接）

|||并不必仰仗我自己的"说不清"和他之谓"穷死的"的宽慰，||||心地已经渐渐
（递进）   （承接）

轻松；|不过偶然之间，还似乎有些负疚。（《祝福》）
 （转折）

（66）作者写一篇文章，|总是在自己的头脑里已经有了一些值得写出来的
                  （假设）

东西：||或者是在工作中积累了某些经验，||||并且认真地考虑和总结了这些经
（承接）   （递进）

验，|||或者是对于某个问题做了研究，||||得出一定的结论。（《关于写文章》）
 （选择）   （承接）

（67）假如有一位精细的读者，||请了我去，|||交给我一枝铅笔和一张纸，||||
                   （承接）   （承接）   （承接）

说道，"您老的文章里，说过这山是'峻嶒'的，那山是'巉岩'的，那究竟是
怎么一副样子呀？您不会画画儿也不要紧，就钩出一点轮廓来给我看看罢。请，
请，请……"|这时我就会腋下出汗，||恨无地洞可钻。（《人生识字胡涂始》）
     （假设）   （承接）

（68）天啊，如果我能把那条出名难学的分词用法从头到尾讲出来，||声音
                                   （承接）

响亮，||||口齿清楚，|||又没有一点儿错误，|那么任何代价我都愿意拿出来。
（并列）   （并列）   （假设）

（《最后一课》）

（69）如果他们不能事先看到，|那他们就只会跟时间迁流，||虽然也在
           （假设）   （承接）

努力工作，‖‖却不能取得胜利，‖‖‖反而有使革命事业受到损害的危险。(《一个
　　　　　　　　（转折）　　　　　　　　（递进）

极其重要的政策》)

　　(70) 对新事物的出现，一看脸孔陌生，｜不是采取怀疑的态度，‖‖不加理
　　　　　　　　　　　　　　　　　　　（条件）　　　　　　　　　　　（承接）

睬，‖‖‖不去注意，‖就是大喝一声"哪来的异端"，‖‖‖一棍子打死。(《说谦虚》)
　（并列）　　　（选择）　　　　　　　　　　　　（承接）

　　(71) 我们不应当讨厌它那喧嚣的歌声，｜因为它掘土四年，‖现在才能够
　　　　　　　　　　　　　　　　　　　　　（因果）　　　　　　　（承接）

穿起漂亮的衣服，‖‖‖长起可与飞鸟匹敌的翅膀，‖‖‖沐浴在温暖的阳光中。(《蝉》)
　　　　　　　　（并列）　　　　　　　　　　　　（承接）

　　(四)五重复句
　　(72) 他终于不讲"文学是阶级性的吗？"了，｜在《答鲁迅先生》那篇里，
　　　　　　　　　　　　　　　　　　　　　（并列）

很巧妙地插进电线杆上写"武装保卫苏联"，敲碎报馆玻璃那些句子去，‖‖‖‖在上
　　　　　　　　　　　　　　　　　　　　　　　　　　　　　　　　（并列）

文所引的一段里又写出"到××党去领卢布"字样来，‖‖‖‖那故意暗藏的两个×，是
　　　　　　　　　　　　　　　　　　　　　　　（承接）

令人立刻可以悟出的"共产"这两个字，‖‖‖指示着凡主张"文学有阶级性"，得
　　　　　　　　　　　　　　　　（承接）

罪了梁先生的人，都是在做"拥护苏联"或"去领卢布"的勾当，‖和段其瑞的
　　　　　　　　　　　　　　　　　　　　　　　　　　（承接）

卫兵枪杀学生，《晨报》却道学生为了几个卢布送命，自由大同盟上有我的名字，
《革命日报》的通信上便说为"金光灿烂的卢布所收买"，都是同一手段。
(《"丧家的""资本家的乏走狗"》)

　　(73) 祥子不知怎么是好了，‖低着头，‖‖‖‖拉着车，‖‖‖‖慢腾腾地往前走，‖‖‖
　　　　　　　　　　　　　　（并列）　　　（并列）　　　（承接）　　　　　　（并列）

没有主意，‖‖‖‖没有目的，‖‖‖‖昏昏沉沉的，｜身上挂着一层粘汗，‖发馊臭的味
　（并列）　　　（承接）　　　　　（并列）　　　　　　　　（承接）

儿。(《在烈日和暴雨下》)

(74) 杀死了人，‖又不敢承认，‖还要诬人，‖说什"桃色事件"，‖说什共
　　　　　(转折)　　　　(递进)　　　(承接)　　　　　(并列)

产党杀共产党，｜无耻啊！(《最后一次讲演》)
　　　　　(承接)

(75) 文天祥被拘囚在北京一个阴湿的地牢里，‖受尽了折磨，‖元朝多次
　　　　　　　　　　　　　　　　　(承接)　　　(承接)

派人劝他，‖只要投降，‖便可以做大官，‖但他坚决拒绝，｜终于在公元一二
(承接)　　　(条件)　　　(转折)　　　(承接)

八二年被杀害了。(《谈骨气》)

(76) 我们虽然拼命的读古文，‖但时间究竟是有限的，‖不像说话，‖整天
　　　　　　(转折)　　　　　　　(承接)　　　(承接)

可以听见；｜而且所读的书，也许是《庄子》和《文选》呀，《东莱博议》呀，
　(递进)

《古文观止》呀，‖从周朝人的文章一直读到明朝人的文章，‖非常驳杂，‖脑子
　　　(承接)　　　　　　　　　　　　　　　　　(承接)　　　(因果)

给古今各种马队践踏了一通之后，弄得乱七八糟，‖但蹄迹当然是有些存留的，
　　　　　　　　　　　　　　　　　　　　　　(转折)

‖这就是所谓"有所得"。(《人生识字胡涂始》)
(承接)

(77) 在北平即使不出门去吧，‖就是在皇城人海之中，租人家一椽破屋来
　　　　　　　　　　　(承接)

住着，‖早晨起来，‖泡碗浓茶，‖向院子一坐，｜你也能看到很高很高的碧绿
(承接)　　(承接)　　(承接)　　　(转折)

的天色，‖听到青天下驯鸽的飞声。(《故都之秋》)
　　　(并列)

(78) 其中最使我动心的，是一件"打糖锣的"，‖是我童年最喜欢最熟悉的
　　　　　　　　　　　　　　　　　　(承接)

东西，‖‖我想也是"面人郎"自己最深刻的童年回忆吧，｜因为这一件做得特别
　　　　（并列）　　　　　　　　　　　　　　　　（因果）

精巧细致：‖一副带篷儿的挑子，上面挂着几只大拇指头大小的风筝；‖‖‖旁边挂
　　　　（承接）　　　　　　　　　　　　　　　　　　　（并列）

着几只黄豆大小的花脸面具，几只绿豆大小的空竹；‖‖‖‖里面格子上摆着一行一行
　　　　　　　　　　　　　　　　　　　　　　　　（并列）

的半个米粒大小的小白鸭子，‖‖‖‖‖框盒里放着大米大小的糖球……‖‖凡是小孩所想
　　　　　　　　　　　（并列）　　　　　　　　　　　　　（承接）

望的玩的吃的，真是应有尽有了！（《"面人郎"访问记》）

　（五）六重复句

　（79）相识的，不相识的，落在同一的命运里，‖又在同一的河面上喝酒，
　　　　　　　　　　　　　　　　　　　　　（并列）

‖‖你端起酒碗来说几句，‖‖‖‖我放下筷子来接几声，‖‖‖‖中听的，‖‖‖‖‖‖喊声"对"，‖‖‖‖‖不中听
（承接）　　　　　　　（并列）　　　　　　　　（承接）　　（假设）　　（并列）

的，‖‖‖‖‖骂一顿；｜大家觉得正需要这样的发泄。（《多收了三五斗》）
　　（假设）　　（承接）

　（六）七重复句

　（80）天上那层灰气已经散开，‖不很憋闷了，｜可是阳光也更厉害了：‖
　　　　　　　　　　　　　（因果）　　　　　　（转折）　　　　　　（承接）

没人敢抬头看太阳在哪里，‖‖只觉得到处都闪眼，‖‖‖‖空中，屋顶上，墙壁上，地
　　　　　　　　　（并列）　　　　　　　　　（承接）

上，都白亮亮的，‖‖‖‖‖‖白里透着点红，‖‖‖‖‖从上至下整个地象一面极大的火镜，‖‖‖‖
　　　　（承接）　　　　　　（承接）　　　　　　　　　　　　　　　（承接）

每一条光线都象镜的焦点，‖‖‖‖‖晒得东西要发火。（《在烈日和暴雨下》）
　　　　（承接）

(七)八重复句

(81) 这时候，我的脑里忽然闪出一幅神异的图画来：｜深蓝的天空中挂着
（承接）

一轮金黄的圆月，‖下面是海边的沙地，‖‖‖都种着一望无际的碧绿的西瓜，‖‖‖其
（承接）　　　　　　　　（承接）

间有一个十一二岁的少年，‖‖‖项带银圈，‖‖‖‖手捏一柄钢叉，‖‖‖‖‖向一匹猹尽力的刺
（承接）　　　　（并列）　　　　　　　（承接）

去，‖‖‖‖‖‖那猹却将身一扭，‖‖‖‖‖‖反从他的胯下逃走了。(《故乡》)
（转折）　　　　　　　（承接）

(八)九重复句

(82) 我们都曾见过西装革履烫发旗袍高跟鞋的一对儿，在公园的角落，绿
荫下长椅上，悄悄儿说话，｜但是试想一想，如果在一个下雨天，你经过一边是
（转折）

黄褐色的浊水，一边是怪石峭壁的崖岸，‖‖‖‖马蹄很小心地探入泥浆里，‖‖‖‖‖有时还
（承接）　　　　　　　（承接）

不免打了一下跌撞，‖‖‖‖四面是静寂灰黄，‖‖‖‖‖没有一般所谓的生动鲜艳，‖‖‖然而，
（承接）　　　　　　（承接）　　　　　　　　　（转折）

你忽然抬头看见高高的山壁上有几个天然的石洞，‖‖‖‖‖三层楼的亭子间似的，‖‖‖一
（承接）　　　　　　　　（承接）

对人儿促膝而坐，‖‖‖‖‖‖只凭剪发式样的不同，你方能辨认出一个是女的，‖‖‖‖他们被
（承接）　　　　　　　　　　　　（承接）

雨赶到了那里，‖‖‖‖大概聊天也聊够了，‖‖‖‖‖‖现在是摊开着一本札记簿，‖‖‖‖‖‖‖头凑在
（承接）　　　　　　（因果）　　　　　　　　　（承接）

一处，‖‖‖‖‖‖‖‖一同在看，‖——试想一想，这样一个场面到了你眼前时，总该和在
（承接）　　　　（假设）

什么公园里看见了长椅上有一对儿在偎倚低语，颇有点味儿不同罢！(《风
景谈》)

第四节 复句的紧缩——紧缩复句

一、什么是紧缩复句

紧缩复句就是紧缩了的复句，或曰复句的紧缩。它在内容上像复句一样，有两层（或更多层）意思，即有复句的两个（或更多个）分句的谓语；在形式上，去掉分句间的语音停顿（主要是逗号），常省去主语，即将一个复句压缩成单句的形式。从内容上看，它是复句，从形式上看，它又像单句，它就是这么一种介于复句和单句之间的经济、紧凑的句式。例如：

（1）分了东西可不能忘本。（《分马》）

（2）不要这钞票就得吃官司。（《多收了三五斗》）

（1）（2）句分别是转折复句和假设复句的紧缩，句中主语省略，前后两层意思之间分别用副词"可"和"就"起关联作用。

许多语法书中谈到紧缩复句，都只提到两层意思之间有"转折、假设、条件、因果"等关系，并强调省略主语和用有关联词语是紧缩复句在形式上的重要特征。其实，紧缩复句中的意义关系并不止上述四种，它有一般复句中分句间所具有的各种关系。在形式上，省略主语和用关联词固然很普遍，但两个主语都不省而且还是不相同的、不用关联词语的，也不在少数。例如：

（3）很久以前，没有棉花也没有点灯的油。（《两棵奇树》）

（4）两人的眼光，都仿佛要在他身里注进什么又要取出什么似的。（《药》）

（5）他更加高兴的走而且喊道……（《阿Q正传》）

（6）继续往上走呢还是躲一躲？（《党员登记表》）

（3）—（6）句分别是并列复句、承接复句、递进复句、选择复句的紧缩。

（7）人在阵地在。（《遵义会议的光芒》）

（8）人穷志不穷。（《〈东方红〉的故事》）

（9）（赶到他们来，）饭冷了菜也凉了！（《打粮站》）

（10）我问到这里自己觉得这不像是谈话，倒像是审讯。（《百合花》）

（7）—（9）句中两个主语都未省略。（10）句中"自己"复指"我"，也可算是两个主语。正因为有这种两个主语不同而又都不省略的现象存在，所以紧缩句只能是复句的紧缩，不能算单句，因为一个单句中是不能有两个主语的。从另一面看，它也不同于复句，它的两层意思之间没有语音停顿，而复句中的分句之间是必须有停顿的（以标点符号表示）。

（11）起义以后要多少有多少。（《奔向海陆丰》）

（12）（瞧！还不是假病！）病了会好好地爬起来？（《包身工》）

（13）（我们是红军！）缴枪不杀！（《大渡河畔英雄多》）

（14）是好汉的站出来！（《最后一次的讲演》）

（11）—（14）句中以及上述的（7）（8）（10）句中都没用关联词语，但这些都是紧缩复句。

归结起来，紧缩复句的主要特点是：在形式上，两谓语之间没有语音停顿（不用逗号隔开）；在内容上表示两层意思。根据前者，可以将它和一般复句区别开来；根据后者，可以将它和单句中的连谓式复杂谓语句区别开来。试比较下列两组句子：

（15）一切生物，只要活着就要消耗能量。（《食物从何处来》）

（16）一切生物，只要活着，就要消耗能量。

（17）他们在戏台下买豆浆喝。（《社戏》）

（18）他们在戏台下买了豆浆就喝起来。

（15）句是条件关系的紧缩复句。（16）句中"活着"后面有逗号隔开，所以是复句。（17）句中"买豆浆"和"喝"是一个主语发出的、两个连续的动作，是一个行动过程，表示一层意思，或者说是一次性完成的，这就是连谓式复杂谓语。（18）句中"买了豆浆"和"喝起来"虽然也是同一主语发出的两个连续的动作，但它们表示两个行动过程，是两层意思，"了"和"起来"及表关联的副词"就"的运用，使语气舒缓，两层意思之间有个间歇，因而使（18）句成为不同于（17）句的紧缩复句。

至于表示"转折、假设、条件、因果"等四种关系、用关联词语、有两个不同的主语（省略或不省略）等三种情况，这些可作为辨识紧缩复句的重要标志，或充分条件，也就是说具有此种情况之一的，就是紧缩复句；但不具备这些条件的，也有可能是紧缩复句。

二、紧缩复句的类型

仿照复句的类型，将紧缩复句分类。

（一）联合关系

1.并列关系。例如：

（1）我们边走边动员。（《遵义会议的光芒》）

（2）没有灯也没有人声。（《驿路梨花》）

（3）一个老城，有山有水。（《济南的冬天》）

（4）不迟不早，（偏偏要在这个时候。）（《祝福》）

2.承接关系。例如：

（1）新的囚犯来了又去了。（《二六七号牢房》）

（2）我们快去快回来。（《荷花淀》）

（3）刚当上兵就小看我们。（《荷花淀》）

（4）天黑了才到山脚下。（《老山界》）

（5）摸摸獾身上还有点儿温呢。（《猎户》）

（6）一晃几年过去。（《孟姜女》）

有一种在谓语部分重复使用动词或性状词的句子，有的语法书中将它归入连谓式复杂谓语，我们认为它表示了行动上的两层意思，应属于承接关系的紧缩复句。例如：

（7）他写信写得乱七八糟。（《散文重要》）

（8）（这屯子数老孙头能干……）摔跤也摔得漂亮。（《分马》）

（9）买日用品也常常买减价的。（《我的叔叔于勒》）

（10）这一拦拦得慢了点，（那个学生的中指已经被什么东西刺破了。）（《套不住的手》）

（11）他围着棉田看了又看，转了又转。（《为了周总理的嘱托》）

（12）（身穿一件黑色的燕尾服，）旧是确有些旧的。（《泼留希金》）

3.递进关系。例如：

（1）假山的堆叠，可以说是一项艺术而不仅是技术。（《苏州园林》）

（2）人们不说话甚至大气儿也不出。

（3）他爱儿子更爱女儿。

4.选择关系。例如：

（1）那时候在无锡的人，到现在不是老了就是死了。（《雷雨》）

（2）那是真的吧是假的？（《老杨同志》）

(3) 要砍要杀，（自己一个人去顶。）（《生的伟大，死的光荣》）

（二）偏正关系

1. 转折关系。例如：

(1) 我死也不会投降。（《生的伟大，死的光荣》）

(2) 老人几次想说话插不上嘴。（《驿路梨花》）

(3) 他想出家又舍不得姨太太。（《坚强的战士》）

(4) 山脚有霜而山腰反无霜。（《大自然的语言》）

(5) 大批仁人志士……想有所为而不能为。（《科学的春天》）

(6) 死了也要看着你们把沙丘治好！（《鞠躬尽瘁》）

2. 假设关系。例如：

(1) 没有歌唱就没有生命。（《二六七号牢房》）

(2) 不要这钞票就得吃官司。（《多收了三五斗》）

(3) 人到了这种星球上面休想站得起来。（《宇宙里有些什么》）

(4) 这只小鸟离了人恐怕不会活。（《小麻雀》）

(5) 赶不走就打死它。（《荔枝蜜》）

(6) 怕死不当共产党。（《生的伟大，死的光荣》）

3. 条件关系。例如：

(1) 你听一听我的故事就明白了。（《渔夫的故事》）

(2) 有幻想才能打破传统的束缚。（《科学的春天》）

(3) 赶上过年才能缝上一些新衣服。（《母亲的回忆》）

(4) 你的举动得十分小心才成。（《装在套子里的人》）

(5) 一读这些消息就感到有了力量。（《挺进报》）

(6) 路也愈走愈分明，天也愈走愈亮了。（《药》）

4. 因果关系。例如：

(1) 我就是因为不会给他们叩头下跪才落得今天这个下场！（《一封终于发出的信》）

(2) 不要因为自己的思想能力不高就不敢写文章。（《关于写文章》）

(3) 他们连里已经因为没有引火的东西而只好吃生干粮了。（《七根火柴》）

(4) "芦柴棒"害了急性的重伤风而躺在床（其实是不能叫作床的）上了。（《包身工》）

（5）出了一点力就觉得了不起。（《反对自由主义》）

5.取舍关系。例如：

（1）他宁愿堂堂正正地死而不苟活于世。

（2）宁缺毋滥。

（3）与其血本无归不如见好就收。

（4）这么便宜的鸡蛋，与其卖不如自己吃。

三、紧缩复句的句法功能

紧缩复句以单句的形式出现在句中。其句法功能有以下三方面：

（一）单独成句

一个紧缩复句形式，独立成为一个单句。上面所举各例基本上都属此类。下面再举例以证之：

（1）飞机再有七分钟就到你县。（《为了六十一个阶级弟兄》）

（2）渴了你可以先喝一盆马奶。（《天山景物记》）

（3）碰到他也不要紧。（《猎户》）

（4）时间再长也总感到太短。（《我们爱韶山的红杜鹃》）

（二）充当复句中的分句

一个紧缩复句形式，在复句中只能充当一个分句。例如：

（1）她为这个哭，想一阵哭一阵。（《孟姜女》）

（2）我管保比他们水式好，再深点我也不怕。（《白洋淀》）

（3）天冷了，迟缓就有死亡的危险。（《蝉》）

（4）不迟不早，偏偏要在这个时候。（《祝福》）

（5）一去几年，杳无消息。（《孟姜女》）

（6）下网去捕，倒在船舱里，一跳一尺高。（《海市》）

（1）—（6）句中紧缩复句形式都是作为一个分句和别的分句共同组成复句。

（7）有山就有水，有水就有脉，有脉就有苗。（《香山红叶》）

（8）掉过脸去不好，不掉过去又不行，想站起来又不好意思。（《百合花》）

（9）乌云越来越暗，越来越低。（《海燕》）

（10）我们要派出国的是留学生而不是雇佣军，我们要输出的是真诚友谊而不是用以杀人或使别人互相残杀的军火。（《魔鬼的笛音》）

(7)—(10)句中两个或三个紧缩复句形式各作为一个分句，共同组成一个复句。

(三)充当单句(或复句中的分句)中的句子成分

这样的复句形式相当于一个短语。例如：

(1)是烟是雾，我们辨识不清。(《雨中登泰山》)

(2)她不相信死了埋了就不能见面。(《孟姜女》)

(3)他是一个有缺点但对生活无比热爱的人。(《壮士横戈》)

(1)句中选择复句的紧缩形式作主语。(2)句中二重条件复句的紧缩形式作宾语。(3)句中转折复句的紧缩形式作定语。

四、多重紧缩复句

复句有多重，紧缩复句中的结构也有不止一重的。例如：

(1)你有什么话｜等我闲了‖再谈吧!(《老杨同志》)
　　　　　　(假设)　　　(承接)

(2)走‖不走｜要等组织的通知。(《生的伟大，死的光荣》)
　(选择)(承接)

(3)爬爬‖歇歇｜直到水壶洞。(《记金华的两个岩洞》)
　(承接)　　(承接)

(4)(过去陕北地广人稀，)走路｜走很远‖才能碰到一个村子。(《歌声》)
　　　　　　　　　　　　(承接)　(条件)

(5)(归根结蒂咱们是为自个儿打仗，)苦死‖苦活｜也能撑住。(《打粮站》)
　　　　　　　　　　　　　　　　　　(选择)(条件)

(6)口号越来｜越洪大，‖越壮烈，‖越激昂。(《坚强的战士》)
　　(条件)　　　(并列)　　(并列)

(7)月亮要能像太阳那么亮，‖还能夜夜都出来｜就好了。(《两棵奇树》)
　　　　　　　　　　(递进)　　　　　(假设)

(8)(他唱歌唱得那么欢乐，)即使把A调唱成B调，‖把"拉"唱成"索"
　　　　　　　　　　　　　　　　　　　　　　(并列)

｜也听不出来。(《二六七号牢房》)
(转折)

（9）人住在里面｜可以冬不怕冷，‖夏不怕热。（《向沙漠进军》）

　　　　（承接）　　　　　　　（并列）

（6）—（9）句中第二重处均有逗号，似与紧缩复句的特点相悖，我们认为应以第一重为准。只要第一重处无逗号表示停顿，即为紧缩复句，第二重处的逗号不影响全句的性质。

第五节　独语句充当复句中的分句

在谈了关于复句的几个主要问题之后，还要附带谈的一个问题，就是独语句充当复句中的分句。

《提要》在"解释性状语"部分举了这样的两个例子：

（1）大热天，咱们别出去了，就在家里了。

（2）这么远的路，你最好早一点出发。

显然，《提要》是把"大热天""这么远的路"当作"解释性状语"的。这两个以名词为中心的偏正短语，在一般情况下，是不能独立成句的，但在特定的语境中，这样的短语加上语调，也可以独立地表示一个完整意思。《提要》的"非主谓句"部分就举了"多棒的小伙子""星期天的早晨"这样的句子。我们认为，这样的短语加上语调可以成为非主谓句，那么，它用在复句中，和其他分句各自表示一个相对完整的意思，也可以看作是非主谓句充当复句中的一个分句。上述两例中的加点部分如果说是什么"状语"，也与状语的特点（修饰动词或性状词）不符。从语意来看，"大热天"是说"天气很热"，"这么远的路"是说"路太远"，将名词性短语变化为主谓短语，且在结构上不受前后分句的牵扯，此不失为一个辨识的方法。它们都是在陈述情况，并以此作为劝说对方的原因，意思相对完整、独立。所以，都是独语句（非主谓句）充当复句的一个分句。

独语句充当复句中的分句，一般要具备两个条件：①能独立地表示一个相对完整的意思；②和前后分句之间不发生单句结构中的种种关系。例如：

（3）两粥一饭，十二小时的工作，劳动强化，工房和老板家的义务服役，猪一般的生活，泥土一般地被践踏，——血肉造成的"机器"终究和钢铁造成的不同；包身契上写三年期间，能做满的大概不到三分之二。（《包身工》）

（4）深秋，一望无际的树林里，树叶全落了。（《筑路》）

（3）句中的"两粥一饭"是两个以名词为中心的偏正短语构成的联合短语，"十二小时的工作""工房和老板家的义务服役""猪一般的生活"是三个以名词为中心的偏正短语，这四个短语分别说明包身工的饭食、工作时间、额外的服役内容和对他们生活情形的比况，都带有陈述语调，和"劳动强化"（主谓句）"泥土一般地被践踏"（省略主语的被动句）并列，共同陈述包身工的非人生活及劳动情况。这六个并列的部分之间，以及它们和破折号后面部分之间不存在单句结构的关系，"血肉造成的'机器'终究和钢铁造成的不同"是对前面六个并列部分的概括说明，相互间是语意承接的关系。所以，此句中的加点部分是四个独语句，充当整个复句中的四个分句。（4）句中的加点部分像是作后面主谓句中的状语，说明"树叶全落了"的时间和处所，其实不是，它是说明整个故事（筑路）发生的时间、处所。它们和后面的主谓句之间不是修饰关系，而是并列关系，三个部分分别说明故事发生的时间、处所和当时的景象，"深秋"（以名词为中心的偏正短语）和"一望无际的树林里"（方位短语）是两个独语句充当并列复句中的两个分句。

独语句充当复句中分句的现象，究其表达内容和表达方式的不同，大约有四种类型。

一、陈述情况

充当分句的独语句在复句中和前后的分句共同陈述事件，独语句说明与事件有关的某种情况。例如：

（1）突然，变电所那里发生了什么事，火花，爆声，焦味。（《离不开你》）

（2）这次出了吴淞口，一天的航程，一望无际尽是粼粼的微波。（《寄小读者》）

（3）威尼斯并非没有桥，三百七十八座，有的是。（《威尼斯》）

（4）一百多年的港口了，任何风浪也改变不了它的节奏。（《汉堡港的变奏》）

（5）大碗的米酒，放声的说笑。（《故乡情》）

（6）一个烧得挺旺的炉子，燃料用煤，炉膛较比深。（《景泰蓝的制作》）

（7）一条很不整洁的里里，一幢一楼一底的屋内，桌上的煤油灯发出黄晕的光。（《夜》）

二、解说情况

充当分句的独语句，对前一分句的意思进行解释说明。例如：

(1) 母亲和我都叹息他的景况：多子，饥荒，苛税，兵，匪，官，绅，都苦得他像一个木偶人了。(《故乡》)

(2) 几句电文说得明白极了：怎样的党国，怎样的"友邦"。(《"友邦惊诧"论》)

(3) 我喜欢他屋里的简单陈设：小锅，小灶，一盘铺着苇席和狼皮的土炕；墙上挂满了野鸡、水鸭、大雁等等的羽毛皮，一张一张，五色斑斓。(《猎户》)

(4) 这就是白杨树，西北极普遍的一种树，然而决不是平凡的树。(《白杨礼赞》)

(5) 同行的人们中，还有一个奇异的人，那是张瑞华同志，聂荣臻同志的夫人。(《娘子关前》)

(6) 这是普遍真理，任何地区、时代都适用的真理。(《说谦虚》)

三、描述景象

充当分句的独语句对所说明的景象或对象进行具体描述。例如：

(1) 高山深谷，连绵不绝的冈峦丘陵，到处像一堆一堆光秃秃的馒头。(《幼林》)

(2) 树叶透缝的地方，往往露出一带渔村，青堂瓦舍，就和我小时候在海市里望见的一模一样。(《海市》)

(3) 太阳出来，露水消逝了，橘柚树烁着阳光，绿叶金实。(《三峡之秋》)

(4) 骷髅一样，摸着她的骨头会做恶梦！(《包身工》)

(5) 海在我们脚下沉吟着，诗人一般。(《听潮》)

(6) 月光辟开了一款狭长的月亮的云汀，闪闪地颤动着，银鳞一般。(《听潮》)

四、描述人体形象

充当分句的独语句对所说明的人的形体、外貌以及衣着进行具体描述。例如：

(1) 他身材很高大；青白脸色，皱纹间时常夹些伤痕；一部乱蓬蓬的花白胡子。(《孔乙己》)

（2）（她是谁呀？有三十多岁了，长得可真称得上美丽。）高高的身量，典型的鸭蛋脸，挺直而线条优美的鼻子，沉稳的大眼睛，细长的眼梢，透出一股灵秀之气。（《离不开你》）

（3）这媳妇长得很好看，高高的鼻梁，弯弯的眉，额前一溜蓬松的刘海。（《百合花》）

（4）一号工头吉亚特是个有几十年工龄的行家，两撇小胡子，短小而精明，极有本事，就是看不起中国人。（《汉堡港的变奏》）

（5）郎绍安同志迎上来亲切地和我握手——两道浓眉，一双深沉的眼睛，一脸的胡子楂儿，笑起来显得直爽、诚恳。（《"面人郎"访问记》）

（6）大家注视着陈伊玲：嫩绿色的绒线上衣，咖啡色的西裤，宛如春天早晨一株亭亭玉立的小树。（《第二次考试》）

五、感叹、呼应

充当分句的独语句表示说话人的强烈感情或呼应。例如：

（1）可怜的人啊，现在要他跟这一切分手，叫他怎么不伤心呢？（《最后一课》）

（2）山，好大的山啊！（《驿路梨花》）

（3）噢，神圣的驴子一样的愚蠢，神圣的不学无术，神圣的痴呆和虔诚啊！（《火刑》）

（4）多么可爱的孩子啊，玲玲和小孟方建立了深厚的感情。（《生命的支柱》）

（5）敬礼，我们居住的大山。（《壮士横戈》小标题）

（6）山海关，这号称"天下第一关"的山海关！（《雄关赋》）